2019—2020 世界商务发展动态

2019—2020 REPORT ON WORLD COMMERCIAL DEVELOPMENT

上海市商务委员会
上海科学技术情报研究所 编著

上海科学技术文献出版社
Shanghai Scientific and Technological Literature Press

图书在版编目(CIP)数据

2019-2020世界商务发展动态/上海市商务委员会,上海科学技术情报研究所编著. —上海:上海科学技术文献出版社,2021
 ISBN 978-7-5439-8223-9

Ⅰ.①2… Ⅱ.①上…②上… Ⅲ.①贸易发展—研究—世界—2019-2020 Ⅳ.①F731

中国版本图书馆CIP数据核字(2020)第231393号

责任编辑:祝静怡

2019-2020世界商务发展动态
2019-2020 SHIJIE SHANGWU FAZHAN DONGTAI
上海市商务委员会 上海科学技术情报研究所 编著
出版发行:上海科学技术文献出版社
地　　址:上海市长乐路746号
邮政编码:200040
经　　销:全国新华书店
印　　刷:常熟市人民印刷有限公司
开　　本:787mm×1092mm 1/16
印　　张:16.25
字　　数:299 000
版　　次:2021年3月第1版 2021年3月第1次印刷
书　　号:ISBN 978-7-5439-8223-9
定　　价:180.00元
http://www.sstlp.com

编审委员会

顾　　　　问：许昆林

主　　　　编：华　源

副　主　　编：申卫华　刘　敏　诸　旖　孔福安　周　岚
　　　　　　　张国华　施金根　赖晓宜　李　泓

执 行 主　编：张国华

组 织 编　写：盛弘彦　杨震华　陈　晖　党倩娜

研究编写成员：（按姓氏笔画顺序排列）
　　　　　　　邓　桦　朱荪远　汪逸丰　宋　珉　张　耘
　　　　　　　张敬茂　顾　洁　党倩娜　倪炜瑜　崔晓文
　　　　　　　温一村

研 究 单　位：上海科学技术情报研究所

前言

2020年新型冠状病毒感染肺炎疫情（以下简称"新冠疫情"）的暴发给全球经济带来了难以估量的影响，严重扰乱了各行各业的运营秩序。作为较早遭受疫情的地区，我国在党和政府的领导下，全国人民团结一心、同舟共济，在做好疫情防控重点工作的同时，努力确保经济平稳运行。随着抗疫工作进入经济重启阶段，各地商务部门和商贸流通企业通过举办购物节、发放消费券、开展让利促销等举措，努力集聚市场人气，推动居民消费。上海在"五一"期间举办"五五购物节"，激发了市民的消费热情；同时，将上海建成国际消费城市的战略也再次给人们带来丰富的想象。2020年本书启动之初，正是疫情肆虐之时，因此在结合上海商务发展战略布局，对世界商务发展总体态势、重点商务领域动态进行跟踪研究的同时，也适时提供有关国际消费城市、夜间经济等方面的专报，并在商务专题研究中做了与疫情相关的研究。

本书分为三大部分，共11章。第一部分为总论，即第一章，阐述了世界商务总体发展态势，对商务领域的重点行业的发展动态作了综述，并分析了当前国际贸易和投资的环境与趋势。

第二部分涉及重点商务领域的动态及相关的热点，包括货物贸易、服务贸易、零售业、电子商务、大宗商品贸易、商务会展、外国直接投资等领域，共7章。各领域的热点研究主要聚焦新冠疫情对全球货物贸易的影响、全球服务贸易的发展趋势、零售业的一些热点领域、电子商务新模式、会展城市的产业融合、卫星大数据在大宗商品基本面研究中的应用等问题。

第三部分包括3个专题研究。其一，分析了新冠疫情对全球商业环境的影响，包括对全球产业链与供应链的影响，也分析了疫情对人们生活消费习惯的改变,以及由此引致的商务新模式发展的新机遇。其二,近年来国际经贸规则出现了一些新变化,引入和实施"竞争中立"原则越来越受到重视,但与"竞争中立"相关的理论与实践都还在变化当中,我们设专题,分析在"竞争中立"原则下,相关国际组织对国有企业的界定以及与有关补贴问题的相关规定,由此提出在现有国际经贸规则下我国企业实施"走出去"战略的一些建议。其三,消费是最终需求,商务发展的目标之一是更好地满足人们的消费需求。要增强消费对经济发展的基础性作用,必须建立健全消费信用体系,因此第三个专题重点考察了美、欧、日等发达国家和地区信用体系建设的一些经验和做法,以期对我国的消费信用体系建设有所裨益。

在本书的撰写过程中,研究人员尽可能收集并参考国内外的最新文献,希望能客观全面地反映世界商务发展的新动向和新特点,但囿于作者的研究能力和学术水平,报告中一定存在疏漏和讹谬之处,欢迎各方专家、学者提出宝贵意见,以助于我们在后续的研究中能够得以改善和提高。

编者
2020 年 9 月

Preface

In 2020, the outbreak of COVID-19 has brought immeasurable impact on the global economy and seriously disrupted the operation order of all walks of life. As an early victim of the pandemic, under the leadership of the Communist Party of China and the government, the Chinese people have worked together to ensure the economy running smoothly while doing a good job in the prevention and control of the pandemic. During the rebooting of economy, local commercial departments and commercial circulation enterprises held shopping festivals, issued consumer coupons and carried out promotional measures to gather market sentiment and promote consumer consumption. In Shanghai, the *May 5th Shopping Festival* was held during the May Day holiday, which aroused people's enthusiasm for consumption. At the same time, the strategy of building Shanghai into an international consumer city also brings vivid imagination to people. At the beginning of our research, the pandemic was raged. And in combination with the strategy of Shanghai business development, "2019—2020 Report on World Commercial Development" continues to analyze new features and trends across all business sectors, and to offer a global vision for government decision-making and industrial development. On the other hand, during our research some briefs and special topics in related to this pandemic had also been offered.

The book is divided into three parts which consists of 11 chapters. The first part is the general discussion, namely the first chapter, describing the general status quo of world commerce, and the dynamic status of some commercial industries are also summarized. In addition to this, the first chapter analyzes the current environment and trend of international trade and investment.

The second part involves the general status quo of key commerce industries and related hotspots of issues, which including trade in goods, trade in services, retail trade, e-commerce, trade in bulk commodities, international exhibition industry, and foreign direct investment. As for the hotspots of issues relating to the key commerce industries, the research focuses on the impact of the pandemic on global trade in goods, the trends in global trade in services, the new developments in retail trade, the new modes of e-commerce, the industrial integration in the exhibition cities, the application of satellite big data in fundamental analysis of global bulk commodities market, and so on.

The third part consists of three topics. Firstly, we analyze the impact of the pandemic on the global business environment which including the global industrial chain and supply chain, as well as the changes in people's living and consumption habits caused by the lockdown or quarantine. Meanwhile the new opportunities for the development of new business modes during the pandemic have also been discussed. Secondly, due to some changes in the rules of international trade in recent years, more attention has paid to the introduction and implementation of competitive neutrality principle. However, the theory and practice related to competitive neutrality are still in the midst of change. Thus, under competitive neutrality principle, we analyze the definition of state-owned enterprises(SOEs) by some international organizations. And the issue of subsidies to SOEs in different countries has been also compared. Thus, according to the existing rules of the international economic and trade, suggestions for Chinese enterprises to carry out the "go global" strategy have been put forward. Thirdly, as consumption being the final demand, one of the goals of business development is to meet people's consumption needs. And in order to strengthen the basic role of consumption in economic development, we must establish the consumer credit system. Therefore, in order to be beneficial to the construction of China's consumer credit system. the third topic focuses on the experience and practices in the developed economies such as the United States, Europe, and Japan.

In the process of study, we have made the best of collecting the latest reference resources in the hope of establishing the full, objective landscape of commerce development throughout the world. However, constrained by our research capabilities and academic ranks, this publication is bound to have some oversights, errors and omissions. Hence, the authors look forward to sharing and discussing our work and our findings, and sincerely welcome your comments and suggestions.

Editors
September 2020

目 录

第一章　世界商务总体发展动态 …………………………… 1
　一、世界商务发展动态综述 ………………………………… 1
　二、重点行业发展动态 …………………………………… 15
　三、当前国际贸易和投资的环境与趋势 ………………… 21

第二章　世界货物贸易发展动态 …………………………… 31
　一、世界货物贸易总体发展态势 ………………………… 31
　二、主要地区和国家的贸易发展 ………………………… 33
　三、主要商品贸易及市场发展动态 ……………………… 38
　四、新冠疫情对全球货物贸易的冲击与应对 …………… 43

第三章　世界服务贸易发展动态 …………………………… 47
　一、世界服务贸易总体发展态势 ………………………… 47
　二、服务贸易重点行业发展动态 ………………………… 49
　三、主要国家和地区服务贸易发展态势 ………………… 55
　四、影响服务贸易的重要全球趋势 ……………………… 65

第四章　世界零售业发展动态 ……………………………… 73
　一、世界零售业总体发展态势 …………………………… 73
　二、主要国家和地区零售业发展动态 …………………… 79
　三、零售业热点领域发展动态 …………………………… 93
　四、主要企业发展动态 …………………………………… 99

第五章　世界电子商务发展动态 …………………………… 107
　一、世界电子商务发展总体态势 ………………………… 107

1

二、主要国家和地区电子商务发展态势 …………………… 111
三、电子商务新模式发展动态 ………………………………… 121

第六章 世界大宗商品交易市场发展动态 …………………… 127
一、全球大宗商品交易市场发展态势 …………………………… 127
二、主要大宗商品交易品种情况 ………………………………… 136
三、主要国家大宗商品交易市场现状 …………………………… 144
四、卫星大数据助力大宗商品基本面研究 ……………………… 147

第七章 世界会展业发展动态 …………………………………… 151
一、世界会展业发展总体趋势 …………………………………… 151
二、会展业重点领域发展动态 …………………………………… 155
三、全球实力卓越的组展商 ……………………………………… 161
四、会展城市的产业融合 ………………………………………… 166

第八章 世界外国直接投资发展动态 …………………………… 173
一、世界外国直接投资总体发展态势 …………………………… 173
二、主要国家和地区外国直接投资发展动态 …………………… 180
三、外国直接投资政策发展趋势 ………………………………… 187
四、全球经济特区发展态势 ……………………………………… 190

第九章 新冠肺炎疫情对全球商业环境的影响分析 …………… 194
一、疫情对全球经济与贸易的影响 ……………………………… 194
二、疫情对全球产业链与供应链的影响 ………………………… 200
三、疫情对人们生活消费的影响 ………………………………… 205

第十章　国际经贸发展趋势下国有企业相关规则的新
　　　　发展 …………………………………………… 209
　一、世界经贸规则的竞争中立原则及其发展 ………… 209
　二、各项法律及规则中国有企业的界定及补贴政策
　　　研究 …………………………………………………… 217
　三、我国国有企业在国际经贸规则变化下的改革及
　　　问题 …………………………………………………… 225
第十一章　消费信用体系的建设与发展趋势研究 ……… 231
　一、消费信用体系的基本概念 ………………………… 231
　二、消费信用报告机构形成和发展的条件 …………… 232
　三、全球企业信用制度建设 …………………………… 235
　四、美国的消费信用制度法律体系建设 ……………… 238

Contents

Chapter I Dynamic Status of Global Business Development 1
  I. Overview of global business development 1
  II. Status quo of major global business industries 15
  III. Current environment and trends of global trade and investment 21

Chapter II Dynamic Status of Merchandise Trade Development 31
  I. Overall dynamic status of international merchandise trade 31
  II. Status quo of merchandise trade in major economies 33
  III. Status quo of trade of maincommodities and their markets 38
  IV. The impact of COVID-19 on international merchandise trade 43

Chapter III Dynamic Status of Commercial Services Trade Development 47
  I. Overall dynamic status of international commercial services trade 47
  II. Dynamic status of trades in main commercial services 49
  III. Status quo of commercial services trade in major economies 55
  IV. Main trends affecting international commercial services trade 65

Chapter IV Dynamic Status of Retailing Trade 73
  I. Overall dynamic status of global retailing trade 73
  II. Status quo of retailing trade in major economies 79
  III. Status quo of some commercial forms 93
  IV. Status quo of typical commercial enterprises 99

Chapter V Dynamic Status of Global e-Commerce 107
  I. Overall dynamic status of global e-Commerce 107
  II. Status quo of e-Commerce in major economies 111
  III. Development of main neo-modes of e-Commerce 121

 IV. Development trends of global e-commerce regulation ········· 121

Chapter VI Dynamic Status of Bulk Commodities Market ········· 127

 I. Overall dynamic status of global bulk commodities market ········· 127

 II. Categories of global bulk commodities trading ················· 136

 III. Bulk commodities market in major countries ················· 144

 IV. Satellite data facilitates the fundamental analysis of global bulk commodities trading ·· 147

Chapter VII Dynamic Status of International Exhibition Industry ········· 151

 I. Overall dynamic status of global exhibition industry ················· 151

 II. Status quo of main fields in international exhibition industry ········· 155

 III. Excellent international exhibition organizers ················· 161

 IV. Industrial integration in exhibition cities ················· 166

Chapter VIII Dynamic Status of Global FDI ················· 173

 I. Overall dynamic status of global FDI ················· 173

 II. Status quo of FDI in majorcountries and regions ················· 180

 III. Policy trends in global FDI ················· 187

 IV. Dynamic status of special economic zones in the world ········· 190

Chapter IX The Impact of COVID-19 on the Global Business Environment ········· 194

 I. The impact of the pandemic on the global economy and trade ········· 194

 II. The impact of the pandemic on global industrial chains and supply chains ·· 200

 III. he impact of the pandemic on people's consumption patterns ········· 205

Chapter X　Recent Advances of Rules Relating to SOEs in the Trend of
　　　　　 Global Trade Development ………………………………… 209
　I. The principle of competition neutrality and its development ………… 209
　II. Laws and regulations on the definition of SOEs and relevant
　　　subsidy policies …………………………………………………… 217
　III. The reform of China's SOEs corresponding to the changes of
　　　international trade rules ………………………………………… 225
Chapter XI　On Construction and Development of Consumer Credit
　　　　　 System ……………………………………………………… 231
　I. The concept of consumer credit system ……………………………… 231
　II. Conditions for the development of consumer credit reporting
　　　agencies …………………………………………………………… 232
　III. Enterprise credit system in the world ……………………………… 235
　IV. Legal system of consumer credit system in the USA …………… 238

第一章　世界商务总体发展动态

一、世界商务发展动态综述

2019年全球贸易与经济摩擦进一步恶化,地缘政治紧张局势抬头,社会动荡加剧,全球经济活动持续趋缓,全年GDP增速2.9%。2020年,在新型冠状病毒(以下简称"新冠")肺炎疫情(COVID-19)快速扩散的重压之下,全球经济受到波及,金融环境急剧收紧,许多国家面临卫生冲击、国内经济动荡、外部需求急剧下降、资本流动逆转以及大宗商品价格暴跌等多层次危机。国际货币基金组织(IMF)认为世界正在经历自20世纪30年代大萧条以来最糟的经济衰退,严重程度显著高于2008—2009年的全球金融危机,其2020年6月公布的《世界经济展望》以"前所未有的危机,不确定的复苏"为主题,预测2020年全球增长率为-4.9%,比2020年4月的预测低1.9个百分点,当前疫情等各种因素对于全球增长的预测仍然有极大的不确定性,预计经济复苏比之前预测的更为缓慢,2021年全球增长率预计为5.4%。

联合国、经济合作与发展组织(OECD)等国际组织也大幅下调2020年全球经济增速预期。联合国2020年5月发布的2020年中期《世界经济形势与展望》认为,在新冠肺炎疫情大流行情况下,2020年世界经济预计萎缩3.2%,标志着自20世纪30年代大萧条以来最剧烈的经济收缩,"后新冠时代"世界经济将从5%以下跌落到3%以下的低速增长阶段。OECD 2020年6月发布的《经济展望报告》预测2020年世界经济将至少萎缩6%,而且世界经济前景仍有极大不确定性,如果2020年下半年发生第二波新冠肺炎疫情,世界经济将可能萎缩7.6%。世界银行2020年6月发布的《全球经济展望》认为,新冠疫情全球大流行所带来的巨大冲击,以及防控措施所造成的经济停摆,预计使全球经济在2020年收缩5.2%,这也将是二战以来最为严重的经济衰退。

但是"危中有机",以人工智能、大数据为代表的新一轮科技与产业变革成为众多国家复苏经济、寻找新的增长动力、提高整体竞争力的重要战略部署。在技术成熟、需求暴发的大环境下,疫情将推进行业业态创新和模式创新,非接触经济逆势崛起,数字商务快速增长。

(一) 新冠疫情导致世界贸易大幅萎缩

受贸易紧张局势和经济增长放缓影响,2019年世界贸易持续放缓。货物贸易在接近年底时出现下滑,与2018年增长2.9%相比,2019年下降0.1%,这是自2009年全球金融危机以来首次出现年度下降;以美元计算货物出口下降3%,为18.89万亿美元。2020年初暴发的新冠疫情扰乱了世界各地的正常经济活动和生活,主要经济体均出现不同程度停工停产,世界贸易也在相当程度陷入停滞。世界贸易组织(WTO)2020年4月发布报告,预计2020年世界货物贸易将下降13%～32%,萎缩幅度可能超过2008—2009年世界金融危机带来的贸易下滑(图1.1)。基本上全球所有地区的贸易量都将出现两位数的下降,其中北美和亚洲的出口贸易将受到最大打击,受影响较少的区域为非洲、中东和独联体国家,因其主要仰赖能源相关产品出口,需求较不受影响。同时,根据世界贸易组织2020年5月发布的《货物贸易晴雨表》①

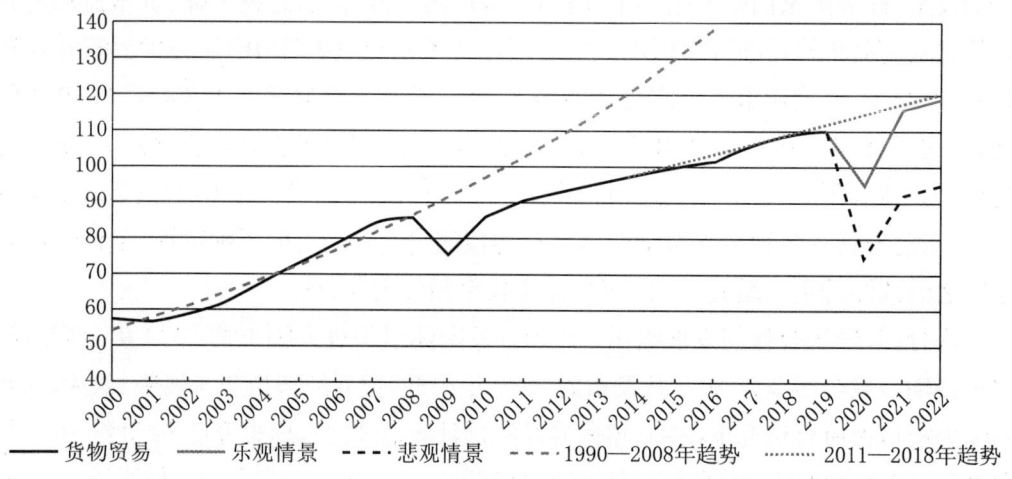

图 1.1　2000—2022 年世界货物贸易量指数及预测

注:指数,2015年=100

资料来源:WTO. Trade set to plunge as COVID-19 pandemic upends global economy, 2020.4

---

① 货物贸易晴雨表通过采集主要经济体的货物贸易统计数据,为当前世界货物贸易的发展趋势和拐点提供早期信号,与服务贸易晴雨表相配合,每季度更新一次。数值超过100表明全球货物贸易趋向增长,低于100则表明全球货物贸易趋势疲弱。

数据,全球货物贸易指数87.6,远低于基线值100,是全球货物贸易指数推出以来的最低纪录;其中,汽车产品指数79.7,为晴雨表所有指数中最弱,集装箱运输指数和空中货运指数分别为88.5和88.0,只有电子元件指数(94)和农业原材料指数(95.7)显示出稳定迹象,但这两项指数也低于趋势水平。WTO表示,贸易复苏尚存不确定性,其最终表现取决于疫情持续时间和各国抗疫政策的有效性。相对乐观的情况是疫情受到良好控制,虽然贸易急剧下降,但从2020年下半年开始复苏,预计2021年货物贸易可呈现两位数的反弹,为21.3%;在悲观情况下,因下降幅度更大使基准值降低,因此预计反弹后增长可达24%(表1.1),所需复苏时间更长。

表1.1 2018—2021年货物贸易额和实际国内生产总值年度增长率

地 区	历史数据		乐观预测		悲观预测	
	2018年	2019年	2020年	2021年	2020年	2021年
货物贸易	**2.9**	**−0.1**	**−12.9**	**21.3**	**−31.9**	**24.0**
出口						
北美洲	3.8	1.0	−17.1	23.7	−40.9	19.3
中南美洲	0.1	−2.2	−12.9	18.6	−31.3	14.3
欧洲	2.0	0.1	−12.2	20.5	−32.8	22.7
亚洲	3.7	0.9	−13.5	24.9	−36.2	36.1
其他地区	0.7	−2.9	−8.0	8.6	−8.0	9.3
进口						
北美洲	5.2	−0.4	−14.5	27.3	−33.8	29.5
中南美洲	5.3	−2.1	−22.2	23.9	−43.8	19.5
欧洲	1.5	0.5	−10.3	19.9	−28.9	24.5
亚洲	4.9	−0.6	−11.8	23.1	−31.5	25.1
其他地区	0.3	1.5	−10.0	13.6	−22.6	18.0
按市场汇率的实际GDP	**2.9**	**2.3**	**−2.5**	**7.4**	**−8.8**	**5.9**
北美洲	2.8	2.2	−3.3	7.2	−9.0	5.1
中南美洲	0.6	0.1	−4.3	6.5	−11.0	4.8
欧洲	2.1	1.3	−3.5	6.6	−10.8	5.4
亚洲	4.2	3.9	−0.7	8.7	−7.1	7.4
其他地区	2.1	1.7	−1.5	6.0	−6.7	5.2

注:2020和2021年为预测值;货物贸易为进出口平均水平;其他地区包括非洲、中东和独联体国家

资料来源:WTO. Trade set to plunge as COVID-19 pandemic upends global economy. 2020.4

服务贸易在前两年强劲增长之后增速趋缓,2019年服务贸易出口同比增长2%,达到6.03万亿美元,比2018年增速放缓7个百分点。服务贸易各类别中,2019年其他商业服务增速最强劲,其次是旅游和商品相关服务,运输服务下降0.5%,反映出主要经济体之间贸易摩擦导致的货物贸易疲软(图1.2)。同时,根据世界贸易组织2020年3月发布的《服务贸易晴雨表》报告数据,全球服务贸易指数为96.8,低于100基准值;该指标尚未充分反映COVID-19病毒的经济影响,未来几个月可能进一步下降;其中,航空客运(93.5)和集装箱运输(94.3)下降幅度最大,金融交易指数(97.7)和信息通信技术服务指数(97)也低于趋势水平,建筑业指数(99.8)保持稳定。由于疫情期间全球多国颁布程度不同的运输与旅行限制,并关闭许多零售和接待机构,服务贸易受到最为直接的冲击。但是信息技术服务业却可能从这场危机中受益,在远程办公、远程社交的推动下需求激增。

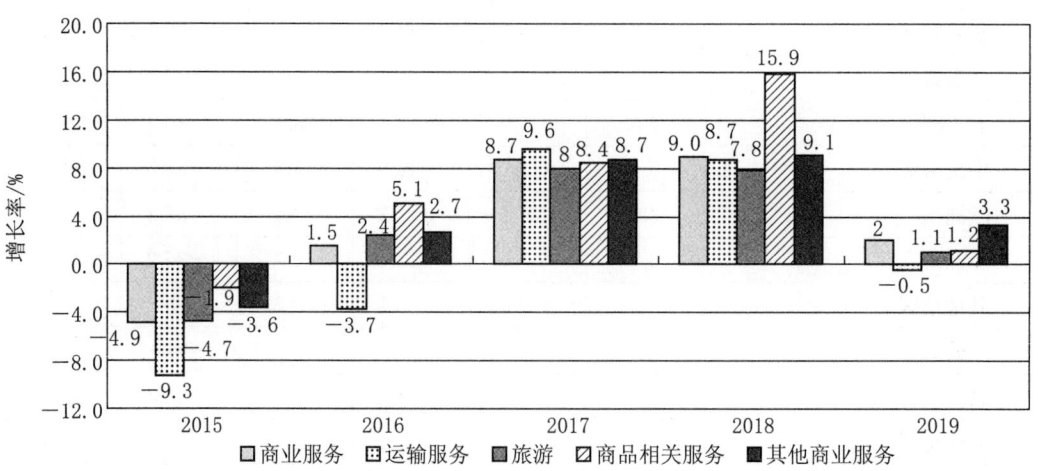

图1.2　2015—2019年各类服务贸易出口额增长情况(以美元计算的增长率)

资料来源:WTO. Trade set to plunge as COVID-19 pandemic upends global economy. 2020.4

WTO认为,由于新冠病毒难以彻底扑灭,或将与人类共生,也可能在局部长期化。主要经济体因疫情而采取的部分限制措施也可能长期化。一旦应对疫情的部分限制措施长期化,全球货物、服务和人员跨境流动的壁垒将进一步上升,全球贸易的成本可能经历一个较大幅度上升,国际经贸规则和格局也将发生重大深刻变化。

(二)疫情期间全球外国直接投资急剧下降

联合国贸发会议(UNCTAD)2020年6月发布的《2020年世界投资报告》(*World Investment Report 2020*)指出,2019年全球外国直接投资(FDI)流量在2017年和

2018年大幅下降之后出现温和增长,回升至1.54万亿美元,增幅为3%。2020年新冠疫情大流行对外国直接投资在供应、需求和政策上形成冲击。各国实施的封锁措施导致现有投资项目放缓,仅2020年前5个月,全球绿地投资项目和跨境并购就下降50%,例如,美国波音在4月下旬撤销与巴西航空工业的业务合并。严重衰退的前景将导致跨国企业重新评估新项目,危机期间各国政府采取的政策措施也包括新的投资限制。预计2020年全球外国直接投资流量将骤降40%,自2005年以来首次低于1万亿美元;2021年全球外国直接投资流量将进一步下降5%~10%,比2015年下降60%,预计不到9 000亿美元;从2022年开始,在全球价值链(GVCs)重组、资本存量补充和全球经济复苏的引领下,投资流动将缓慢复苏,进入金融危机前的较低水平逐步稳定阶段(图1.3)。

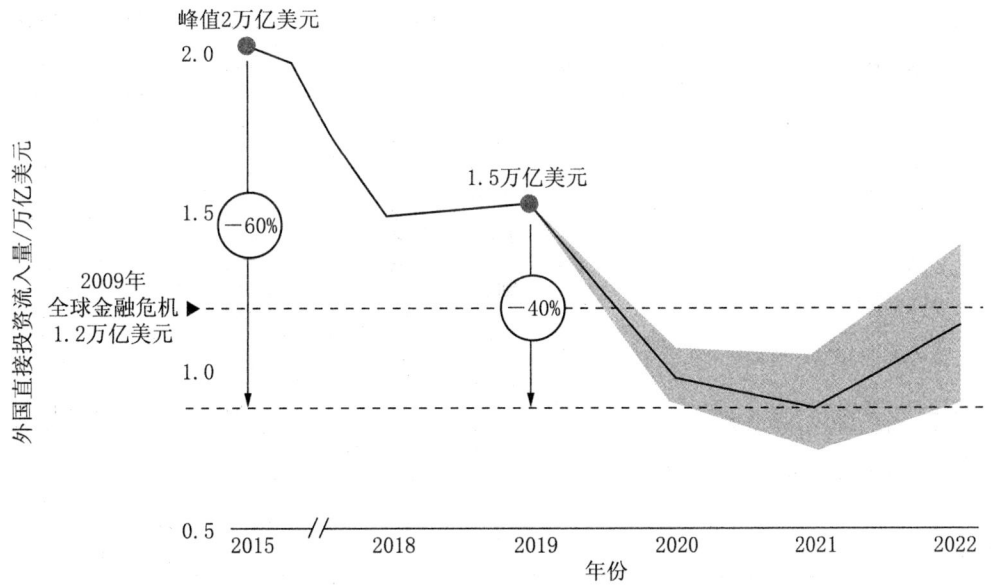

图1.3　2015—2019年全球外国直接投资流入量及2020—2022年预测

资料来源:UNCTAD. World Investment Report, 2020.6

发达经济体随着美国2017年税收改革影响减弱而获得较多资金流入,2019年FDI流入量8 000亿美元,同比增长5%(表1.2)。2020年疫情蔓延世界各国,众多跨国公司面临供应链断裂、停产停工,全球前5 000家跨国公司(占全球FDI绝大部分)已经将收益平均下调40%,其中一些公司陷入亏损。预计2020年发达经济体FDI将下降25%~40%。由于新冠疫情对欧洲几个主要经济体产生了巨大影响,以及先前已存在的经济脆弱性问题,2020年流入欧洲的FDI将大幅下降30%~45%;而流向北美的 FDI 也将下降 35%。

发展中经济体 FDI 延续下滑态势，2019 年 FDI 流入量 6 850 亿美元，比 2018 年下降 2%（表 1.2）。亚洲仍然是全球最大的 FDI 接受地，2019 年全球超过 30% 的外资流入该区域。其中，流入中国的外资仍然增长至 1 410 亿美元，创历史新高。发展中经济体更依赖劳动密集型和采掘业的 FDI，而这些产业受到疫情的严重冲击，因此发展中经济体的 FDI 降幅最大。2020 年疫情封锁措施和工厂停工影响众多发展中地区供应链和工厂生产，加上投资来源的许多跨国公司收益下降、全球和地区需求下滑

表 1.2 2017—2019 年 FDI 流入量及 2020 年预测

地区经济体	流入量/10 亿美元			
	2017 年	2018 年	2019 年	2020 年
全球	1 700	1 495	1 540	920～1 080
发达经济体	950	761	800	480～600
欧洲	570	364	429	240～300
北美	304	297	297	190～240
发展中经济体	701	699	685	380～480
非洲	42	51	45	25～35
亚洲	502	499	474	260～330
拉丁美洲与加勒比地区	156	149	164	70～100
转型期经济体	50	35	55	30～40

地区经济体	年增长率/%			
	2017 年	2018 年	2019 年	2020 年
全球	−14	−12	3	−40～−30
发达经济体	−25	−20	5	−40～−25
欧洲	−16	−36	18	−45～−30
北美	−40	−2	0	−35～−20
发展中经济体	7	0	−2	−45～−30
非洲	−10	22	−10	−40～−25
亚洲	7	−1	−5	−45～−30
拉丁美洲与加勒比地区	14	−5	10	−55～−40
转型期经济体	−25	−31	59	−45～−30

资料来源：UNCTAD. World Investment Report. 2020,6

等因素，众多跨国企业推迟在发展中地区的投资计划。同时，发展中经济体跨国公司也将盈利预期平均下调20％，进一步收紧投资计划。其中，流向亚洲发展中经济体的FDI受到严重影响，2020年FDI预计减少30％～45％，主要原因包括这些经济体更易受到供应链中断的影响。

转型经济体FDI同样受到重创，预计2020年下降30％～45％。在基于自然资源的项目中，由于需求减弱以及石油价格仍处于低迷状态，前景正在向下调整，主要石油输出国尤其受到影响。

（三）非接触经济逆势增长，或迎来发展契机

新冠疫情的长期化正在逐步改变经济活动的形态，非接触经济快速崛起。非接触经济是利用信息技术手段，通过网络等平台，达到人与人、人与物之间不通过接触就可以实现目的的经济活动或方式，涵盖在线教育、远程办公、短视频、网络游戏、VR、非接触政务以及非接触生活服务等众多领域。

从需求与供给两方面看，非接触经济都有广阔的发展前景与市场潜力。从需求侧看，突发疫情把潜在的非接触式需求迅速转化为现实需求。疫情过后，很大程度上会延续非接触服务的消费习惯。更重要的是，非接触式需求还有其他潜在发展驱动力：一是劳动力短缺驱动的需求，各类非接触设备与机器人为人类提供各类服务是未来不可逆转的趋势。二是老龄化驱动的需求，对非接触式机器人服务有很大需求。三是快递驱动的需求，对快递机器人、无人机的需求越来越多。四是易感群体驱动的需求，除了老人、小孩、体弱者等易感群体，由于世界上宗教、种族、文化千差万别，某些群体对人体接触较敏感，对医疗、安检、餐饮等领域的非接触服务需求很强烈。从供给侧看，物联网、人工智能、云服务、大数据、5G等提供了更多实用的技术，为非接触服务提供可用的信息采集、控制设备；新机械设备工艺，为远程操控提供了技术保障；新材料产业，为非接触隔离材料提供更多的物理隔离材料选择。这些技术都将驱动非接触服务的发展。

在疫情防控、复工复产之际，减少潜在的病毒携带者对健康人群在社区、工作和公共场所的感染是目前面临的巨大挑战。非接触服务将会减少接触机会，降低感染概率，为最终战胜疫情做出贡献。非接触服务已经渗透在中国疫情防控、医疗救治、复工复产，以及居民工作、生活、娱乐的各个环节。非接触经济不仅在中国迅速发展，更是逐渐成为全球的刚需。世界银行和国际货币基金组织2020年春季会议改为远程会议，这是70年来首次改为在场外举行。联合国宣布，腾讯公司成为其全球合作伙伴，为联合国成立75周年提供全面技术方案，并将通过腾讯会议、企业微信和腾讯

同传在线举办数千场会议活动。3月27日,万事达宣布提高拉丁美洲和加勒比海地区的非接触式支付限额。英国、爱尔兰、波兰、挪威、土耳其、埃及等国家纷纷提高非接触式付款的限额。

在巨大的商机背后,非接触经济的商业模式仍有不少挑战。

首当其冲是必须应对的产品质量。由于需求暴增、并发量太大,交易量意外激增可能会超出系统容量。人工智能、大数据、5G等一系列新兴科技手段将提供强大的技术支撑。扩容问题是最容易解决的问题,更难的是怎么把这些技术融入生活的方方面面,给人们带来更便捷的体验。在线教育方面,在线上拼流量、抢生源,可能会短期获客,但教育产品的长期成功还得靠好的质量、产品及服务。非接触金融方面,利用人工智能、大数据等分析手段,对客户采取精准营销和运营,与客户建立更深刻的联系,才是主要发力点。

其次,非接触经济并非想象中那么完美。健康科技公司Neuvana调查了1 076名职员的压力水平,58%的受访者表示每月至少远程办公一次,其中51%认为远程办公增加工作压力。社交媒体管理公司Buffer的调查揭示压力变大的原因,最常见的是无法下班、孤独感和合作不顺。远程办公带来的灵活性创造出一种永远在线的新文化,导致人们比在传统办公室环境中工作的时间更长。

再次,线上并不能完全取代线下。从在线教育看,短期内没有暴发的条件。其一,线上教育能够达到的目标和效果只是一部分,并不能完全替代线下教育的效果和体验。其二,在线教育的内容、教学质量以及整个运营体系的好坏,才是能否成功的重要因素,并不在于线上还是线下。从远程办公看,相较于线下办公,存在互动性差、不易监督、缺少"随机见面"的机会、忽略社会交往的意义等短板。从网上购物看,因为线下购物的体验感不可替代,所以网购也不能完全取代线下购物。

此外,行业标准、法律责任需要逐步完善。以互联网医疗为例,医疗服务是监管最严格的行业之一。标准化是首要难题,包括诊疗操作的标准化、定价的标准化、数据的标准化等。其次是法律责任问题,用户、平台和医疗服务方责任的界定,以及误诊或者治疗不当各个角色的法律责任都需要进一步清晰化。用户需求与医疗服务供给的匹配度问题和医患者双方的认可度问题,也都需要在发展过程中找到最佳解决方案。

(四)应对跨境支付挑战对于数字经济增长至关重要

跨境电子商务在经济活动中创造了数万亿美元的收入,在疫情暴发之前就已经迅速扩张。联合国贸发会议统计,2018年有14.5亿人在网上购物,比2017年高出9%。

中国拥有最多的网上购物者,有 6.1 亿人。尽管大部分网购者主要从国内供应商购买商品,但 2018 年约有 3.3 亿网购者进行跨境购物(占所有网购者的 1/5)(图 1.4)。

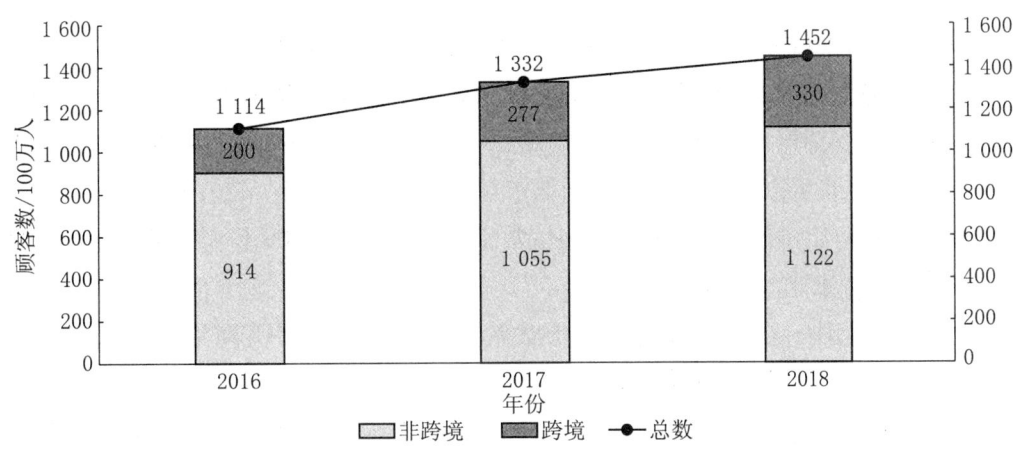

图 1.4　2016—2018 年全球在线顾客

资料来源:UNCATD. UNCTAD ESTIMATES OF GLOBAL E-COMMERCE 2018

新冠疫情危机正迅速加速数字商务的增长。随着传统商品和服务贸易的减少,数字贸易的重要性与日俱增。数字支付的迅速普及在一定程度上推动了这一转变——它让消费者和商家能够在全球范围内轻松买卖商品。UNCTAD 预计,疫情暴发之后,跨境电子商务将呈指数级增长。例如,在美国和加拿大,2020 年总体电子商务订单与 2019 年相比预计增长 129%。同样,2020 年数字支付市场预计在全球范围增长 11%,在中国等地的增速将高达 15.9%。

数字服务和数字贸易的增长对于全球经济复苏至关重要,确保跨境支付的易用性、互操作性和安全性是一项艰巨的任务,但是一些挑战可能阻碍跨境支付的发展:首先,越来越多的贸易保护主义措施——例如:使用国内基础设施,对数据进行本地化处理以及对外国公司的授权和最低股权等要求,阻碍了国际支付服务提供商将服务从一个市场推向更多市场;其次,尽管新的支付技术使市场竞争越发激烈和复杂,但技术和法规标准的差异加剧了支付方面的摩擦;再次,跨境支付成为欺诈和网络安全威胁集中攻击的目标,小企业尤其容易受到影响,而许多旨在提高网络安全和信任的政策要么无效,要么适得其反;最后,虽然对支付系统的充分监督和监管是金融系统稳定的重要前提,但对在多个市场经营的公司的管理监管往往是脱节且不协调的,导致效率低下、竞争越发激烈。

针对上述挑战,2020 年 6 月发布的世界经济论坛白皮书《连接数字经济:跨境支付的政策建议》(Connecting Digital Economies: Policy Recommendations for Cross-Border Payments)提出各国减少跨境支付摩擦、确保数字贸易强劲增长可采取的措施：

其一，消除支付服务的市场障碍。关键的第一步就是确保不歧视外国公司，为数字支付服务提供商提供/加强/扩大"国民待遇"，确保消费者能够在各自市场使用跨境支付服务。支持保护数据自由流动的承诺，同时确保必要的隐私保护以及对这些数据的监管访问，可以确保当地消费者能够使用新产品和服务。2019年底谈判达成的美墨加贸易协定(USMCA)为支持跨境数字商务提供了范例，其为金融服务提供国民待遇并保护数据自由流动。

其二，通过国际公认的标准促进互操作性。通过促进并明确承诺采用数字支付的国际公认标准，各国政府确保各自市场能够与更广泛的全球经济无缝连接。各国政府还可以通过与私营部门合作来制定开放的银行业指导方针，从而加强互联互通和互操作性。开放的银行业鼓励更大的竞争和连通性，因为它允许消费者与第三方应用程序共享其银行数据，使他们能够使用新的和创新的金融服务（特别是那些针对不经常使用银行服务的人的服务）。各国政府还可以为银行基础设施采用国际标准（如支付信息标准），以及打击洗钱和恐怖主义融资的标准（如金融行动特别工作组标准）。

其三，确保支付系统的安全性和可信度。关键的第一步就是深化公私合作，以协调网络安全标准，建立防止欺诈的消费者保护机制，减轻长期威胁。另外，执法机构之间的跨境合作对于减轻威胁和保护消费者也至关重要，例如，现代化司法互助条约，可使辖区之间共享信息以获取离岸数据变得更加容易，美国《澄清合法海外使用数据法案》（即《云法案》）可以提供模型框架。各国政府还可以制定计划鼓励网络清洁、提高反欺诈意识。

其四，通过协调监管，推动跨境支付创新。关键是探讨双边、区域和多边监管协调。许多国家正在签署双边协议，以共享信息，改善对提供跨境金融服务（包括支付）的公司的监管协调。新加坡为跨境支付服务的国际合作提供了良好的模式。自2016年以来，新加坡金融管理局与世界各地监管机构签署了33项金融科技合作协议。这些合作协议侧重三个领域：监管当局之间的信息共享；将合格的公司推荐到其他司法管辖区；探索与金融创新有关的联合项目的承诺。还有一些监管机构通过全球金融创新网络(GFiN)对金融科技监管进行多边协调，包括对跨境支付服务提供商的监管。GFiN于2018年由英国金融行为监管局(FCA)发起成立，已扩展到超过50个金融系统监管机构。

（五）国际大都市在全球数字创新中发挥引领作用

近年来，数字经济在城市发展中扮演着越来越重要的角色。智慧城市、创新型城市等发展理念正在被越来越多的人接受和欢迎，数字技术让城市变得智能、创新、便捷、高效、清洁。纽约、伦敦、新加坡等国际大都市基于在科技、金融、贸易、制造等领域建立起来的发展优势，大力推动数字技术与传统领域的融合创新，成为区域甚至全球的数字创新（Digital Innovation）中心，在全球数字创新和产业数字化转型中发挥了重要的引领作用。

纽约正从国际金融中心向国际科技大都市转型，科技创新引领地位不断提高，不仅吸引众多包括谷歌、亚马逊、脸书和优步等科技巨头的目光，一大批市值超过10亿美元的科技"独角兽"公司也汇聚于此，如互联网眼镜商Warby Parker、生鲜电商蓝围裙Blue Apron、区块链翘楚Coinbase等。近年来，纽约市政府设立了基金对科技企业成长进行资金支持。其中一个是纽约种子期基金（NYC Seed Fund），专门提供种子期投资，要求创业者中至少一个具有技术背景，公司业务在软件或网络技术领域；另外一个是纽约合作基金（Partnership for NYC），投资在金融技术、医疗健康IT、生命科学方面处于种子期或扩张期的纽约公司。同时，政府还以纽约市经济发展公司（NYCEDC）为主体，在多个技术领域（如区块链、网络安全等）以及生命科学与健康医疗等领域设有诸多投资项目。2019年NYCEDC在数字相关技术领域的项目布局有：①区块链中心，由纽约市经济发展公司与全球区块链商业协会（Global Blockchain Business Council）和纽约风险投资基金Future Perfect Ventures的附属公司合作推出，旨在通过提供教育培训项目和为企业提供商业支持、指导和同行交流机会，从而帮助企业获得发展和投资机会。②全球网络中心，旨在打造汇集初创企业、投资方及人才的国际社区，中心包括初创企业的合作空间并将被用作虚拟实验场，进行一系列模拟演练；媒体实验室，是一个公私合作项目，通过推进公司的新媒体技术应用和促进其与从事相关研究的学术机构的合作，来推动合作创新。③数字纽约（Digital NYC），是一个一站式网站，提供有关本地活动的信息，内容涵盖当地新闻、合作空间、孵化器、工作、风投、天使投资人以及纽约市科技生态系统的其他资源。

伦敦借助其世界城市和金融中心的地位，正在积极参与到新一轮的科技创新浪潮之中，逐步成为数字技术的世界领跑者之一。据Tech Nation和Dealroom.co为英国数字经济委员会提供的调研报告显示，英国科技行业投资规模在2019年猛增至132亿美元，其中伦敦融资97亿美元，紧随硅谷（435亿美元）、北京（160亿美元）、纽约（144亿美元）之后，排名第四位，步入世界上融资最多的地区之列。国际投资者更加青睐投资一些伦敦增长较快的行业和公司,在大数据、人工智能和区块链等新兴产业进行创新的英国企业,在2019年获得的投资额打破历史纪录,并远超欧洲其他城市。Tech Nation等发布的数据还显示,伦敦已经成为继硅谷、纽约之后,全球第三位、欧洲第一位的科技创业生态系统,整个生态系统产值高达440亿美元;风投基金方面,欧洲排名前10位的风投中,有7家总部在伦敦;伦敦有英特尔、谷歌、脸书等科技巨头,也有超过4 000家科技创业公司,36家孵化器和加速器,70多个共享办公室;截至2018年,伦敦共有18.7万家科技企业,科技行业在2018年为伦敦经济直接和间接贡献242亿英镑;伦敦是英国独角兽的诞生圣地,包括Transferwise,Shazam,Wonga等市值过百万美元的科技创业独角兽;伦敦是全球金融科技之都,该行业的就业人数超过全球其他任何城市,达到4.4万人(比纽约多1 000人);伦敦被视为数字经济的全球力量,数字经济领域共有210万名从业人员,未来十年预计伦敦将增加4.6万个数字工作岗位;伦敦是大数据的主要枢纽,伦敦64.75平方千米范围内估计有5.4万名大数据工作者。

新加坡是亚太地区最具吸引力的数据中心枢纽,为数字经济发展提供了有力支撑。在英国研究机构Juniper Research 2018年3月发布的"全球智慧城市Top20"榜单中,新加坡位列第1位,超越纽约、伦敦等城市,是当之无愧的世界智慧城市典范。早在2006年,新加坡就推出一项名为"智能城市2015"的信息化计划,这个为期十年的发展蓝图,目的是要通过大力发展ICT产业,应用ICT技术提高关键领域的竞争力,将新加坡建设成为由ICT技术驱动的智能城市。经过十年的努力,新加坡于2014年将该发展蓝图升级为"智慧国2025",计划用接下来的十年将新加坡建设成为智慧国度,这是全球第一个智慧国家发展蓝图。可见,新加坡在智慧化方面的政策不但具有前瞻性,并且持续进化。"智慧国2025"旨在创建一个真正以人为本、技术驱动、可持续发展的智能城市。智慧项目涉及智慧交通、家居与环境、商业效率、健康与老龄服务、公共部门服务等领域。2017年新加坡技术局(GovTech)提出智慧国五大策略性项目:国民数字身份、电子支付、智慧国传感器平台、智慧城市交通、人生时刻;2018年,又将CODEX数码平台(Core Operations, Development Environment, and eXchange,核心运作、开发环境和电子化交换)作为第6个"智慧国策略性项目"。

(六)中国营商环境排名连年跃升,数字经商便利度仍需提升

2019年10月,世界银行发布旗舰报告——《2020年营商环境报告》,旨在衡量监管法规是否有助于推动或是限制商业活动。《2020年营商环境报告》记录自2018年5月至2019年5月之间发生的监管改革,比较190个经济体在便利营商方面的整体

表现。结果显示,有 115 个经济体实行了 294 项营商改革。《2020 年营商环境报告》涵盖 12 个领域的商业法规。营商环境便利度分数和营商环境便利度排名涵盖其中的 10 个领域:开办企业、办理施工许可、获得电力、登记财产、获得信贷、保护少数投资者、纳税、跨境贸易、执行合同和办理破产。《2020 年营商环境报告》也衡量有关雇用员工和政府采购的规定,但是这两个指标不包括在营商环境便利度分数计算和排名中(图 1.5)。

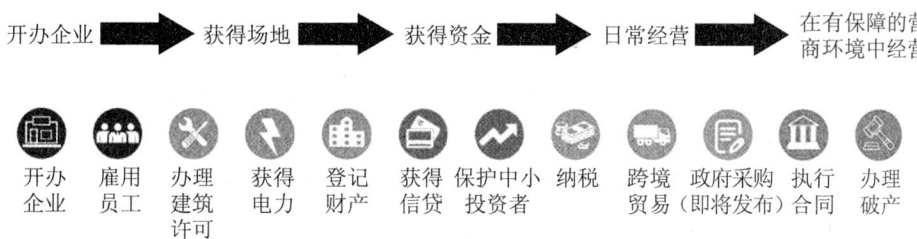

图 1.5　2020 年营商环境衡量领域

注:"雇用员工"这个指标未包含在排名之中,"政府采购"这个指标将来可能会被纳入

资料来源:World Bank. Doing Business 2020

营商环境便利度排名前 10 位的经济体依次为新西兰、新加坡、中国香港、丹麦、韩国、美国、格鲁吉亚、英国、挪威、瑞典(表 1.3)。营商便利度排名前 20 位的经济体

表 1.3　2019 年全球营商环境排名前 10 位及中国内地排名

经济体	开办企业	办理施工许可证	获得电力	登记财产	获得信贷	保护少数投资者	纳税	跨境贸易	执行合同	办理破产	综合排名
新西兰	1	7	48	2	1	3	9	63	23	36	1
新加坡	4	5	19	21	37	3	7	47	1	27	2
中国香港	5	1	3	51	37	7	2	29	31	45	3
丹　麦	45	4	21	11	48	28	8	1	14	6	4
韩　国	33	12	2	40	67	25	21	36	2	11	5
美　国	55	24	64	39	4	36	25	39	17	2	6
格鲁吉亚	2	21	42	5	15	7	14	45	12	64	7
英　国	18	23	8	41	37	7	27	33	34	14	8
挪　威	25	22	44	15	94	21	34	22	3	5	9
瑞　典	39	31	10	9	80	28	31	18	39	17	10
中国内地	27	33	12	28	80	28	105	56	5	51	31

资料来源:World Bank. Doing Business 2020

都有高度透明而完善的营商监管,具备网上企业注册流程、电子纳税申报平台,并允许在网上办理财产转移手续,其中11个经济体有电子化的施工许可证申办程序。营商便利度得分提升最大10个经济体为:沙特阿拉伯、约旦、多哥、巴林、塔吉克斯坦、巴基斯坦、科威特、中国、印度和尼日利亚。在2018—2019年度,这些国家实施了全球范围内记录的五分之一的改革。

由于大力推进改革,中国连续两年跻身全球营商环境改善最大的经济体前10位,并且在总排名中继续获得大幅提升——由上年度的46位上升至31位,在多项营商环境指标上取得进步:执行合同(排名第5位)、获得电力(排名第12位)、开办企业(排名第27位)、登记财产(排名第28位)、保护少数投资者(排名第28位,提升36位)、办理施工许可(排名第33位,提升88位)。尽管取得了巨大进步,中国在纳税(排名第105位)、获得信贷(排名第80位)、跨境贸易(排名第56位)、办理破产(排名第51位)等领域仍显滞后。2020年7月,世界银行发布《中国优化营商环境的成功经验:改革驱动力及未来机遇》专题报告,充分肯定中国近年来在优化营商环境领域取得的成就,并围绕《营商环境报告》中开办企业、获得电力、办理施工许可等8个指标领域介绍中国采取的有效改革举措。

作为世界银行营商调查的补充,2019年9月,美国塔夫茨大学的两名专家首次根据数字经商容易度(EDDB)对42个国家进行排名,衡量数字平台在全球各地市场上运作的难易程度。报告从42个国家的60多个数据源中选取236个变量,分析4种基本的数字平台:电子商务平台(如Amazon,eBay);数字媒体平台(如YouTube,Netflix);共享经济平台(如Uber,Airbnb);以及在线自由职业者平台(如Upwork,Toptal)。数字平台占总得分的50%,另外50%是基本因素,包括3个方面:①数据可访问性,指数据跨境或在境内传输的容易程度,包括数据流的强度和数据限制;②数字和模拟基础,是所有数字平台的基础,跨越需求、供应、机构和创新;③世界银行2019年营商便利度得分。

分析结果显示:美国和英国EDDB得分最高,它们主要具有以下几大优势:市场成熟度高,数字经济的供应和制度支持,数据可访问性强,以及能够在4个平台上轻松开展业务。新加坡在线自由职业平台方面的得分较高;韩国和爱沙尼亚分别在市场成熟度和共享经济方面表现突出;俄罗斯和印度尼西亚垫底。

中国数字生态系统发展迅速且高度创新,是发展最快的数字经济体,但EDDB却表现不佳,在42个国家中排名倒数第4位。EDDB"便利度"是以一个可能处于世界任何一个地方的潜在数字商业经营者的角度来评估的。两位专家认为,尽管中国为国内占主导地位的数字企业创建了高度有利的环境,但由于政府的准入壁垒、数字本地化法律以及数据开放性不足,对新的国际营商者来说,中国的整体环境相对困难,由此也预见中国的提升空间巨大。

二、重点行业发展动态

(一)零售业:数字化加速,多国推出消费刺激方案

全球零售业保持稳定增长。2018财年,全球最大的250家零售商收入增长4.1%,增速略低于2017财年的5.7%,平均收入达到190亿美元,2013—2018财年的五年复合年增长率为5.0%。其中,全球前十大零售商收入总计1.53万亿美元,占250家零售商收入总额的32.2%,沃尔玛、开市客、亚马逊位居前三位,占前十大零售商收入总额的52.1%。

零售业加速数字化,非接触式服务需求增长。在新兴技术和疫情影响的多重因素作用下,零售业正加速向线上营销转型,借助数据分析、人工智能、生物识别、传感技术和流程自动化,向更智能化、更灵活的数字供应网络转变,无人商店、无接触支付等新型模式快速发展。

主要国家方面,美国零售行业并购交易全球首位,2018年,美国分别占全球消费与零售并购交易量的20%和交易总额的36%。2019年,美国零售总额增长3.4%。其中,电商渠道占零售总额的11%,销售额同比增长14.9%。自新冠疫情暴发以来,美国启动大规模消费促进措施,推出规模约3万亿美元经济刺激方案。日本共29家零售企业入选《2020全球零售力量》,2018财年平均零售额110.17亿美元,零售总额占全球250家零售企业销售总额的6.7%。其中,永旺株式会社(Aeon Co., Ltd.)位居第13、Seven & i Holdings位居第19。2019年,日本零售总额约为145.05万亿日元。预计日本零售额在2021年和2022年将分别同比增长1.20%和1.40%。疫情期间,日本经济产业省推出消费补贴计划、中小零售业主特别贷款或融资贴息制度以及持续经营支援金等一系列扶持措施。欧洲数字零售行业发展强劲。2019年,亚马逊在欧洲的零售额达到321.85亿欧元,居首位,其次是德国的Otto和Zalando。2020年英国电子商务销售预测将从736亿英镑提升至789亿英镑。针对疫情,欧洲出台多项零售及消费扶持措施,如欧洲央行推出总额超过1万亿欧元的资产购买计划,向银行提供3万亿欧元的优惠贷款,以及1 200亿欧元的经济刺激计划,欧洲多国通过扩大投资、贷款担保、工资补贴、降低增值税等方式避免危机造成结构性损伤,以及刺激消费。

重点领域方面,奢侈品数字渠道销售增势明显,截至2019年底,全球奢侈品销售

额超过9 100欧元(约合超过1万亿美元)。2019年,奢侈品在线渠道销售实现两位数增长,预计2018—2025年的年均复合增长率将达到16%,到2025年,在线渠道预计将占据奢侈品市场份额的30%。服装零售新模式兴起。定制、租赁、二手交易等新兴零售模式或将兴起。预计至2023年,新兴零售模式将占到服务零售市场规模的9%,达到350亿美元,至2030年占比将进一步提升至10%到30%。欧美企业领跑快消品市场。2018年全球快消品(FMCG)销售额达到10.62万亿美元,预计至2025年全球快消品市场规模将达到15.36万亿美元,2018年—2025年复合平均增长率为5.4%。全球前十位的快消品企业依次为雀巢、宝洁、百事、联合利华、百威英博、JBS、泰森食品、英美烟草、可口可乐和欧莱雅。

企业方面,亚马逊开创无人新零售,2018财年亚马逊零售额达到1 400亿美元,较2017财年增长18.2%。数据显示,过去十年间亚马逊市值增长2 830%,甚至已经超过美国9家最大零售商的市值总和。亚马逊"Just Walk Out Shopping"技术正在改变实体零售体验。2016年,亚马逊推出第一家线下便利店Amazon Go,并计划至2021年开出3 000家Amazon Go无人超市,预计可实现每年45亿美元的销售规模。美国第四大零售商克罗格(Kroger)2019财年销售额1 220亿美元,较2018年增长0.3%。截至2020年2月,Kroger直接或通过其子公司经营2 757家超市,并经营35家食品生产厂。Kroger致力于无缝、全渠道零售,通过与智能技术企业、连锁实体、食品技术企业等的合作,逐步建立端到端分销网络和无缝生态系统,为客户提供订单交付、提货和补货的无缝购物体验,并借助物联网、数据技术,强化数字服务。Aeon连续7年营业额居日本零售业首位,业务覆盖百货商店、大卖场、超市、药店、金融服务等。Aeon 2018财年营收85 182亿日元,其中,日本本土营收77 574亿日元。海外市场主要集中于亚洲。截至2019年,Aeon在日本和亚洲共有21 516家店铺。

(二)电子商务:消费行为变化引发电商行业新热点

2019年电子商务总体呈现如下特点:一是2019年联合国全球电子商务指数保持稳定,全球互联网用户多数地区继续增长,但在网络安全服务器方面,大部分区域指数下降。二是新冠疫情推动消费行为发生变化,由线下更多地转为线上和无接触交易,在疫情中具有社会责任感的品牌得到更多关注,移动支付和无接触支付进一步发展。三是流量聚合方式推动新型电商模式崛起,私域流量的圈层聚合方式引起关注,个人圈层和垂直圈层分别推动直播电商和垂直电商的兴起。四是全球电子商务构建多元共治的知识产权治理模式,包括打假、治理欺诈、构建纠纷解决机制、大众评审机制、在线平台等,形成全球范围统一行动。五是国际组织致力于推动全球数字税,2020年经合组织宣布全球137个国家和地区同意就如何推动修改现行跨境数字税则进行协商与谈判,争取达成全球共同框架协议。

各区域经济体中,美国市场增长强劲,2019年电子商务零售额5 959.16亿美元,同比增长16%,占全部零售额的比重首次超过两位数。电子商务市场呈现"一超多强"格局,亚马逊市场份额高居第一位,占美国市场的比重为37%。直接面向消费者的D2C模式连续保持大幅增长。2019年美国D2C模式消费者占全部数字消费者的比重已达40.2%,销售额142.8亿美元,增长33%。但2019年第四季度美国个人消费支出大幅下滑,显示2020年消费信心与市场均不容乐观。

欧盟地区电商市场发展平稳,电子商务销售额占企业总体的比重连续保持在20%。电子商务渗透率一直增长,2019年有71%的互联网用户进行了在线购物,没有在线购物的主要原因在于消费习惯难以改变。2019年欧盟相继推出一系列法规,规范了网络知识产权、平台责任、跨境电商税务欺诈等方面的问题。但新冠疫情的持续使得经济产出和家庭支出急剧下降,消费信心和意愿将会进一步降低。

近年来日本电商市场以9%左右的速度逐年增长。经济产业省2019年报告显示,2018年日本B2C电子商务整体市场规模179 845亿日元,比上年增长8.96%,电子商务化率达到新高,首次超过6%。市场规模集中于前五大品类:服饰、食品、家电、杂货、书籍音像,市场规模总和占零售总额的85.24%。但日本跨境电商规模远远小于中美两国,总市场规模为2 765亿日元,是美国的五分之一,中国的八分之一。

直播模式和到家模式形成新热点。直播电商已经从辅助性功能成为独立业态,2019年阿里巴巴、亚马逊、Facebook、Instagram等各大公司纷纷布局。直播电商兼具体验经济和互联网经济的双重特点,交互、直观、即时、便利,有3种模式:自有平台+直播、电商与视频平台的联盟、新兴直播电商。直播电商是私域流量和电子商务发展到一定阶段的产物,推动电子商务发展由流量为主进入效率为主的阶段,转向圈层群体的精准服务。

到家模式是O2O模式的拓展。O2O模式已从信息融合、资源整合走向服务整合,尤其是"最后三公里"的全方位即时配送能力成为新的竞争焦点。主要特点是:一是社区服务为本质,主要服务对象为家庭需求,如生鲜、杂货、外卖等。二是即时配送为基本,多数以30分钟服务圈为限。即时电商推动"新服务"的发展。2019年阿里巴巴提出"新服务"战略,计划整合本地生活商业操作系统,以人为本,围绕家庭用户需求,以即时满足为核心竞争力,构建线上线下全渠道服务网络和生活圈,进行全场景立体服务。

（三）大宗商品交易：交易量再创新高，大数据助力基本面研究

据美国期货业协会（FIA）对全球 80 多家衍生品交易所场内衍生品成交量的统计，2019 年全球期货及期权的合约总成交量为 344.75 亿手，再创历史新纪录，较 2018 年增长 13.70％。其中，期货成交量增长 12.0％，达 192.41 亿手；期权成交量增长 16.0％，达 152.34 亿手。2019 年全球期货与期权成交量仍呈现出增长态势，期权的增速快于期货，但增速均低于 2018 年同期的 15.6％和 26.8％。2019 年亚太地区和拉丁美洲衍生品成交量增长最快，而北美、欧洲地区则有所下降。

印度国家证券交易所的交易活动激增，2019 年成交量超过 59.6 亿手，首次超越芝加哥商业交易所集团，成为合同量方面全球最大的交易所。芝加哥商业交易所集团成交量以微下降 0.31％至 48.30 亿手，位居第 2 位。巴西交易所成交量增长 50.76％至 38.80 亿手，位居第 3 位。洲际交易所成交量下降 8.79％至 22.57 亿手，排名第 4 位。欧洲期货交易所交易量下降 0.24％至 19.47 亿手，排名第 5 位。2019 年，中国内地的 3 家商品期货交易所、香港交易所和台湾地区期货交易所的成交量挤进排行榜的前 20 位。上海期货交易所、大连商品交易所和郑州商品交易所分别排在第 10、第 11 和第 12 位；香港交易所排在第 15 位；中国台湾地区期货交易所成交量为 2.61 亿手，排在第 19 位。

2019 年，商品类期货期权产品交易量达到创纪录的 72.2 亿张合约，同比增长 19.23％。大宗商品交易市场除非贵金属类的交易量下降 5.49％，能源、农产品、贵金属和其他大类的交易量均呈现两位数增长。其中，贵金属和其他类产品的增幅高达 83.16％和 81.83％。从全球成交量占比来看，能源和农产品的成交量依然占据商品类别的前 2 位，分别占比 7.37％和 5.13％。从交易品种看，2019 年，农产品板块的大宗商品交易量排名前 20 位的期货和期权产品中，中国的农产品期货占据 13 席，前 10 位的合约中，除了第 5 位和第 10 位为芝加哥商业交易所（CME）集团的玉米期货和大豆期货，其他 8 席均出自中国的交易所。大连商品交易所的豆粕期货连续 8 年列全球农产品交易量排名首位。郑州商品交易所的菜籽粕期货、大连商品交易所的棕榈油期货分别位列第 2 位和第 3 位。能源合约方面，中国内地三个交易所共有 6 个品种进入前 20 位，分别是上海期货交易所的燃料油期货、石油沥青期货、中质含硫原油期货，大连商品交易所的焦炭期货和焦煤期货，郑州商品交易所的动力煤期货。金属合约方面，全球排名前 20 位的金属期货期权交易合约中，上海期货交易所有 8 个品种入围，与 2018 年持平。上海期货交易所的螺纹钢期货以 4.65 亿手的成交量稳居首位，镍期货、白银期货、锌期货、热轧卷板期货、黄金期货、铜期货、铝期货分别位列

第3、4、7、8、11、13、15位。其他期货及期权合约方面,2019年,全球其他类商品衍生品交易量排名前10位均被中国大陆的交易所合约品种所占据。郑州商品交易所的PTA(TA)期货和甲醇期货分别以3.12亿手和2.65亿手的交易量位列排行榜的第1和第2位。大连商品交易所有5个品种入围前10位,乙二醇期货以高达3 088.7%的增幅至7 410.2万手,排名第3。此外,2019年上市的郑州商品交易所的尿素(UR)期货和纯碱(SA)期货,大连商品交易所的苯乙烯期货也进入前10位。

大宗商品交易对基本面信息的获取有非常迫切的需求。过去,这类数据信息主要来自传统渠道,如交易所、政府统计部门、行业协会、大宗商品生产商或制造商,以及各类交易中介机构或市场调查机构等。对市场参与者而言,通过传统渠道获得数据信息面临时效性低、全面性和准确性低、可获得性低以及对市场影响的间接性高等特性。受信息不足的影响,全球大宗商品供应链的市场透明度始终不高。近年来,随着互联网的发展,移动通信网络、卫星影像、导航定位信息、电子商务等非传统数据爆炸性增长,这些另类数据为提升大宗商品市场透明度提供了新的可能性。

(四)物流业:疫情加速行业数字化转型进程

2019年,全球第三方物流(3PL)市场规模为1.03万亿美元,亚太地区占据其中最高份额。到2027年,全球第三方物流市场规模预计将达到1.79万亿美元,2020年至2027年的复合年增长率为7.1%。推动增长的因素主要是运输和物流服务外包的增加以及电子商务的不断渗透。

技术已经在改变3PL服务,供应链中对数字化、自动化和数据收集功能的需求也在不断增加。3PL提供商通过投资于IT解决方案、区块链解决方案、基于云的解决方案、移动技术和专有创新来采用领先方法,从而更加重视技术驱动的服务。电子商务已经改变了传统零售业,而物流在其中起着重要的作用;移动技术正在革新3PL,许多3PL公司已经开始使用移动设备和应用程序来提高敏捷性,可以使最终用户或托运人跟踪货物或产品的移动。

3PL供应商之间存在激烈的竞争,新的竞争者正在通过定制和特定于行业的服务进入3PL市场。为了保持市场竞争力,领先公司从战略上加紧合作和并购。据咨询机构普华永道发布的《2019全年全球运输与物流业并购交易》报告,2019年全球运输与物流业并购交易逆势回升,全年共完成交易254宗,比2018年增长12%,交易金额达到1 433亿美元,较2018年增长23%。

2020年新冠肺炎疫情的暴发和蔓延使全球经济和贸易受到影响。全球数十个国家宣布进入紧急状态,多国关闭部分码头和口岸,欧洲各国相继封锁陆路运输。运输与物流行业受经济活动停滞影响,企业盈利能力短期高度受压。但部分领先企业保障了应急物资的跨地区运输和本地的统筹配送,运输和物流行业在社会运行中的地位及作用日益凸显。

本次疫情中,传统依靠人工的物流仓储、运输等环节受到较大限制,智慧物流技术、智能物流设施设备等大显身手,加速行业自动化技术的发展,催生出末端物流的"非接触式配送"服务模式,无人智能自提货柜、智能机器人配送等。疫情也加速区块链技术在行业的应用,通过区块链等技术达到多方数据来源独立验证,解决传统纸质单证在船公司、码头、货代、承运人移交问题,实现"零接触放单"以及运输与物流业的作业智能化和自动化水平。

运输与物流企业在2020年面临的最大挑战是度过艰难时期及克服不确定性。为了维持稳定的发展,企业需要通过深化精细管理、深耕自身赛道、提升数字化水平等来面对疫情所带来的冲击,并做好在经济恢复后加入新竞争格局的准备。目前,运输和物流业中小型企业的数字化水平仍较低,具有巨大的发展潜力。运输与物流业需加快数字化转型进程,利用5G与物联网等技术,加强线上办事、在线服务与资源共享能力。放眼中长期,不局限于疫情管控等负面预期外冲击,运输与物流企业基于提升效率、降低安全顾虑两个方向,应加快新兴技术于日常营运,以应对预期外事件。

(五)会展业:向发展中国家转移,欧洲实力依然强劲

全球会展业增势趋缓。2018年,展览市场收入增长5%,2019年随着全球经济增长的放缓,利润方面出现放缓的预期。2019年底暴发的新冠肺炎疫情对全球会展业产生较大影响,市场咨询公司AMR预测到2020年底,全球展览市场将至少收缩60%。从区域发展来看,亚太地区发展势头良好,场馆总面积超北美洲,位居第2位,且场馆平均规模比任何其他地区都大。柬埔寨和印度市场表现强劲,柬埔寨是亚洲增长最快的展览市场,其出售的展览面积增幅高达40%;印度再次成为成长最快的大型市场,净销售量增长10%,从118万平方米增加到130万平方米。展览、大会和会议之间的界限模糊,跨界的趋势将会持续下去甚至会加强。展览业数字化进程加速,约58%的组展商对其展览业务增加数字服务和产品,中国、德国、印度、印度尼西亚、意大利、墨西哥、英国和美国被认为是当前在数字化转型过程中最先进的展览市场。

在会议方面,2019年全球国际会议举办场次达13 254场,为历年来国际会议举办量最高的年份,呈稳步爬升态势。欧洲继续占据会议市场的最大份额,美国稳居国家举办会议数榜首,巴黎会议次数以237场位居全球城市榜首。会议呈现规模逐渐变小、数量增加的趋势。酒店会议设施和会议/展览中心的使用率均出现降低,而院

校作为会议场地的受欢迎程度上升。科学(Science)、科技(Technology)、医疗科学(Medical Sciences)是最受欢迎的三大会议主题,符合全世界都在拥抱科技的趋势。2019年全球展馆室内面积10万平方米以上(含)的展览中心有61家,其中36家位于欧洲地区,欧洲国家展能优势明显。会展中心逐渐向发展中国家转移,并呈现多极化发展趋势,组展商国际化的进程也在加快,对展览人才和技能的需求相应增加。

全球组展商格局大体稳定,欧洲实力强劲,亚洲潜力巨大,美洲稳扎稳打。2018年,世界有34家顶级展商综合收入超过1亿欧元,励展博览集团、英富曼会展集团、法兰克福展览占据前3位。其中,英富曼会展集团在2018年6月收购与自身有相似商业运作模式和战略计划的亚洲博闻有限公司,并购后的英富曼2018年营收达13.19亿欧元(包含收购后的博闻的营收),排名由第4位升至第2位,仅次于全球组展商巨头励展。英富曼会展集团实施围绕专业市场的增长战略,并通过激发技术社区设计,打造和运营数字世界,建立展会市场地位。励展博览集团扩大业务区域与范围、开拓新兴经济体市场,并利用大数据分析,提升客户体验度和留存率。法兰克福展览有限公司的场馆运营是其营收基础,2018年展馆总营业收入为3.25亿欧元,占全年营业收入的45%,除此以外,培育多个全球知名品牌展会,通过国际合作进行品牌输出。

众多知名的"会展之都"城市,都是坐落在以产业集群为基础的城市。新加坡旅游业与会展业融合、汉诺威工业制造业与会展业融合、爱丁堡节庆业与会展业融合的成功实践证明,城市与会展业之间是一种相互促进、不断优化的螺旋式互动关系。新加坡凭借优越的战略位置、交通,亲商的环境、政府超前的管理理念和强大的资金支持,以及丰富多样且切实可行的营销策略,会展旅游业发展迅速。汉诺威是德国的汽车、机械、电子等产业中心,工业、制造业高度发达,展览会也主要集中在工业领域。会展公司与政府、行业协会协调分工,避免资源重复浪费,同时整体定位、品牌化运作、不断开拓创新,使得汉诺威会展业一直处于国际领先地位。爱丁堡是全球著名的节庆之都,通过整合节庆资源、带动品牌发展、重视营销宣传、创新活动内容等方式,使爱丁堡的节庆活动以其独有的专业性、前瞻性、影响力和国际公认性成为世界领先的文化品牌。

三、当前国际贸易和投资的环境与趋势

(一)国际贸易环境和趋势

2019年,贸易保护主义升温严重扰乱了全球贸易发展秩序,对以世界贸易组织(WTO)为核心的多边贸易体系破坏程度持续加深。与此同时,各经济体继续参与区域一体化进程,一些主要经济体加强联合,在新兴贸易议题及规则制定方面寻求协调。

1. 保护主义增大全球贸易风险

2019年贸易保护主义持续升温。根据WTO的报告,2018年10月至2019年10月,WTO成员共实施102项新贸易限制措施,涉及贸易进口额约为7 469亿美元,同比增长27%,是自2012年10月以来的最高纪录。

美国特朗普政府自上任以来强调"美国优先",不断施加各类贸易保护政策,对全球贸易体系构成很大挑战。2019年5月10日,美方对2 000亿美元中国输美商品加征的关税从10%上调至25%。2019年8月15日,美方宣布对约3 000亿美元自华进口商品加征10%关税。美欧之间围绕飞机补贴等的贸易争端也再度升级,2019年4月8日,美国威胁对价值约110亿美元欧盟输美产品加征关税。作为反制举措,4月17日,欧盟公布约200亿美元加征关税的美国商品清单。此外,日韩之间贸易争端也日益剑拔弩张。2019年7月开始,日本和韩国在出口管制方面出现一系列争端,令两国之间的贸易受挫,并进一步拖累两国的经济表现。

贸易保护主义对国际贸易持续发展带来严峻挑战。据联合国的数据,全球贸易紧张局势加剧了不确定性,导致2019年全球贸易增长率降至0.3%,是10年来的最低(图1.6)。据联合国贸发会议的报告,截至2019年6月,美国和中国之间约4 000亿美元的双边贸易受到额外增加关税的影响。美国加征关税后,中国对美国的出口额下降350亿美元。受影响最严重的是办公机器的出口,主要是电脑和电脑零部件以及通信产品的出口额下降约150亿美元。其他受到影响比较严重的商品是电子机械、化工等,价值大约30亿美元。

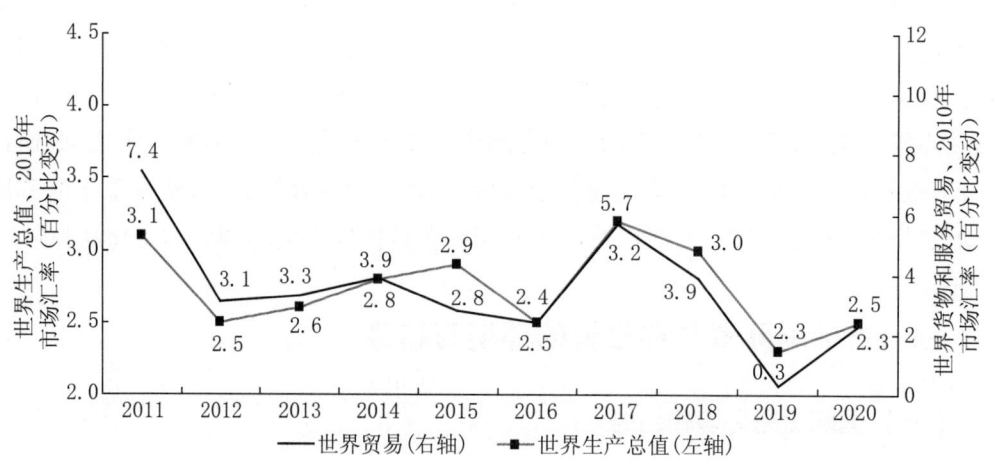

图1.6 2011—2020年世界生产总值增长率和世界贸易增长率及预测

注:2019—2021年为估计和预测数
资料来源:联合国经社部,2020.1

除了直接涉及的国家之外,贸易冲突对全球和区域价值链、供应链也有影响。全球价值链跨越国界,一个国家的政策行为或不作为可能影响到其他国家的生产者和消费者。美国和中国之间加征关税如果持续下去,最终将极大刺激各企业重组供应链。联合国贸发会议估计,美国对中国征收的关税将对其他东亚国家的中国上游供应商产生重大影响。同样,中国对从美国进口产品的关税将对北美供应商产生负面影响。世界其他地区尤其是欧洲,将再次受益于这种结构调整(图1.7)。

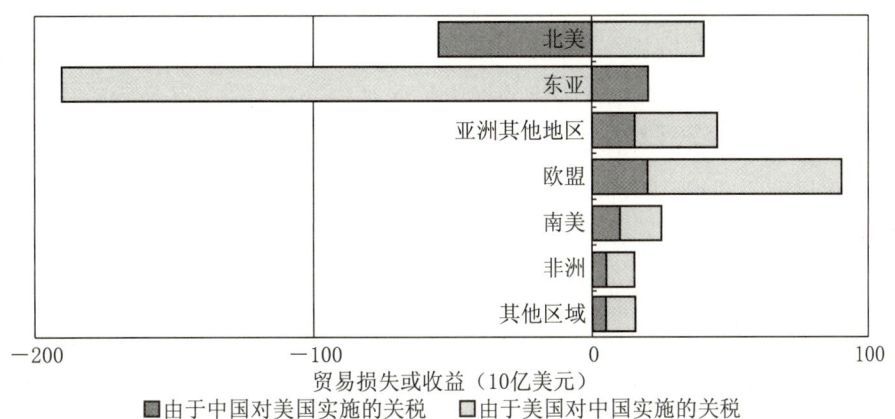

图 1.7 区域价值链受贸易冲突局势的影响

资料来源:UNCTAD. Key Statistics and Trends in Trade Policy 2018. 2019.1

展望2020年,贸易冲突仍是全球贸易下行的最大风险之一,主要国家贸易政策不确定性仍然存在。美欧贸易争端有激化的可能,日韩争端悬而未决且有长期化趋势,中美关系有所恶化。

2. 区域贸易协定进程加快

面对欧盟等成员提出的WTO改革方案,美国以方案无法解决其关切的争端解决机制系统性问题为由持反对立场,阻挠启动世贸组织上诉机构成员遴选程序。WTO争端解决机制上诉机构正式于2019年12月11日停摆。上诉机构专门审理上诉案件的常设机构,是争端解决机制的重要组成部分,也是WTO内部最有权威且最有效运转的部门,承担着维护多边贸易规则性及稳定性的作用。上诉机构一般有7位成员,直至2019年12月10日,WTO上诉机构成员只剩1位。WTO争端解决机制难以正常运转,意味着未来贸易争端将面临独立机构缺席、无法完成审理的局面,这对多边贸易体制无疑是沉重的打击。

随着WTO被逐渐边缘化,以区域自由贸易协定为主导的区域贸易网络正在成为新一轮推动经济全球化的主导力量。据WTO统计,截至2020年1月17日,全球共有303个区域贸易协定(RTA)生效。2019年2月,日本—欧盟经济伙伴关系协定(EPA)正式生效,日欧将形成世界上体量最大的自由贸易区之一;5月,由54个国家签署的非洲大陆自由贸易区正式生效,标志着非洲国家在非洲大陆创建单一市场的历史性承诺;美墨加贸易协定(USMCA)于年底正式签署,进入三国国会批准程序,该协定将取代北美自由贸易协定(NAFTA);2020年1月1日,日美贸易协定正式生效;中日韩自贸协定(FTA)谈判也取得积极进展,由15国构成的区域全面经济伙伴关系协定(RCEP)于2020年11月签署协定,将促进亚太经济一体化发展。

各经济体继续参与区域一体化的进程证明,尽管多边贸易谈判陷入停滞以及贸易紧张局势有增无减,但经济一体化的理由仍然被广泛接受,这也为后阶段进一步的贸易政策改革和多边贸易合作做了准备。

3. 美欧日联手重塑国际贸易规则

2020年1月,美欧日三方举行贸易部长会议,这是2017年以来美欧日举行的第七次三方贸易部长会议。这次会议正值中美达成第一阶段贸易协议前夕,三方发表联合声明,呼吁WTO对政府补贴实施更严格的限制。此外,美欧日还鼓励发展中成员中先进的国家继续做出更多承诺,即不再享有发展中成员的"特殊与差别待遇"。美欧日虽未直接提到中国,但所讨论的议题均与中国息息相关,试图联手确立新贸易规则以"规范"中国的贸易行为。

历次美欧日三方贸易部长会议均聚焦非市场政策与实践、产业补贴与国有企业、强制技术转让、WTO改革、数字贸易等多项议题(表1.4)。

关于非市场政策与实践。美欧日三方关注的核心问题包括政府财政资助及支持产能扩张、补贴国有企业等方面。美欧日认为"非市场导向的政策和做法"带来了严重后果,导致国际贸易的不公平竞争,带来严重的产能过剩,还阻碍了创新技术的开发应用,有碍国际贸易体系正常运转。美欧日三方共同研究了关于具备"市场导向条件"的标准。

关于国有企业和补贴规则。涉及该议题的主要问题为:WTO规则下的"公共机构"认定标准,制定新的特殊的补贴规则和特殊的国有企业规则,提升国有企业信息透明度,更好地处理"公共机构"与"国有企业"扭曲市场的问题,呼吁三方针对"公共机构"补贴规则与WTO成员密切合作。

关于强制技术转让和知识产权保护。内容主要为:不应通过合资要求、外国股权限制、行政审查和许可程序等手段,强制或者施加压力把技术从外国转移到国内企业。谴责某些政府以获取知识产权和把技术转移到国内企业为目的而在海外进行的"系统性投资",以及支持未经授权访问计算机网络和外国商业秘密的行为,通过不公平的许可证措施给予国内实体比外国公司更多优势的做法。

关于WTO改革。虽然美欧日在WTO改革问题上存在诸多分歧,最为突出的即争端解决机制上诉机构改革问题。然而,在三方贸易部长会晤上,美欧日凝聚改革共识,三方历次联合声明涉及WTO改革的主要问题均是提高WTO透明度以及改革发展中成员的"特殊与差别待遇"。

关于数字贸易新规则。美欧日利用三方机制及其他国际经济合作平台推动数字贸易规则谈判,历次联合声明关于数字贸易与电子商务的主要内容涉及:2017布宜诺斯艾利斯《电子商务联合声明》、2019达沃斯《关于电子商务的联合声明》等,以加深WTO成员对未来数字贸易协议重大经济效益的共识,通过促进数据安全来改善商业环境。

表1.4 历次美欧日贸易部长会议主要内容

时间	地点	主要内容
2017.12.12	布宜诺斯艾利斯	讨论解决产能过剩国有企业、强制技术转让、不公平竞争等问题,同意在WTO和其他论坛增强三方协作
2018.03.10	布鲁塞尔	确认解决非市场导向政策带来的产能过剩、不公平竞争、阻碍对创新技术的发展和使用等问题
2018.05.31	巴黎	确认解决第三国扭曲贸易的政策,同意推动有关未来WTO谈判的讨论等
2018.09.25	纽约	确认解决第三国非市场主导政策、产业补贴和国有企业、第三国强制技术转让政策,推动WTO改革,推动数字贸易和电子商务发展等
2019.01.09	华盛顿	重点讨论非市场化政策、产业补贴、强制技术转让、WTO改革和数字贸易等议题
2019.05.23	巴黎	加强在非市场政策和做法、市场导向条件、产业补贴、国有企业、WTO改革以及数字贸易和电子商务等议题的合作
2020.01.14	华盛顿	讨论关于产业补贴的相关问题,就加强WTO现行产业补贴规则、强制技术转让等议题进行交流

资料来源:经济外交广角镜·第17期|警惕美欧日三边贸易部长会议的"规则合围"

(二)国际投资环境和趋势

1. 疫情对投资决策产生持久影响

吸引FDI仍是重要目标。根据联合国贸发会议的统计,2019年,54个经济体采取了至少107项影响外国投资的措施(表1.5),其中四分之三朝着投资促进、自由化和便利化的方向发展,发展中国家和亚洲新兴经济体最为活跃。在采矿、能源、金融、运输和电信领域，各国采取了推动自由化的政策。一些国家简化投资的行政程序或扩大投资激励措施，以期吸引更多外国投资。尽管限制和监管的比例总体下降，但近年来，与国家安全相关的投资规则继续增多，一些国家——几乎都是发达国家——基于国家安全考虑，对战略性产业的投资实施更严格的筛选。2019年，至少有11宗大型跨境并购交易因监管或政治原因被撤销或阻止。

表1.5 2009—2019年国家投资政策变化

项　　目	2009	2010	2011	2012	2013	2014	2015	2016	2017	2018	2019
改革国家数/个	46	54	51	57	60	41	49	59	65	55	54
改革数/项	**89**	**116**	**86**	**92**	**87**	**74**	**100**	**125**	**144**	**112**	**107**
自由化/促进	61	77	62	65	63	52	75	84	98	65	66
限制/监管	24	33	21	21	21	12	14	22	23	31	21
中性/不确定	4	6	3	6	3	10	11	19	23	16	20

资料来源：UNCTAD. World Investment Report 2020

国际投资协定（IIA）正在发生变化。2019年，各国新缔结22项IIA，有34项IIA终止生效，IIA总数达到3 284项。与2017年一样，条约终止数量超过新条约的数量。新条约包括16项双边投资条约和6项含投资规定的条约。影响国际投资政策格局的因素包括，欧盟成员国同意终止欧盟内部的双边投资条约、英国"脱欧"和建立非洲大陆自由贸易区的协定生效。2019年，至少有12项IIA生效，截至2019年底，至少有2 654项IIA在实行中。

截至2019年底，投资者与国家争端解决（ISDS）案件数量已经超过1 000起。2019年启动的55起公开ISDS案件中，大多数都是基于20世纪90年代或更早签署的IIA。ISDS法庭至少做出71项实质性裁决。

投资政策是应对疫情的重要组成部分。2020年5月，G20通过部长声明，批准《G20应对新冠肺炎、支持全球贸易投资集体行动》。70多个国家已采取措施，以减轻对FDI的负面影响，或保护国内工业企业免受外国收购。支持措施包括：在线投资便利化、投资促进机构（IPAs）的疫情相关服务、健康领域的投资激励措施。一些国家加强了外国投资审查机制，以保护医疗保健和其他战略产业。其他措施包括强制生产、禁止医疗器械出口和降低医疗设备进口关税。疫情会对投资决策产生持久影响。一方面，发达国家对战略性产业外国投资将实行更严格的准入政策；另一方面，各经济体为从危机中复苏，将加剧引资竞争。在国际层面，疫情危机虽然减缓了国际投资协定（IIA）的谈判进程，但疫情凸显了IIA改革的必要性，因为政府应对疫情危机及其经济影响的措施可能会与IIA中规定的义务存在冲突。联合国贸发会议计划于2020年夏季启动IIA改革加速器。对于希望加快改革现有和老化的IIA网络,以更好地应对当今挑战,同时保持投资保护的经济体,该加速器将提供一个可操作的政策工具。

2. 未来十年国际生产体系将经历重大转型

联合国贸发会议已经对FDI和跨国企业活动进行了30年跟踪分析,在过去30年中,国际生产体系经历了重大转变。尽管2008年全球金融危机之后经济出现短暂复苏,但跨境投资停滞不前,贸易增长乏力,全球价值链增长放缓,而2020年新冠疫情进一步加剧了国际生产体系面临的挑战,主要包括撤资和投资转移增加,投资区位决定因素的变化将很可能对发展中国家吸引跨国企业业务产生不利影响。效率导向型投资的减少还意味着吸引外国直接投资的竞争更加激烈。与此同时,新冠疫情将极大改变国际生产方式,生产的回流、多元化和区域化将推动全球价值链的重构。

未来十年将是国际生产体系转型的十年,机器人自动化、供应链数字化、增材制造(3D打印)等关键技术趋势将影响未来国际生产创新。采用这些技术的速度和幅度在一定程度上取决于贸易和投资的政策环境以及可持续发展问题。贸易和投资的政策环境正朝着更多的干预主义、保护主义抬头以及从多边框架向区域和双边框架的方向发展;可持续发展问题包括各国和各地区在排放目标和环境、社会和治理标准(ESG)、市场驱动的产品、流程变化和供应链弹性措施的差异。

不同产业和地区的生产转型各有不同,可能会呈现出产业回流、多元化、区域化以及复制化生产如下4种转变轨迹(图1.8)。

产业回流将导致价值链更短、更分散,生产附加值的地域集中度更高,主要影响技术含量较高的价值链密集型产业。该趋势意味着撤资增加和效率寻求型的FDI减少,一些经济体需要重新工业化,另一些经济体需要应对过早的去工业化,发展中国家进入和升级全球价值链变得更加困难。

多元化将导致经济活动的分布更广泛,主要影响服务业和价值链密集型制造业。该趋势将增加新进入者(经济体和企业)参与全球价值链的机会,但其对供应链数字化的依赖,将导致全球价值链更加松散、平台化和轻资产化,在东道国获取价值更加困难,参与全球价值链需要高质量的软硬数字基础设施。

区域化将缩短供应链的实际长度,但不会减少供应链的碎片化,附加值的地理分布会增加,主要波及区域加工业、一些价值链密集型产业,甚至第一产业。这意味着从全球效率寻求型投资转向区域市场寻求型投资,从投资垂直的价值链部门转向投资更广泛的工业基础和集群。区域经济合作、产业政策和投资促进成为构建区域价值链不可或缺的组成部分。

复制化由自动化和3D打印推动,将导致价值链缩短和生产阶段的重新捆绑,这导致更多的地理分布活动,但附加值更集中,主要推动枢纽型和区域加工产业的发展。该趋势意味着,投资将从大规模工业活动转向依赖于精益实体基础设施和高质量数字基础设施的分布式制造业,本地制造业基地和生产者服务成为吸引全球价值链最后阶段的先决条件,但无法保证价值获取和技术传播。

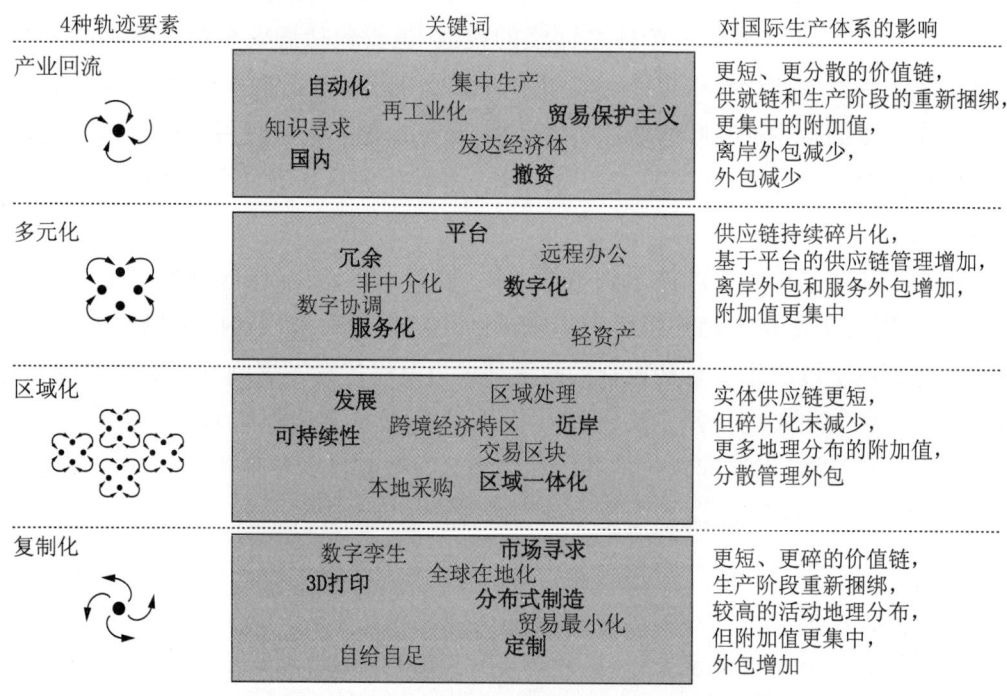

图1.8 4种轨迹要素及对国际生产体系的影响

资料来源:UNCTAD. World Investment Report 2020

疫情后国际生产转型将给投资和发展政策制定者带来挑战和机遇。挑战包括更多的撤资、重新布局和投资转移增加,以及效率寻求型投资不断减少,这意味着对FDI的竞争更加激烈。机遇包括吸引旨在实现供应链来源多元化、冗余和弹性的投资者,地区的市场寻求型投资将增加。更短的价值链将带来最终产品的分散制造和数字平台,这将推动新的应用和服务的发展,并改善自下而上进入全球价值链的机会。

应对挑战和抓住机遇需要改变投资发展模式:第一,从对全球价值链专业化细分部门的出口导向性和效率寻求型投资,到"出口++"型投资,即+区域市场的生产性投资,+对更广泛工业基础的投资。第二,从投资于单一地点的成本竞争,到基于灵活性和弹性的多元化投资竞争。第三,从优先利用"大型基础设施"吸引大规模工业投资者,到利用"精益基础设施"为小型制造设施和服务腾出空间。

最后,必须将投资促进战略转向基础设施和服务领域。过去30年来,国际生产和促进出口导向型的制造业投资一直是大多数发展中国家发展和工业化战略的支柱。旨在开发生产要素、资源和低成本劳动力的投资仍然很重要,但这种投资正在减少。这就要求在国内需求和区域需求以及服务的基础上,实现一定程度的增长再平衡。新的形势可能涉及发展重点的调整,吸引更多对绿色经济、蓝色经济①、基础设施和国内服务的投资,为实现可持续发展目标(SDG)提供巨大潜力。

参考文献

［1］IMF. World Economic Outlook［R］. 2020.6

［2］WTO. Trade set to plunge as COVID-19 pandemic upends global economy［R］. 2020.4

［3］UNCTAD. World Investment Report［R］. 2020.6

［4］胡涛.非接触式服务业:新冠肺炎催生的新型服务业［EB/OL］.(2019-07-23)［2020-03-24］. http://theory.workercn.cn/253/202003/24/200324160919158.shtml

［5］张宇婷.疫情催化无接触经济［EB/OL］.(2019-07-23)［2020-03-25］. http://www.modernweekly.com/lead/32610

［6］新加坡智慧国及数码政府署.Key milestones for strategic national projects in Singapore. https://www.smartnation.gov.sg

［7］UNCATD. UNCTAD ESTIMATES OF GLOBAL E-COMMERCE 2018［R］. 2020.4

［8］WEF. Connecting Digital Economies: Policy Recommendations for Cross-Border Payments［R］. 2020.6

［9］World Bank. Doing Business 2020［R］. 2019.10

［10］WEF.在这些国家最容易开展数字商业［EB/OL］.(2019-12-12)［2020-07-15］. https://cn.weforum.org/agenda/2019/12/zai-zhei-xie-guo-jia-zui-rong-yi-kai-zhan-shu-zi-shang-ye/

［11］普华永道.运输与物流业并购交易［R］. 2020.5

［12］2017年以来六份美日欧贸易部长联合声明全解析［EB/OL］.(2019-07-02)［2020-05-24］. http://chinawto.mofcom.gov.cn/article/ap/p/201907/20190702880620.shtml

---

① 蓝色经济(blue economy)有两层含义,一是指依赖于海洋或与海洋相关的环境友好型产业和经济,二是指兼顾环保、经济、创新发展的循环经济。

[13] 警惕美欧日三边贸易部长会议的"规则合围"[EB/OL].(2020-02-18)[2020-05-13]. http://column.cankaoxiaoxi.com/g/2020/0218/2402147.shtml

[14] 刘明.对2017年以来美欧日三方贸易部长联合声明的分析.国家治理[J].2019.21：13－25

[15] 李巍张玉环.从应对贸易摩擦到预防经济脱钩：2019年中国经济外交形势分析.战略决策研究.[J].2020.2：3－30，101

本章撰写：崔晓文

第二章 世界货物贸易发展动态

一、世界货物贸易总体发展态势

2018年,以进出口平均水平衡量的全球商品贸易量增长了3.0%,虽然略高于同期全球GDP 2.9%的增幅,但明显低于2017年4.6%的增速。2019年在病毒袭击之前,受贸易局势紧张和经济增长减速的影响,全球贸易已经放缓。世界货物贸易在去年增长2.9%之后,今年出现了0.1%的负增长(图2.1)。与此同时,2019年全球商品出口的美元价值下降了3%,至18.89万亿美元。2020年4月,世贸组织发布年度

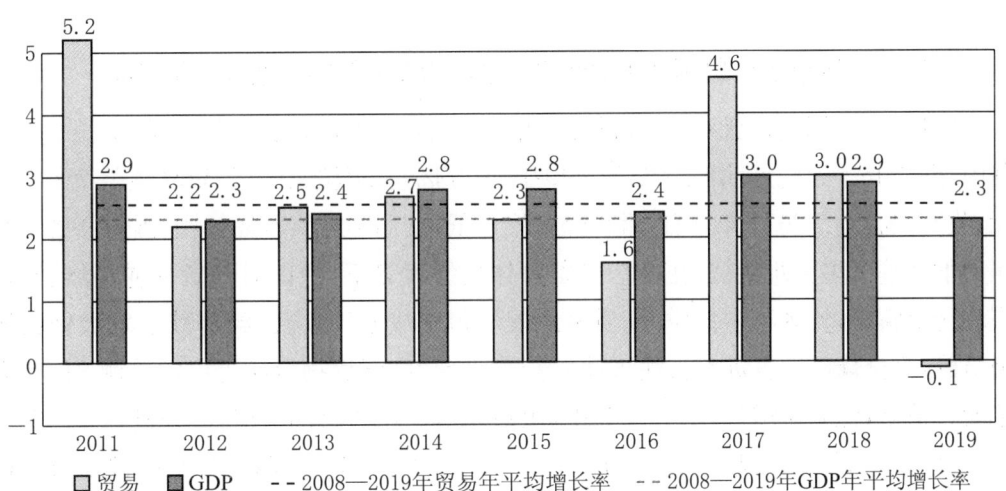

图2.1 2011—2019年世界货物贸易量和实质国内生产总值情况(年度百分比变化)

注:GDP的增长是以市场汇率权重计算的
资料来源:WTO秘书处就贸易和共识对GDP进行的估测

《全球贸易数据与展望》报告。报告强调,考虑到"史无前例的"疫情对全球经济影响的不确定性,2020年全球贸易缩水幅度可能超过2008年国际金融危机时的水平。受新冠疫情影响,2020年全球贸易将缩水13%到32%。基本上全球所有地区的贸易量都将出现两位数的下降,其中北美和亚洲的出口贸易将受到最大打击。而从行业来看,电子和汽车制造产业的贸易缩水将更为严重。报告同时强调,2021年全球贸易复苏仍有可能,但也存在不确定性,其最终表现在很大程度上将取决于疫情持续时间和各国抗疫政策的有效性。

(一)发展中经济体之间贸易往来加强,主要经济体减速幅度超出预期

自2011年起,发展中经济体对其他发展中经济体的出口超过了对发达经济体的出口。2018年,"南南"贸易总额约为4.28万亿美元,占发展中经济体出口总额的52%。2019年以来,由于贸易局势紧张、英国"脱欧"前景不明、地缘政治紧张和欧洲经济下滑等原因,全球制造业和投资活动大幅放缓,商业信心减弱,全球贸易疲软,世界经济增速放缓,主要经济体减速幅度超出预期。2020年2月以来,新冠肺炎疫情在全球快速扩散蔓延,扰乱了正常社会经济秩序。4月,IMF《世界经济展望》报告预测2020年全球经济将萎缩3%。这比国际金融危机造成世界经济负增长0.1%要严重得多,成为20世纪30年代大萧条以来最严重的经济衰退。其中,发达经济体经济下降6.1%,新兴经济体和发展中国家经济下降1.1%。若新冠疫情持续更长时间,降幅可能会更大。

(二)中国进出口总额创历史新高,全球货物贸易第一大国地位巩固

2018年,中国货物贸易进出口总额30.5万亿元人民币,比上年(下同)增长9.7%。其中,出口16.4万亿元,增长7.1%;进口14.1万亿元,增长12.9%;贸易顺差2.3万亿元,收窄18.3%。2019年,面对世界经济增长低迷、国际经贸摩擦加剧、国内经济下行压力加大等诸多困难挑战,在全球经贸整体放缓背景下,中国对外贸易逆势增长,规模创历史新高,实现稳中提质,高质量发展取得新成效,对国民经济社会发展做出积极贡献,为全球经贸复苏增长注入动力。2019年,中国货物贸易进出口总额31.54万亿元人民币,比上年增长3.4%。其中,出口17.23万亿元,增长5.0%;进口14.31万亿元,增长1.6%;贸易顺差2.92万亿元,增长25.4%。分季度看,各季度进出口规模分别为7.03万亿、7.68万亿、8.26万亿和8.59万亿元,逐季攀升。全年进出口、出口、进口规模均创历史新高。

(三) 大宗商品多数价格震荡下行,依赖问题长期困扰全球贸易

2019年以来,世界经济呈现放缓态势,贸易摩擦范围扩大,叠加巴西矿难、气候异常等偶发事件,局部紧张形势加剧,国际市场需求疲弱,大宗商品市场宽幅震荡,多数商品价格震荡下行。2019年全年国际货币基金组织(IMF)初级产品价格综合指数同比下降8.3%。2019年末,CRB指数、道琼斯商品指数和标普高盛商品指数(GSCI)同比分别上涨9.4%、12.1%和16.5%,但仍未达到2018年高点,总体水平低于上年。与此同时,2019年全球大宗商品依赖状况达到20年以来最严重程度,全球一半以上国家和三分之二发展中国家依赖大宗商品,包括大部分最不发达国家、内陆发展中国家和小岛屿发展中国家,撒哈拉以南非洲国家问题最为严重。2020年以来,受新冠肺炎疫情影响,经济活动陷入停滞,国际大宗商品市场需求急剧萎缩,各类商品价格普遍大幅下跌。5月末,CRB指数、道琼斯商品价格指数和标普高盛商品指数分别比年初下降28.5%、17.3%和29.7%。

(四) 新冠疫情加速全球贸易下滑,各国出台相关举措应对严峻局势

2000年以来国际贸易取得了巨大发展,WTO数据显示全球总贸易量从2000年的6.7万亿美元增长到2018年的19.7万亿美元,贸易全球化程度较高。但近年来,由于主要经济体之间发生诸多经贸摩擦,国际贸易壁垒增多,全球贸易增长出现停滞。根据CPB全球货物贸易监测指数显示,2019全球贸易量较2018年下降0.45%,为2008年全球金融危机以来的首次下降。随着新冠肺炎疫情在全球范围的暴发,可能会进一步影响贸易前景。对此,各国相继采取交通运输管制、限制人口流动、大规模的货币、财政刺激举措等各种超常规政策措施进行应对,将使全球经贸环境更加严峻,为世界贸易带来进一步的冲击。与此同时,全球范围内的政策协调合作也正在进行,G20领导人召开应对新冠肺炎特别峰会,宣布将启动总价值5万亿美元的经济计划,以应对疫情对全球社会、经济和金融带来的负面影响,支持各国中央银行采取措施促进金融稳定和增强全球市场流动性,并确定一系列应对疫情紧急行动计划。

二、主要地区和国家的贸易发展

2018年,所有地区在出口量和美元价值方面都有所增加。进口方面也是如此,只有中东例外,其进口量下降了3.3%,但以当前美元计算增长了0.9%。北美和亚洲

的进口额都增长了 5.0%。欧洲进口量增长缓慢，从 2017 年的 2.9% 降至 2018 年的 1.0%。南美和中美洲的进口额继续从 2014 年至 2016 年的急剧下降中复苏，2018 年增长了 5.2%。其他区域的进口增长总体为 0.5%。年出口量增长最高的地区为独联体，达到 4.9%，其次是北美 4.3%。亚洲的出口额从 2018 年的 6.8% 到 2019 年的 3.8% 增长放缓，而南部和中美洲停滞增长仅为 0.6%。

2019 年上半年，主要经济体贸易出口明显减弱，其中美国、欧盟 27 国和日本出口额同比分别下降 1.0%、2.6% 和 6.0%。然而，由于 2019 冠状病毒病大流行扰乱了世界各地的正常经济活动和生活，预计 2020 年世界贸易将下降 13%～32%。2019 年下半年，南美洲和其他地区的出口大幅下降，而欧洲、北美洲和亚洲的出口要么小幅增长，要么小幅下降。整个 2019 年，南美洲的进口额大幅下降，欧洲、北美洲和亚洲的进口额也在下降。2019 年，只有其他地区的进口继续增长，每个季度的同比增幅在 1.9%～4.9% 之间（图 2.2）。

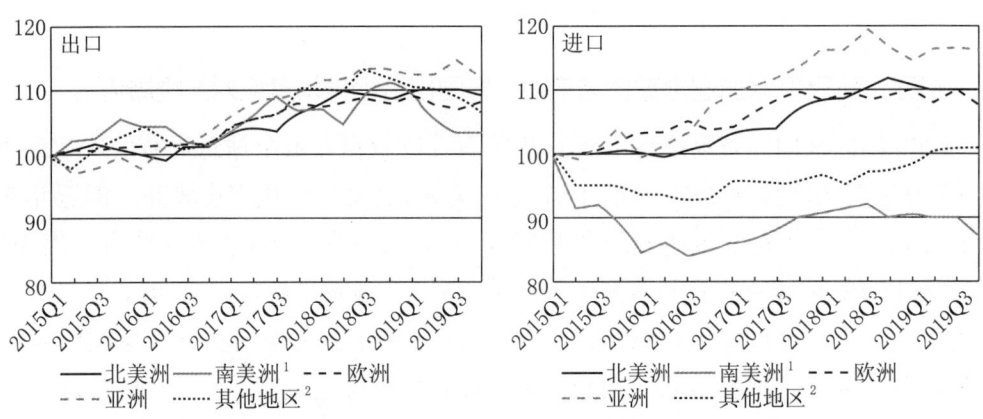

图 2.2　2015Q1—2019Q4 全球各地区货物进出口情况（物量指数，2015Q1＝100）

注：1. 指中南美洲和加勒比地区
　　2. 其他地区包括非洲，中东和独联体国家（CIS），包括准会员国和前会员国
资料来源：世界贸易组织（WTO）和联合国贸易和发展会议（UNCTAD）

进入 2020 年，随着新冠肺炎疫情快速蔓延，大量行业停摆、工厂停产，货物运输不畅，各国为应对疫情陆续采取了贸易限制性措施，服务贸易需求受损，全球贸易往来的活跃度大幅下降。疫情让原本就已低迷的世界贸易雪上加霜。4 月 8 日 WTO 发布预测，2020 年全球货物贸易将下跌 13%～32%，萎缩幅度可能超过国际金融危机。WTO 认为，2020 年基本上全球所有地区的贸易量都将出现两位数下降，北美和亚洲地区出口受损尤甚，全球电子产业、汽车制造产业和服务贸易受到的打击更为严重。2021 年全球贸易有可能实现复苏，但存在着不确定性，最终表现在很大程度上

取决于疫情持续时间和各国抗疫政策的有效性。5月20日,世界贸易组织(WTO)的全球贸易晴雨表显示,2020年第二季度,全球货物贸易实时趋势指数为87.6,为有记录以来最低值。4月,美国货物和服务出口额同比下降20.5%,进口额下降13.7%;日本货物出口同比下降21.9%,进口下降7.2%。3月德国货物出口同比下降7.9%,进口下降4.5%。

(一)英国跻身欧盟第三大贸易伙伴国,运输设备电机出口受疫情影响最大

受美欧贸易冲突、汽车产业危机、英国"脱欧"等因素影响,2019年欧元区经济显露疲态。根据欧盟统计局数据,2019年欧元区GDP增长1.2%,为2013年欧债危机以来最低水平。据欧盟统计局统计,2019年欧盟27国对外贸易额(不含盟内贸易)40 643亿欧元,增长2.4%。其中,出口21 323亿欧元,进口19 320亿欧元,分别增长3.5%和1.3%;顺差2 003亿欧元,增长31.9%。英国"脱欧"后,美国、中国、英国分别为欧盟前三大贸易伙伴,占比分别为15.2%、13.8%、12.6%。美国、英国、中国分别为前三大出口市场,占比分别为18%、14.9%、9.3%。中国、美国、英国分别为前三大进口来源地,占比分别为18.7%、12%、10%。2020年以来,新冠肺炎疫情给欧元区经济带来重大冲击,欧洲经济触及历史低点并日益恶化,多国经济已陷入衰退。欧盟委员会5月的预测显示,2020年欧洲经济将出现"历史性衰退",欧盟经济将萎缩7.5%,欧元区经济将萎缩7.8%。欧委会发布的最新报告也进一步指出,新冠疫情将导致2020年全球贸易下降10%~16%,预计欧盟27国商品和服务合计出口将减少9%~15%,自非欧盟国家进口将减少11%~14%。根据最新的统计数据,按绝对值测算欧盟27国商品和服务出口额将减少2 820亿~4 700亿欧元,进口将减少3 130亿~3 980亿欧元。欧盟的大多数制造业出口将下降15%,运输设备和电机出口是受影响最大的行业。

(二)美国贸易逆差近年来首次收窄,与中国的贸易往来大幅削减

据美国商务部统计,2019年美国货物进出口额为41 435.8亿美元,比上年下降1.5%。其中,出口16 451.7亿美元,下降1.2%;进口24 984.0亿美元,下降1.7%。贸易逆差8 532.3亿美元,下降2.5%。贸易逆差3年来首次收窄。美国对加拿大、墨西哥、中国和日本的出口额分别为2 923.8亿美元、2 563.7亿美元、1 066.3亿美元和746.5亿美元,下降2.5%、3.4%、11.3%和0.8%,自中国、墨西哥、加拿大和日本的进口额分别为4 522.4亿美元、3 581.3亿美元、3 197.4亿美元和1 436.4亿美元,增减幅分别为-16.2%、3.5%、0.3%和0.9%。2018年,中美双边贸易占美国商品贸易的

15.7%,是美国最大的贸易伙伴。此后,中美贸易规模已缩水至落后于墨西哥和加拿大的第三位。截至2019年,中国成为美国第三大出口市场和第一大进口来源地。其中,美国对中国出口的主要商品为机电产品、运输设备、化工产品和光学钟表医疗设备,2019年分别出口272.0亿美元、196.5亿美元、131.0亿美元和97.9亿美元,变动幅度分别为0.4%、−29.0%、6.7%和−0.4%,占其对中国出口总额的25.5%、18.4%、12.3%和9.2%。美国自中国的进口商品以机电产品为主,2019年进口额为2 173.9亿美元,占美国自中国进口总额的48.1%,下降19.0%。家具玩具、纺织品及原料和贱金属及制品分别居美国自中国进口商品的第二至第四位,2019年进口额为554.1亿美元、372.2亿美元和241.6亿美元,下降14.6%、8.1%和14.2%,占美国自中国进口总额的12.3%、8.2%和5.3%。中国同时也是美国机电产品、纺织品及原料、贱金属及制品、塑料橡胶和陶瓷玻璃的首位进口来源国。2020年初美国遭遇流感,紧接着受到新冠肺炎疫情重创,目前美国是全球新冠肺炎确诊病例最多的国家,对美国整体经济恐产生重大负面影响。IMF预测,2020年美国经济将萎缩5.9%。许多经济学家警告,美国经济有陷入持续衰退的风险。

(三)日本对外出口不同程度下降,医药集成电路等需求促进对美贸易增长

据日本海关统计,2019年日本货物进出口额为14 262.7亿美元,比上年下降4.1%。其中,出口7 055.3亿美元,下降4.4%;进口7 207.4亿美元,下降3.7%。贸易逆差152.1亿美元。逆差规模比此前一年扩大34.2%。这是日本连续第二年出现贸易逆差。从国家和地区来看,美国、中国和韩国是日本前三大出口贸易伙伴,2019年日本对三国出口1 398.0亿美元、1 346.9亿美元和462.5亿美元,分别下降0.2%、6.4%和11.9%,占日本出口总额的19.8%、19.1%和6.6%。日本进口排名靠前的国家依次是中国、美国和澳大利亚,2019年日本自三国进口1 692.2亿美元、790.8亿美元和454.5亿美元,分别下降2.5%、3.1%和0.6%,占日本进口总额的23.5%、11.0%和6.3%。2019年日本贸易逆差主要来源国是中国、澳大利亚和中东产油国。美国、中国香港和韩国是日本前三大贸易顺差来源地,2019年顺差额分别为607.2亿美元、315.6亿美元和166.4亿美元。分商品看,机电产品、运输设备和化工产品是日本的主要出口商品,2019年出口额为2 400.5亿美元、1 678.4亿美元和615.5亿美元,机电产品、运输设备分别下降6.7%、2.8%,化工产品增长0.8%,占日本出口总额的34.0%、23.8%和8.7%。矿产品、机电产品和化工产品是日本的前三大类进口商品,2019年进口额为1 790.4亿美元、1 692.7亿美元和649.8亿美元,下降9.7%、2.7%和3.0%,占日本进口总额的24.8%、23.5%和9.0%。其中,中国对日本汽车

零部件和半导体连接设备的需求有所下降。而对医药产品和集成电路芯片制造设备的强劲需求,使得日本与美国的贸易顺差达到605亿美元,较2018年同期有所增长。

(四)中国市场多元化战略成效显著,新业态新模式成为外贸增长新动能

据世界贸易组织(WTO)统计,2019年中国货物出口额占全球货物出口总额的比重为13.2%,比上年提升0.4个百分点,出口占国际市场份额稳步提升;货物进口额占全球货物进口总额的比重为10.8%,与上年持平,进口占国际市场份额保持历史最高水平。2019年中国出口商品价格指数上涨2.8%,进口商品价格指数上涨1.4%,贸易条件指数为101.4,外贸竞争优势进一步提高。中国的贸易伙伴遍布全球、多点开花,市场多元化战略成效显著。2019年,中国对前四大贸易伙伴欧盟、东盟、美国、日本进出口额合计占同期中国进出口总额的48.1%。对"一带一路"沿线国家进出口9.27万亿元,增长10.8%,高于进出口总体增速7.4个百分点,占进出口总额的29.4%,比上年提升2个百分点。中国与"一带一路"沿线国家贸易发展势头良好,合作潜力不断释放,正在成为拉动中国外贸发展的新动力。对拉丁美洲、非洲进出口分别增长8.0%和6.8%,增速分别高于进出口总体增速4.6和3.4个百分点,分别占进出口总额的6.9%和4.6%(图2.3)。

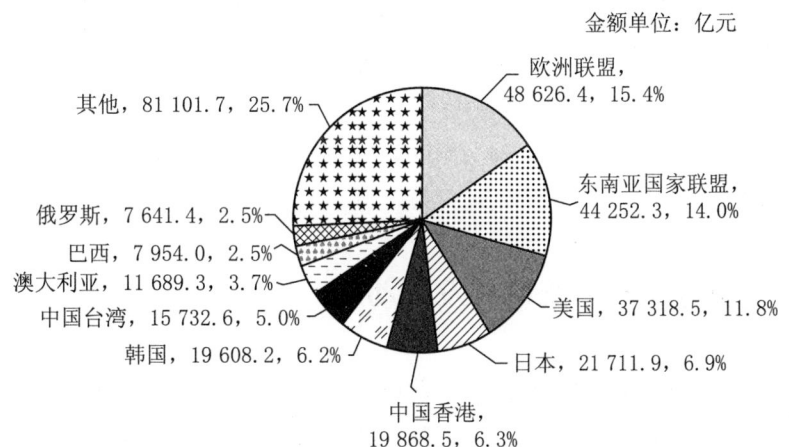

图2.3 2015Q1—2019Q4 全球各地区货物进出口情况(物量指数,2015Q1=100)

资料来源:商务部

新业态新模式成为外贸增长新动能,科技创新、制度创新、模式和业态创新持续强化,外贸竞争新优势加快孕育。2019年,跨境电子商务、市场采购贸易等外贸新业

态新模式保持蓬勃发展态势。其中,跨境电商进出口1 862.1亿元,增长38.3%;市场采购贸易进出口5 629.5亿元,增长19.7%;二者合计对外贸整体增长贡献率近14%。先行先试8个加工贸易保税维修项目,支持10个省市开展二手车出口业务并实现批量出口。外贸对产业升级引领促进作用更加突出,众多企业加大研发投入,持续创新,自主开拓多元化市场能力明显增强,国际竞争力持续提升。2020年前5个月,中国货物贸易进出口总额11.54万亿元,下降4.9%,降幅与前4个月持平。其中,出口6.20万亿元,下降4.7%;进口5.34万亿元,下降5.2%。贸易顺差8 598.1亿元,减少1.2%。以美元计,前5个月进出口总额1.65万亿美元,下降8.0%。其中,出口8 849.9亿美元,下降7.7%;进口7 636.3亿美元,下降8.2%;贸易顺差1 213.6亿美元,下降4.5%(图2.4)。

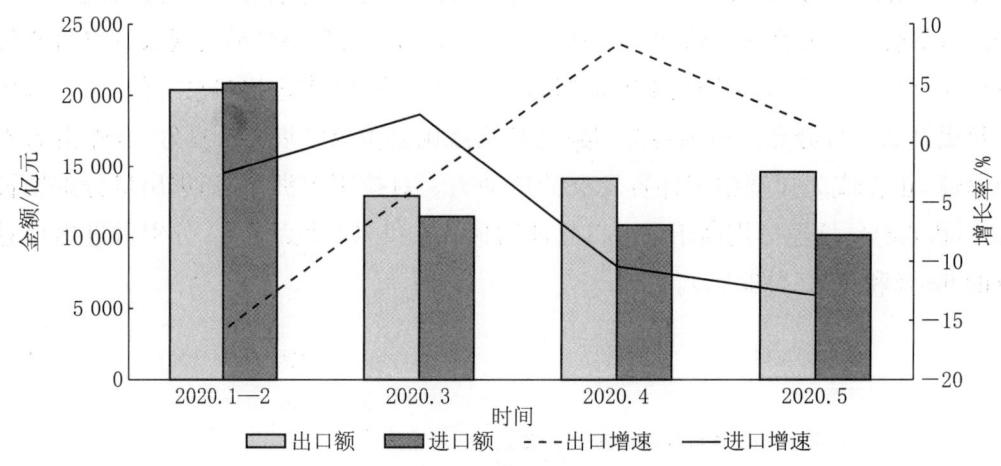

图2.4 2020年以来中国月度进出口规模与增速

资料来源:商务部

三、主要商品贸易及市场发展动态

2019年以来,世界经济增长持续疲软,发达经济体和新兴经济体经济增长普遍减速。国际贸易增长近乎停滞。国际大宗商品市场需求低迷,商品价格宽幅震荡,总体水平低于上年。进入2020年,新冠肺炎疫情对全球经济、贸易和投资带来巨大冲击,经济活动陷入停滞,国际商品市场剧烈动荡,需求急剧萎缩,多数大宗商品价格下跌。展望全年,国际市场需求不确定性增加,大宗商品价格将继续承压(图2.5)。

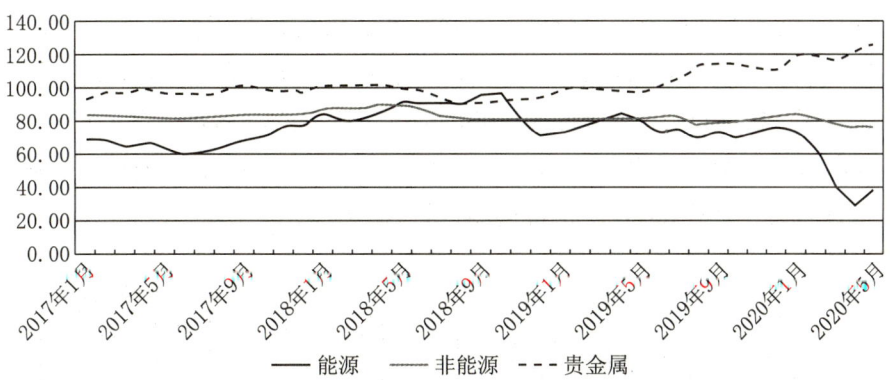

图 2.5　2020 年以来大宗商品价格大幅下跌

注:世界银行初级产品价格指数,美元计价,2010＝100
资料来源:世界银行大宗商品月度指数,2020 年 6 月

(一)粮农产品价格波动中小幅上涨,受疫情影响贸易规模大幅萎缩

2019 年以来粮农产品价格总体平稳,产品价格在波动中小幅上涨,但各品类之间走势差异较大。肉类价格持续上涨,谷物价格呈下降趋势,乳制品和植物油价格波动幅度较小。联合国粮农组织(FAO)编制的食品价格综合指数同比增长 1.8%。2020 年以来,疫情影响下农产品贸易规模大幅萎缩,总体价格向下波动。东非及南亚、西亚地区发生特大蝗灾,粳米、棉花、食糖等价格出现恐慌性上涨,但总体上尚未对全球农产品供应产生显著影响(图 2.6)。

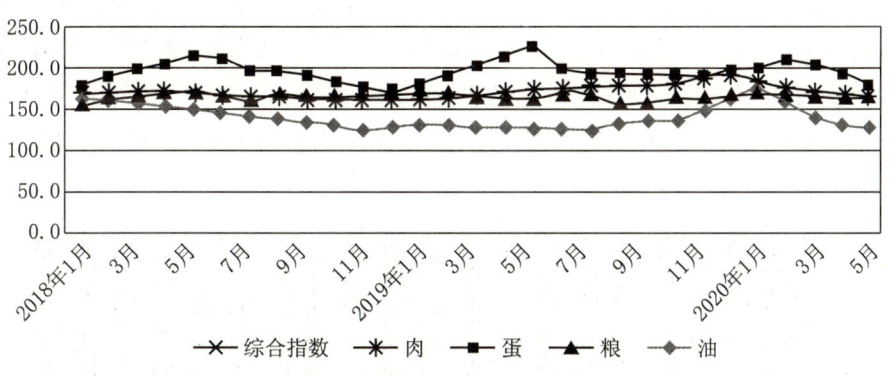

图 2.6　国际市场食品价格下行

注:联合国粮农组织食品价格指数,2002—2004＝100
资料来源:联合国粮农组织

全球谷物市场供应充足。联合国粮农组织(FAO)2020 年 6 月估计 2020/21 年度全球谷物总产量为 27.80 亿吨,同比增长 2.6%,创历史新高,其中玉米产量预计达到创纪录的 12.1 亿吨;谷物利用量 27.32 亿吨,同比增长 1.6%;谷物库存与利用量比

率为32.9%,仍处于宽松水平。猪肉市场受到非洲猪瘟和新冠肺炎叠加影响,价格将保持高位震荡。疫情导致猪肉加工企业停工以及出口物流受阻,猪肉价格持续上涨。2020年全球生猪供应缺口仍然较大,预期猪肉价格高位震荡。与此同时,大豆供需维持宽松格局。虽然疫情期间大豆供应出现短期紧张,价格出现波动,但预计2020年大豆市场将维持宽松格局,价格将偏弱运行(图2.7)。

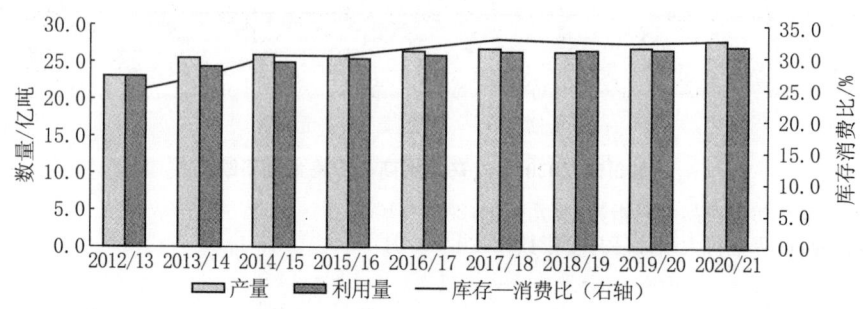

图2.7 世界粮食供需处于宽松水平

资料来源:联合国粮农组织,谷物供需简报,2020年6月

(二)石油市场呈现供过于求局面,大宗有色金属矿产品价格显著下跌

世界经济增长乏力,石油需求疲弱,供应因素主导石油价格走势。2019年一季度,"减产联盟"超额减产使石油价格大幅回弹,但需求不振对价格难以形成有效支撑,同时美国石油产量持续增加,石油价格在二季度大幅回落,三季度价格较为平稳。2020年以来,世界石油市场受到OPEC+减产协议破裂和新冠肺炎疫情供需两方面挤压,价格跳水式下跌,跌至近18年来最低水平,5月下旬有小幅回升,预期2020年石油市场维持供过于求局面,价格保持低位震荡(图2.8)。国际能源署(IEA)认为,未来一段时间,国际原油市场仍将维持供给过剩,油价将持续承压、低位震荡。

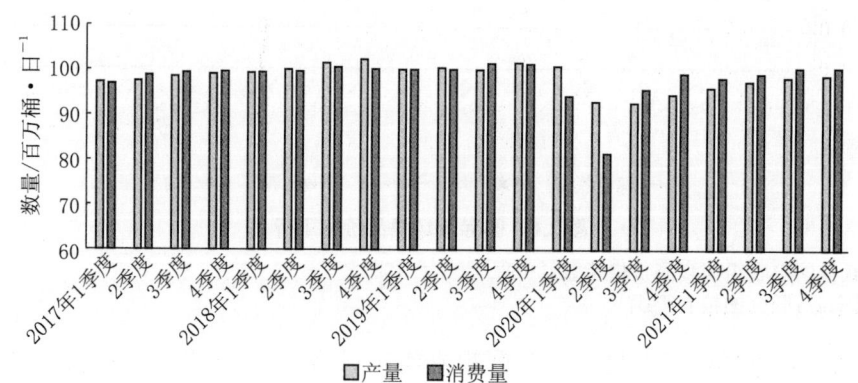

图2.8 世界石油市场供需失衡

资料来源:美国能源信息署,2020年5月

2019年，全球矿业市场供需双双低迷，有色金属消费量占全球一半以上的中国经济增长压力加大，以及中美贸易摩擦不断升级对有色金属市场信心造成严重打压，主要大宗有色金属矿产品价格震荡回调，受需求下降及美元回升等影响，总体偏弱运行。2020年以来，疫情冲击市场需求，有色金属价格普遍大幅下跌。当前中国有序复工复产有力拉动了有色金属需求，但海外需求仍然疲弱。铜市供应处于宽松水平。预期2020年铜价将在底部震荡，直至需求改善推动铜价修正反弹。受疫情影响，欧美日韩等整车制造业合计已有超过100家汽车工厂处于停产状态，铝市需求骤降。预期疫情拐点后，铝价将随各国生产活动恢复企稳回升。此外，当前中国复工复产对镍需求显著回升，镍价开始反弹，预期随全球疫情拐点后镍价将重回上涨趋势。

（三）钢铁行业供需两弱缩减生产，全球机械设备市场增速放缓

2019年以来，中国环保限产对钢材产量的影响减弱，世界钢材产量稳步增长。由于全球经济增长乏力，制造业下滑，汽车市场需求低迷，国际钢材市场需求不振，钢材价格从2019年三季度开始持续下行。2020年钢材市场基本面矛盾突出。5月末，国际钢材CRU价格指数跌至169.3，同比跌幅13.5%，北美、欧洲和亚洲钢材价格指数分别同比下跌23.6%、14.8%和9.1%。需求方面，各大经济体制造业、建筑业停工，基建投资基本停滞，钢材需求明显减少。随着中国疫情得到有效控制，各企业加快复工复产步伐，4月初中国房屋建筑和市场基础设施工程复工率超过85%，钢材需求大幅增长，但制造业需求恢复相对乏力。同时海外疫情愈演愈烈，钢材需求仍在恶化。供给方面，中国作为钢材主要生产国，已逐步恢复生产，但美国、日本、韩国等钢铁生产大国疫情还未见拐点，钢厂陆续关停，同时下游需求下降正在倒逼供给减少，钢铁企业普遍缩减生产规模。在供需两弱的局面下，2020年钢材价格将偏弱运行（图2.9）。

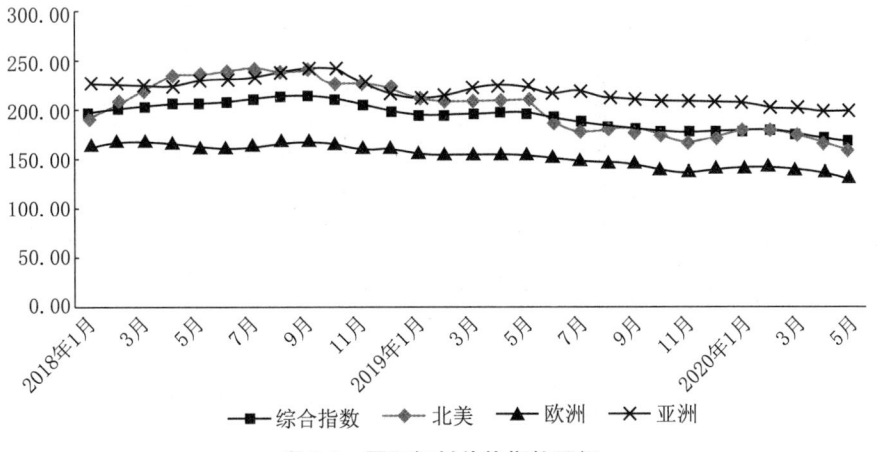

图2.9　国际钢材价格指数下行

注：CRU国际钢材价格指数

受基础设施建设减速和固定资产投资下降等影响,2019年全球机械设备市场增速放缓。2020年,新冠疫情将进一步对机械市场造成冲击。英国工程机械咨询公司Off-Highway Research预测,疫情导致全球工厂关闭和国家封锁将使全球建筑设备行业损失43 000台机器的生产,设备总产量将下降4%,销量跌幅预计在5%以上。其中,工业机器人在传统应用场景市场逐渐饱和。2019年,全球工业机器人销售量为24.8万台,市场规模159.2亿美元,同比下降3.5%,其中中国工业机器人市场规模57.3亿美元,占全球新增市场的36%,仍居世界第一位。国际机器人联合会(IFR)预计2020—2022年,全球工厂将新增近200万台工业机器人,工业机器人将向智能、协作、数字化发展,满足更多生产需求。

（四）汽车市场销量下滑陷入寒潮，智能手机出货量持续负增长

由于中美贸易摩擦、中国新能源车购车补贴减少以及欧洲推出新排放标准的影响,汽车消费者普遍持观望态度。自2018年全球汽车销量转向下跌后,2019年以来汽车市场仍是一片寒潮。2019年全球汽车销量9 030万辆,同比减少410万辆,连续两年下滑。2020年一季度,汽车行业供应链中断,汽车工厂大面积关停,购买需求也大幅下降。多家国际权威机构下调2020年各国汽车销量预期,麦肯锡预计,受疫情影响2020年全球汽车销量将下滑29%,中国市场销量下降15%,美国和欧洲的销量将减少18%~36%(图2.10)。

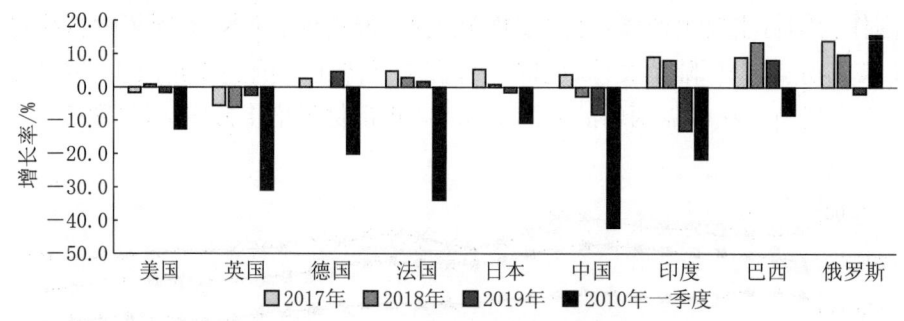

图2.10 汽车市场销量大幅下挫

资料来源：中国汽车工业协会

智能手机出货量持续负增长。根据市场研究公司IDC统计,2019年全球智能手机出货量13.71亿部,同比下降2.3%。2020年一季度,受疫情影响全球智能手机出货量同比下降11.7%至2.76亿部。IDC预计,2020年智能手机市场将萎缩2.3%,出货量略高于13亿部,2021年可能会由于5G发展再次增长。全球PC出货量连续8年下跌之后首次增长。2019年全球PC出货量超2.67亿台,同比增长2.74%,联想、惠

普、戴尔三家占市场近70%份额。

四、新冠疫情对全球货物贸易的冲击与应对

2020年初,一场突如其来的新冠肺炎疫情,不仅扰乱了中国正常的生产生活秩序,也演变为一场与疫情和时间赛跑的全球贸易攻防战。而近年来全球单边主义和保护主义抬头、贸易摩擦升级,加上市场需求低迷,导致全球贸易一直呈疲弱状态。世贸组织(WTO)最新发布的《货物贸易晴雨表》显示,2月份全球贸易景气指数为95.5,不仅低于2019年11月的96.6,更显著低于中长期趋势水平的100,其主要原因是受到集装箱航运指数(94.8)和农业原材料指数(90.9)进一步下跌以及汽车生产指数(100)停滞不前的影响。随着疫情后续影响,尤其是在全球范围内的蔓延,将使本已十分脆弱的国际贸易形势"雪上加霜"。

(一)新冠疫情对全球价值链中间品供给影响最大

全球价值链(Global Value Chain,GVC)是当代国际生产体系最显著的特征,它使生产、贸易、服务与投资融入"一体化综合体",各国经济之间的相互依存与联系由此也变得日益紧密。全球价值链区别于传统生产模式的重要特征就是产品与服务的"多国制造"与"要素分工",包括中间品的工序切片化(表现为产品)和任务分割(表现为服务),由此形成大量中间品(包括原材料、半成品、零部件和服务外包等)在全球范围内的跨境流动。数据显示,进入21世纪以来,中间品贸易占全球贸易的比重平均约为60%。为了更好地衡量某国在全球价值链中的参与程度,国外有学者(Koopman,2010)设计了全球价值链参与指数(GVC Participation=IVab/Eab+FVab/Eab)和地位指数(GVC Position=Ln(1+IVab/Eab)−Ln(1+FVab/Eab))计算模型。其中,IV为中间产品出口的国内增加值,E为出口增加值,FV为国外增加值,a、b代表两个不同的国家。在模型中(IVab/Eab)为前向参与度而(FVab/Eab)为后向参与度。前向参与度为a国在b产业为全球其他国家出口产品提供的增加值比重,而后向参与度则为a国在b产业出口中包括的国外中间商品增加值占比。根据世界银行2019年《世界发展报告》,总体来看,技术与知识密集度越高的行业或国家的后向参与度大于前向参与度,因此受全球价值链供给冲击的影响就越大。具体来看,新冠肺炎疫情影响下,对制造业尤其是高端与复杂制造业和部分国家,如中国、日本、德国、韩国等而言,受到中间品供给的冲击(后向关联)为主,而资源型行业和国家(如加拿大、澳大利亚、俄罗斯、中东地区)则以中间品需求冲击(前向关联)为主,此外,创新型行业和

国家（如美国、英国等）则两种冲击兼而有之。

（二）疫情遏制经济活力或逐步加剧企业垄断形势

从现有国际疫情的演变态势看，形势很不乐观，主要疫情国家的"峰值"尚未来临（尽管近期有可能逼近），大多数国家短期内重启经济根本还不具备条件，经济继续恶化的可能性大于近期内好转的可能性。期待世界经济较快呈现V形恢复已不现实，深度下行且持续性发展的压力逐渐加大。由于美欧占世界经济比重大，美国、加拿大两国加上欧盟的GDP占全球GDP的47.8%，现在恰恰是这些地方成了疫情的中心地带，这些国家所出现的经济衰退对世界经济的伤害肯定更大。而且，世界经济下行会引发一系列包括贸易、金融、投资、债务违约等连锁的负面影响，这些影响又会反过来进一步加重世界经济的严峻形势。当前，疫情使世界经济复苏"脱轨"，重创众多产业部门，中小企业往往首当其冲。根据以往经验，各国救助政策和宽松措施不论初衷如何，往往更利好大企业集团，这难免引发"马太效应"，强化资源垄断，中长期来看，或遏制经济活力。过去十余年，资源垄断现象与世界经济如影随形。2019年国际货币基金组织的一项调查显示，2000—2015年，三分之二的新增利润来自占据重要市场地位的供应商，而非创新型的新市场主体。分析人士担忧，疫情影响下，债务恶化、金融歧视、"劫富济贫"的政策等因素，很可能会恶化中小企业处境，导致其遭到大量兼并和清算，重蹈"危机加剧垄断"的戏码。此外，随着不少大企业也陷入困境，产业结构或将复杂化。迄今，在全球已提出债务重组和破产保护的企业中，不乏美国惠廷石油公司、澳大利亚维珍航空、新加坡兴隆集团等知名企业。这或将触发政府参股、金融资本控制实体经济等深层问题，难免挑战公允的市场竞争。

（三）中国疫情的溢出效应相对较小且持续时间短暂

新冠肺炎疫情已经扩散到全球200多个国家与地区，疫情重心已从中国转移到了国外。这场发生在高度全球化背景下的高度传染性疫情，对各国经济、国际贸易、金融市场、全球化、地缘政治等各方面都已带来或即将带来深远影响。在全球化生产协作网络中，当前疫情对中国工业生产造成了暂时的停滞，并延伸到全球贸易和生产分工的其他链条和环节，直接和间接影响其他国家相关产业的正常运行，进而影响到全球国际贸易的发展。中国的疫情影响会产生溢出效应，但不会长期存在。国际货币基金组织（IMF）认为，当前疫情在国际贸易方面主要由暂时的供给链中断所致。从中长期来看，全球供应链、产业链和价值链本身具有韧性，中国作为全球供应链的重要中间环节和关键环节,随着疫情的控制,中国的生产活动与对外贸易将逐步恢复,全球供应链也将随之而得到修复。作为全球第一大出口国、第二大进口国、第二大外资流入和对外投资国以及全球制造业中心,中国在全球供应链上具备不可替代的作用,其地位不会因疫情的短时冲击而出现动摇。中国有着全球最齐全的制造产业链集群,在全球产业链中处于中间环节,位于全球生产分工体系中上游的关键位置,疫情的短期冲击可能在某些领域助推部分产能的转移,但中国外贸竞争优势依然客观存在。尽管受疫情影响,中国和世界经济都将承受下行压力,但对中国的出口贸易的影响则是阶段性和暂时性的。随着复工复产率的提高,中国经济在下半年将会加速恢复,率先复苏,于世界会产生积极正面的作用。

(四)国际社会亟须开展多边合作携手共同抗击疫情

国际社会普遍渴望以多边合作抗击疫情,尽早控制疫情,实现有序复工复产。然而,贸易保护主义者借题发挥,或推动"脱钩退群",或背弃国际责任,凸显全球公共产品供需缺口。为此,新兴力量正努力补位。在新冠肺炎疫情危及全球公共卫生和经济增长前景之下,"一带一路"等新型全球公共产品将更受倚重,全球公共产品的提供方将更为多元。美国《福布斯》双周刊网站日前刊文说,"一带一路"上的走廊、港口和物流中心等帮助中国打造抗击疫情国际合作的"健康丝绸之路";亚投行则设立规模达 100 亿美元的新冠肺炎危机恢复基金;同时,中国正在加大对世界卫生组织等多边机制的支持力度。此外,疫情之下,G20 正成为全球抗疫的重要力量。自世界卫生组织将新冠肺炎疫情定为全球大流行以来,G20 先后召开多次全球会议,大力倡导加强国际合作。在 2020 年 3 月召开的 G20 领导人特别峰会上,各成员国达成共识,将向全球经济注入超过 5 万亿美元资金用以抗击疫情带来的负面经济影响,还同意世界上最贫困国家可暂时停止偿还债务用以化解债务压力。除此之外,G20 还在旅游、农业、贸易等多个领域达成加强国际合作的共识,结成"统一战线"应对新冠肺炎疫情,抵消大流行病对社会、经济和金融的影响。为进一步落实 G20 领导人应对新冠肺炎疫情特别峰会共识,2020 年 5 月 14 日,G20 举行第二次贸易部长特别会议,通过部长声明,批准了《G20 应对新冠肺炎、支持全球贸易投资集体行动》,就加强贸易投资领域协调合作、维护多边贸易体制、维护市场开放、支持发展中国家和最不发达国家等达成了积极共识。集体行动包括长期和短期两方面举措,涵盖贸易规制、贸易便利化、物流网络、中小微企业等八大领域,共 38 条具体行动,全面、有针对性地提出了 G20 应对疫情、支持全球贸易投资的行动方案。在此次应对疫情的全球事务中,G20 发挥出了多边机制协调各国携手抗疫的显著效用。

参考文献

[1] 盛斌.全方位应对疫情对全球价值链的冲击[J].社会科学报,2020年4月9日第2版.

[2] 关注！疫情对中国与国际贸易的影响分析[N].邦阅网,2020-03-10.

[3] 新冠肺炎疫情对国际贸易的影响[N].搜狐网,2020-03-11.

[4] 傅云威.联合国报告预测:受新冠疫情影响 世界经济酝酿五大变局[N].经济参考报,2020-05-22.

[5] 中华人民共和国商务部综合司.中国对外贸易形势报告(2020年春季)[R]. 2020-06-15.

[6] 中华人民共和国商务部综合司.中国对外贸易形势报告(2019年秋季)[R]. 2019-11-22.

[7] World Trade Organization. World Trade Report 2019[R]. WTO, 2019.

[8] World Trade Organization. World Trade Statistical Review 2019 [R]. WTO, 2019.

[9] World Trade Organization. Trade set to plunge as COVID-19 pandemic upends global econom[N]. WTO, 2020-04-08.

[10] United Nations Conference on Trade and Development. Timely indicators signal a marked decline in global trade[N]. UNCTAD, 2020-03.

本章撰写:倪炜瑜

第三章　世界服务贸易发展动态

一、世界服务贸易总体发展态势

全球服务贸易由于实施运输和旅行限制以及关闭许多零售和接待场所,可能成为受新冠疫情影响最为直接的世界贸易组成部分。服务不包括在世界贸易组织的商品贸易预测中,但是如果没有这些服务(例如运输),大多数商品贸易将无法实现,这使得价值链出现中断,贸易额急剧下滑。另一方面,某些服务贸易领域从危机中孕育机遇,如信息技术服务方面,在线办公、远程社交、远程在线教育等,导致信息技术服务的需求激增。

(一)世界服务贸易发展态势

1. 全球服务贸易受疫情影响大幅收缩

全球贸易在经历了前几年的持续增长之后,受全球贸易紧张局势和经济增长放缓等因素的影响,总体呈现下降的态势。2019 年全球货物贸易出口出现下滑,同期下降 3%;全球服务贸易出口额为 6.03 万亿美元,比上年同期增长 2.4%,远低于 2018 年增幅 9%,贸易进口额为 5.74 万亿美元,同比增长 2%,低于 2018 年增幅 7.6%(图 3.1)。2020 年受到新冠疫情的影响,服务贸易一季度出现了大幅下滑。世界贸易组织发布 2020 年第一季度《全球服务贸易晴雨表》,数据显示,自 2019 年底至 2020 年第一季度,全球服务贸易增长持续走弱,景气指数为 96.8,低于上一期的 98.4,更低于趋势水平(基线值 100),表明全球服务贸易继续面临阻力。这一指标尚未完全反映出新冠肺炎疫情对全球经济的影响,服务贸易景气指数可能在未来几个月内进一步下降。

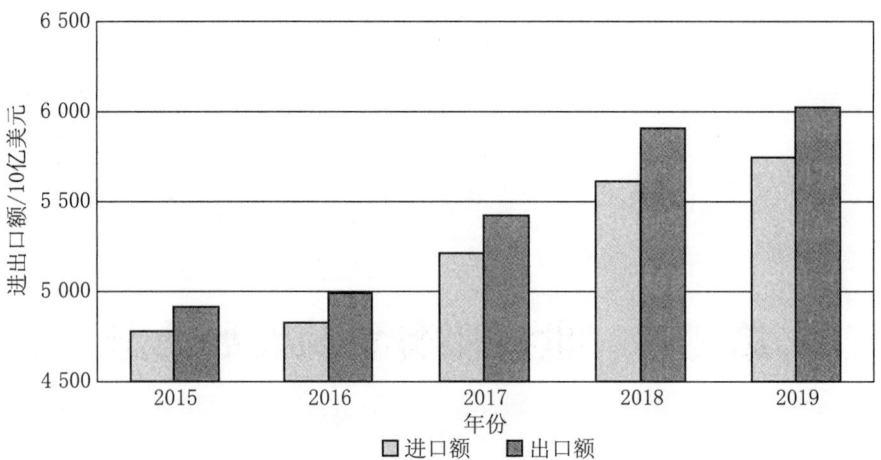

图 3.1 2015—2019 年世界服务贸易进出口额

资料来源:WTO 数据库

2. 航空旅行和货运下滑幅度加大

航空旅行和集装箱运输下降幅度最大。《全球服务贸易晴雨表》显示,在全球服务贸易各项指标中,航空旅行和集装箱运输最新读数分别为 93.5 和 94.3。在新冠肺炎疫情暴发之前,这两个行业的增长已经有所放缓,疫情暴发后其放缓程度进一步加大。这两个指数在一定程度上反映了 2020 年 1 月以来新冠肺炎疫情的发展态势,即从遏制疫情蔓延的早期努力到接近月底时疫情有所加剧。集装箱航运指数下跌系亚洲船运业务量下降所致,航空客运量下降的影响范围更广,除亚洲外也包括北美、南美和欧洲。金融服务业指数(97.7)和 ICT 服务业指数(97.0)也低于趋势,而建筑指数(99.8)保持稳定。全球服务业采购经理人指数(96.1)是最具前瞻性的晴雨表组件,反映出人们担心新冠肺炎疫情在短期内将继续对服务贸易构成压力。

3. 商业存在模式占据服务贸易近六成

传统统计方式导致服务贸易被低估。《服务贸易总协定》(GATS)将服务贸易分为 4 种提供模式:跨境交付(模式 1)、境外消费(模式 2)、商业存在(模式 3)、自然人流动(模式 4)。然而世贸组织服务贸易的传统统计方式并未涵盖 GATS 所定义的所有模式,由于缺乏基于提供方式的服务贸易官方数据,2019 年开发了"TISMOS"实验性数据集,首次纳入商业存在(模式 3),从而估算出服务贸易的总价值。根据 TISMOS 测算,2017 年全球服务贸易额 13.3 万亿美元,其中,通过在全球建立附属机构的商业存在(模式 3)是全球服务贸易的重要组成,贸易额达 7.8 万亿美元,占比 58.9%;跨境交付的服务(模式 1)贸易额为 3.7 万亿美元,占 27.7%;境外消费的服务(模式 2)贸易额为1.4万亿美元,占比10.4%,旅游占境外消费60%以上;自然人流动(模式4)的贸易额为0.4万亿美元,占比2.9%。

"TISMOS"数据显示出通过在全球建立附属机构(模式3)的销售是全球服务贸易的主要形式,占比近六成,这一格局自2005年以来就保持不变。其中金融服务和分销服务占据全球建立附属机构(模式3)销售的一半份额。据估算,全球金融服务的77%,以及分销服务的70%是通过外国附属机构在全球范围内开展贸易实现的。

4. 在线服务助推服务贸易发展

服务贸易是高度依赖人际流动与国际交往的贸易形态,全球疫情持续蔓延,不可避免地对服务贸易造成负面冲击,尤其是运输、旅游等传统服务业的影响更为严重。同时,危机之中也蕴藏着新的机遇,疫情激发商业模式创新、企业自我重塑与经济机体升级再造,催生出一些服务新业态、新模式与新增长点,文化、旅游、教育、医疗、金融、保险等服务贸易迎来线上发展新机遇。如这场危机刺激零售、保健、教育、电信和视听服务等领域的在线供应增加,供应商正在加速扩展其在线业务,消费者正在适应新的模式,这可能有助于长期转向在线服务。总体而言,这场危机凸显了实现在线供应的服务(如电信和计算机服务)的重要性,以及运输、金融、分销和物流服务在促进贸易和经济增长方面的更广泛的基础设施作用。未来,通过数字网络提供的服务增加有望对贸易产生重大影响,从而导致通过跨境交付(模式1)的增加。

二、服务贸易重点行业发展动态

新冠肺炎大流行对服务贸易的影响类型和程度因部门和供应方式而表现不同。涉及供应商和消费者之间接近性的服务贸易受到严重阻碍,旅游、运输和分配服务由于公共卫生原因而受到出行限制和隔离措施的影响。由于服务在为其他经济活动提供投入(包括连接供应链和促进货物贸易)中的作用,服务供应中断正在产生广泛的经济和贸易影响。同时,危机激发零售、保健、教育、电信和视听服务等部门的在线业务快速发展。在不同的供应方式下创造有利于服务贸易的条件,将是从经济放缓中复苏的关键。

(一) 运输服务贸易

政府出于公共卫生考虑而采取的与出行有关的措施和边境限制,严重影响了运输服务贸易,对商品贸易和供应链产生了严重影响。

1. 运输服务业贸易持续下滑

自从新冠疫情暴发以来,大多数国家都实施封锁和检疫措施,航运业面临着越来越大的压力。严格限制海上船员下船和换船导致部分运输中断。从2020年1—3月,集装箱船的停靠量及其累计运力都有所下降。与此同时,错过的港口停靠率(即未发生的定期船只停靠)的比率也急剧上升。2020年2月,全球集装箱贸易量与2019年同期相比下降了8.6%。2020年2月,从亚洲到北欧的主要航线的预定起飞量已取消46%,美国最大的集装箱港口洛杉矶港货运量与上年相比下降了约25%。全球的航运船只靠港正在放缓。航运公司计划减少航运运力,闲置集装箱船吨位的比例超过2008年全球金融危机期间。由于封锁和检疫,港口也缺乏运送集装箱的工人和运送货物的卡车司机。这意味着运输成本增加,供应链出现问题。

边境管制严重破坏了全球的陆地运输。大多数国家已暂停或大大减少了跨境客运服务。尽管边境仍然开放进行货物运输,但驾驶员出于检疫目的而受到边境管制,这导致物流流量减慢。例如,为了应对疫情,申根地区的欧洲国家自2020年3月中旬起暂时重新实行边境管制。此后,大多数公路和铁路跨境旅客运输被暂停。尽管边境管制的重新引入不适用于跨境货运,但却造成了相当大的破坏,导致跨境货运的严重拥堵和延误,对商品贸易和供应链的生存能力产生严重影响。

新冠疫情的暴发对航空运输服务业产生了巨大影响。国际民用航空组织(ICAO)5月预计,2020年全年世界航空客运量可能比最初的预测下降三分之二,导致航空公司的收入可能下降2 440亿~4 200亿美元。就国际容量和收入影响而言,欧洲和亚太地区受影响最大,其次是北美洲。国际民航组织预计,旅客数量的最大减少将发生在欧洲,特别是在夏季旅游旺季期间,而预计亚太地区的国内旅客运输量将急剧下降,其次是北美洲。机场行业机构国际机场理事会(ACI)在5月预测,取消航班和关闭机场将导致2020年全球旅客减少46多亿人次,全年机场收入损失将超过450亿美元。此外,由于全球航空贸易(按价值计算)约占35%,客运量的下降对航空货运量产生了重大影响。国际航空运输协会(IATA)的数据显示,到2020年3月,国际航空货运容量比上年减少了43.7%。尽管通过扩大使用货机(包括使用闲置的客机进行全货运业务)使运力增加6.2%抵消了部分损失,但目前运力不足仍无法满足航空货运的剩余需求。这导致航空货运价格大幅度提高,亚太地区提高约20%~30%,某些航线甚至提高了50%。同时,航运需要排队等待,航空转运的时间几乎翻了一番。

2. 各国政府和组织采取措施应对运输业危机

为了减轻边境管制的影响并促进货物运输,多国制定相关措施。如大多数欧盟成员国已采取了补救措施,包括暂停周末对重型车辆的交通禁令,以及暂时和有限地放宽驾驶员驾驶和休息时间的规定。又如在沙特阿拉伯和科威特之间的边界,由于边境上卡车排长队,科威特当局允许在边境而不是内陆进行通关,这极大地缓解了车辆流量,并且队列逐渐减少。

各国政府以多种方式支持航空公司。例如,一些监管机构已暂停"使用或失去"广告位的要求,这些要求是指航空公司必须在最短的时间份额内继续运营广告位,以保留其在下一个旅行季节的权益。其他领域的监管要求也已放宽,以便在危机期间为航空公司和机组人员提供便利。许多政府还宣布了有利于航空运输部门的支持措施,例如减少机场、空中航行和其他费用,以及更有力的财政支持措施,包括贷款担保、长期贷款和收购航空公司的股权等。

各类国际组织也在积极努力。例如,2020年3月,国际民航组织和世界卫生组织发表了联合声明,提供了有关新冠疫情和民用航空的最新建议,并指出各国必须遵守各自关于预防传染病传播的标准。重申致力于促进加强国际合作以遏制该病毒并保护旅行者健康的承诺。5月26日,国际民航组织、国际劳工组织、国际海事组织联合发出呼吁,要求各国政府确保在数以百万计的熟练人员中指定"关键员工",以维持基本的全球航空和海上贸易能力。同时,国际民航组织与政府和行业合作伙伴紧密合作,为航空管理局、航空公司和机场提供指导,并就保护旅客健康并减少传播风险的适当措施向个人提供建议。鉴于港口限制的增加,2月,国际海事组织(IMO)和世卫组织发布了关于应对新冠疫情的联合声明。3月,国际海事组织(IMO)向成员国分发了关于在新冠疫情期间促进海洋贸易的政府和相关国家主管部门的初步建议清单,目的是协助各国政府在实施应对新冠疫情的政策和措施时避免对船舶和港口运营造成障碍,包括海员和海事人员的流动。建议涵盖的措施包括:使船舶能够进入港口的泊位,促进船员变更和港口运营以及确保公众健康。

(二)旅游服务贸易

鉴于流动性限制和边境禁运阻止了游客的出入境,全球旅游业包括了酒店、饭店、旅行社等服务,可以说是迄今为止受这场危机打击最严重的行业之一。

1. 旅游服务贸易遭遇严重冲击

各国制定的防控措施已经严重影响旅游业。2020年3月,经济合作与发展组织(OECD)表示,初步估计表明,2020年国际旅游业将下降45%。如果9月才能开始复苏,这一数字可能会上升到70%。世界旅游组织(UNWTO)在2020年3月估计,2020年国际游客可能会下降20%~30%。这可能意味着国际旅游收入(出口)损失3 000至4 500亿美元,相当于5~7年的增长因此损失。5月,世界旅游组织根据目前的防控措施和持续时间提高了预测值,国际游客的潜在数量可能会下降58%至78%。以东南亚为例,泰国疫情期间暂时关闭所有大型商场、旅游和娱乐设施,取消部分泰国航空公司国际航班,每年一度的泰国宋干节(泼水节)也被迫无限期延后,预计流失500万外国游客;2月入境柬埔寨的外国游客数量下降了60%以上;印尼酒店与餐厅协会的数据显示,2月以来巴厘岛的酒店入住率降至5%以下,多家酒店被迫中止营业,预计全国酒店入住率已降至20%。马来西亚酒店业协会截至3月16日的数据,马来西亚有约17万间客房预订被取消。新加坡《海峡时报》报道,3月新加坡出入境旅行预订业务量较平时下降80%。

由于旅游行业对许多国家和地区的整体经济非常重要,该行业的下滑将产生广泛的经济影响。世界旅行与旅游理事会(WTTC)指出,2019年旅游业直接影响、间接影响和相关的影响为全球GDP贡献了8.9万亿美元,占比10.3%,创造了3.3亿个工作岗位。WTO数据显示,2019年,旅游贸易出口额占据服务贸易出口额的重大比重,接近20%,占发展中国家服务出口的32%,最不发达国家(LDC)则占50%;旅游业占据部分国家GDP的很大比重,例如塞舌尔占比67%,圣基茨和尼维斯占比62%,瓦努阿图占比48%。4月,世界旅行与旅游理事会(WTTC)预测,全球旅游业将有多达1亿人面临失业,行业亏损给世界经济带来的冲击也已骤然升级,WTTC预测全球GDP损失不断攀升至2.7万亿美元。其中,亚太地区受到的影响最为严重,6 340万旅游从业者可能失业,行业产值预计损失超过1万亿美元;欧洲有1 300万旅游从业者可能失业,行业产值预计损失近7 000亿美元。

2. 旅游业采取多种措施应对危机

2020年4月1日,联合国世界旅游组织发布了一系列建议,呼吁提供强有力的紧急支持,以帮助全球旅游业从新冠肺炎中恢复并更好地成长。到目前为止,各国政府采取的措施包括针对该部门雇员的跨行业工作支持计划,鼓励其提高技能和多技能的政策,以及延期税收和为旅游经营者提供各种其他形式的财政支持。

为应对挑战,多国政府纷纷出台纾困和援助措施。例如,泰国政府已先后推出三轮经济刺激计划,包括向中小企业提供优惠贷款、税务减免等,重点支持旅游业相关企业。印尼连续推出两轮经济刺激计划,包括向当地航空公司和旅行社提供援助资金,资助巴厘岛在内的10个旅游目的地的营销活动,为前往旅游目的地的国内游客提供航班折扣优惠,相关酒店和饭店免税6个月。柬埔寨政府宣布为暹粒省西北部所有酒店和旅馆提供税收优惠,为期2~5个月。马来西亚通过发放旅游电子优惠券、免除酒店服务税、减免个人所得税等多种激励措施促进当地旅游业发展。新加坡政府则为旅游业雇员发放工资补贴,每名在职本地员工每月获得75%的工资补贴,另再拨付9 000万新元重振旅游业。

(三)金融服务贸易

1. 金融服务贸易较为稳定

新冠疫情的暴发对全球经济产生重大影响,金融服务部门在稳定市场、确保信贷和支付等方面发挥了关键作用。全世界的中央银行和金融监管机构都积极干预,显示出致力于采用所有可能的措施以稳定市场,做出确保信贷流向家庭和企业,支付的连续性,促进金融机构能力的承诺。

随着大流行相关措施的广泛实施,提供电子支付的公司开始做出早期反应。许多中央银行取消了对电子支付系统的限制和要求。在移动支付很普遍的非洲尤其如此。例如,加纳在3个月内采取了与移动货币交易有关的新政策,不收取较小的提款额手续费,并且提高了交易限额。

2. 各国提出具体监管措施

金融机构积极主动地采用不同的货币工具,包括降低主要/基准利率,量化宽松以及降低准备金要求。宏观审慎措施也有很大不同,包括减少反周期资本缓冲,减少流动性头寸,放宽贷款损失准备金,宽容不良贷款以及放宽银行外汇远期头寸的上限。例如巴西、中国香港、印度、韩国、墨西哥、新加坡、南非等国家和地区的监管机构已放宽了对流动性和资本要求的要求,以确保银行处于有利地位,可以继续提供信贷。为了稳定资本市场,某些管辖区已禁止某些股票的卖空。巴西、土耳其等国家的主管部门放宽了贷款损失准备金,以允许银行延长公司和家庭的贷款期限。韩国的管理当局放宽了外汇远期头寸的上限。

(四)信息技术服务贸易

1. 在线服务对信息通信技术服务和设施需求激增

新冠疫情暴发期间,越来越多的人参与远程工作和上学,并且越来越依赖互联网进行娱乐和社会联系,因此对信息和通信技术(ICT)服务以及相关基础设施的需求是前所未有的,也是无法预料的。2020年3月,Facebook报告称,在受到大流行影响最严重的国家中,其在线消息服务的使用量增长了50%以上,语音和视频流量也翻了一番。在意大利,Facebook的整体使用量激增了70%以及花在群组通话上的时间增加了1 000%。西班牙的Telefonica的IP网络流量和移动使用量分别增加了40%和50%。泰国Zoom和Skype的用户数量分别增长了828%和215%。

在发达经济体和发展中经济体中,运营商为应对新冠肺炎而暂停了数据限制并提高了容量,而没有任何额外费用,许多政府临时向运营商发放了额外的无线频谱,以进一步提高网络容量。如果维持这类支持性政策,随着越来越多的企业或员工习惯使用远程办公,互联网和宽带数据传输对经济增长和发展的重要性增加,可能会导致政府更有决心完成宽带服务(例如光纤和5G移动网络)和全球连接项目(例如卫星和海底电缆系统)的部署。

2. 信息技术服务贸易仍面临诸多挑战

新冠肺炎的暴发对信息技术服务行业的贸易影响是双刃剑。一方面,在线服务对信息技术服务需求激增,但另一方面,疫情给信息技术服务贸易的发展也带来挑战。从全球业务流程和信息技术(IT)外包领域来看,外包供应商必须向员工提供设备以在家中工作,并升级他们的网络以适应远程工作的需要;同时,也给客户带来了挑战,一些公司已经表示有意减少对外包的依赖,这可能会对外包公司产生长期贸易影响。从ICT服务市场来看,大量的5G频谱拍卖已被推迟,短期的后果可能导致漫游收入猛跌;手机的生产和出货量受到严重影响,2月智能手机的出货量比上年减少了4 000万;同时,由于频谱拍卖推迟,可能会减慢5G移动部署速度。如果ICT服务市场无法克服这些挑战,并且连通性没有得到解决,弥合技术差距和实现该部门收入持续增长的能力可能会被削弱。

(五)教育和医疗服务贸易

1. 疫情刺激远程医疗服务快速增长

新冠肺炎危机刺激了远程医疗服务的使用激增。例如,亚洲经济体中的中国、澳大利亚、印度尼西亚、新加坡等国家的在线医疗平台用户数量在增长迅速。在欧洲和北美洲,远程医疗的使用也有所增加,新冠肺炎疫情促使人们更广泛地使用远程医疗,一些司法管辖区临时审查了法律和法规以便利此类服务,简化远程医疗服务的访问,以助于共享知识和经验,以检测、监控和应对病毒。但是,鉴于国情不同以及监管多样性,国际远程医疗仍然是一个挑战。远程医疗服务经常面临地域法规,例如要求卫生专业人员居住在患者的辖区范围内,而且,患者与卫生专业人员之间的预先存在的关系通常是远程医疗服务的前提条件。因此,国际远程医疗服务需要政府间的国际合作,特别是卫生、IT和电信政策制定者与公司之间的国际合作,以应对与远程医疗相关的跨境服务的可靠和持续增长的挑战。

方便医务人员入境。在应对危机期间,一些国家的政府修改了一些旅行和边境措施,以确保重要的外国卫生工作者的跨境流动不会受到阻碍。在过去的几个月中,由于疫情对卫生工作者的需求大大增加,在某些情况下,外国卫生工作者进入到专门支持新冠肺炎医疗系统工作。部分世贸组织成员国为卫生和社会护理工作者创造了特殊的进入途径,特别是入境签证和延长签证的有效期。

2. 远程教育迅猛发展

为应对新冠疫情而关闭学校和高等教育机构推动在线教育快速增长。联合国教科文组织估计,在疫情最严重的时期,全球190个国家的学校和大学停课影响了全球90%以上的学生。新冠疫情还将对高等教育部门产生重大的经济影响,包括由于学生人数的潜在减少。据估计,在某些国家,下一学年的入学率可能下降15%,其中包括国际学生人数下降25%。这些停课也影响了全球教育服务的提供,导致在线学习需求激增。

政府和教育服务的私人提供者正面临着迫切需要开发和快速实施技术解决方案以提供在线教育,包括开发在线材料和教学技能。远程学习的突飞猛进也给监管带来了新挑战,例如认证数字学习提供者和材料,确保获得在线教育以及数据收集、管理和使用规则等相关挑战,特别是儿童和年轻人的个人数据。

随着大量转向在线学习,与连接性、设备访问权限和技能水平相关的数字鸿沟的影响变得越来越重要。未来,消除数字鸿沟可能对教育服务(尤其是在线教育的需求和供应)的国际贸易产生重大而持久的影响。

三、主要国家和地区服务贸易发展态势

(一)美国

1. 服务贸易顺差有所减少

根据美国商务部最新数据显示,2019美国服务贸易总额14 641亿美元,比上年同期增长2.8%,其中贸易出口额为8 758亿美元,比上年同期增长1.6%,贸易进口额为5 883亿美元,增长4.7%,贸易顺差为2 874亿美元,与2018年相比下降4.3%,这是美国近4年来,顺差首次出现下降(图3.2)。2020年一季度,服务贸易进出口总额比上年同期下降3.9%,由于进口额降幅大于出口额的降幅,一季度服务贸易顺差为732亿美元,比上年同期增加3.4%。

英国是美国服务贸易出口最多的国家,占出口总额的8.9%,加拿大为美国第二大服务贸易出口国,占比7.9%,中国内地、日本、德国分别位于美国服务贸易出口市场的第3~5位,前5位地区合计约占出口总额的三分之一。2019年美国服务贸易出口前5位地区中,日本、德国保持增长态势,英国、加拿大、中国内地均出现下降,到

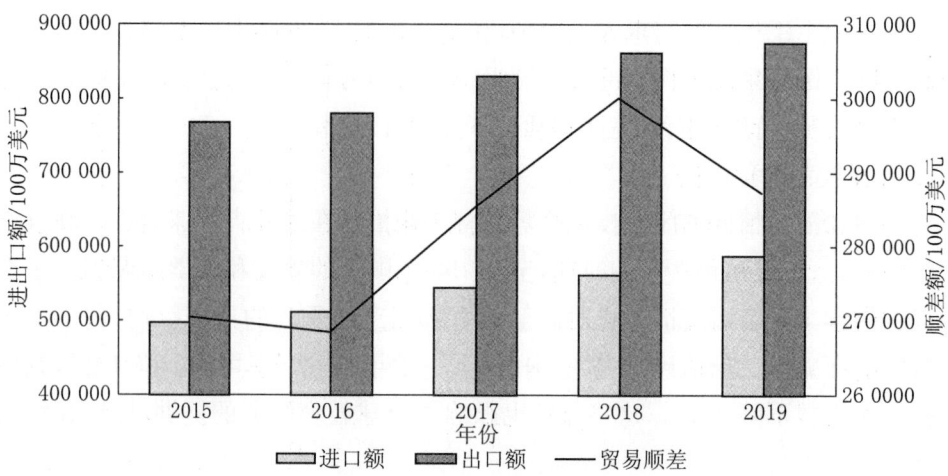

图 3.2　2015—2019 年美国服务贸易进出口额

资料来源：BEA 数据库

2020 年第一季度，与上年同期相比，仅德国增长 5.7%，其他 4 个地区均出现明显下降，其中中国内地降幅最大，为 16.9%，英国和日本下降约 8%，加拿大下降 5.7%。尽管，美国对中国内地服务贸易出口额有所减少，中国内地仍占据美国服务贸易顺差的最大份额，占比为 12.7%，贸易顺差来源第 2 位的加拿大占比为 10.2%，巴西、英国、日本占比约在 5%~6%，这 5 个地区合计占据美国服务贸易顺差的 40%（图 3.3）。

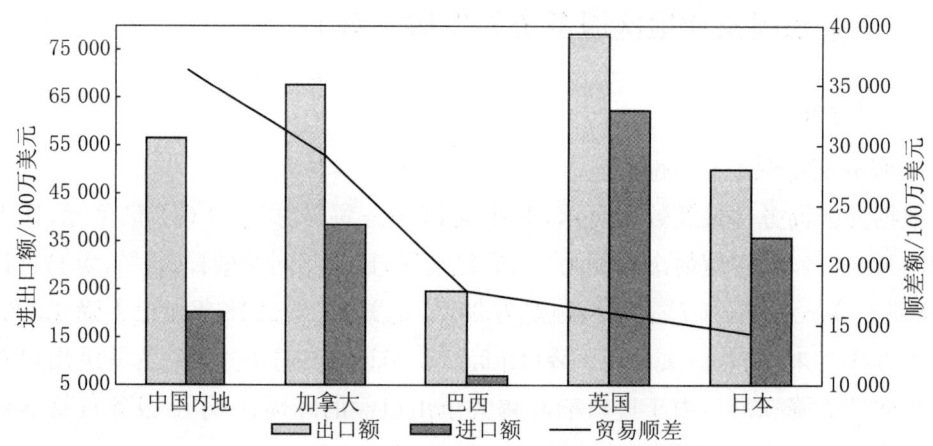

图 3.3　2019 年美国服务贸易顺差来源前 5 位地区

资料来源：BEA 数据库

2. 通信服务及其他商业服务保持增长

旅游服务、其他商业服务、金融服务、知识产权服务、运输服务为美国服务贸易出口前五位重点领域,合计占出口总额的比重为83%(表3.1)。通信计算机信息服务、其他商业服务等新兴领域保持快速增长,分别增长12.1%、6.9%,运输服务、旅游服务等传统领域则进一步下跌,分别减少2.3%、1.6%。2020年1季度,疫情严重影响美国运输服务、旅游服务的出口,同比2019年1季度分别大幅下降12.3%、19.6%,通信计算机信息服务出现逆势增长,比上年同期增长16.2%,主要原因为新冠疫情使虚拟会议和工作平台使用率显著增加,数据流等跨境通信服务产业快速成长。其他商业服务保持5%的增长,知识产权服务贸易出口额增长3%,金融服务与上年同期基本持平,技术密集型的新兴服务贸易面对危机显示出更强的抗风险能力。同时,政府服务、维护和维修服务、个人、文化及娱乐服务的出口额也呈现增长,而建筑服务、保险服务出口降幅均超10%,由于这两类出口额占比不足3%,对出口额的影响甚微。

表3.1 美国2019年服务贸易出口明细表

类 别	2018年出口额/100万美元	2019出口额/100万美元	2019年占比/%	2019/2018增长率/%
旅游服务	196 465	193 315	22.1	−1.6
其他商业服务	177 261	189 441	21.6	6.9
金融服务	132 420	135 698	15.5	2.5
知识产权服务	118 875	117 401	13.4	−1.2
运输服务	93 251	91 092	10.4	−2.3
通信、计算机、信息服务	49 653	55 657	6.4	12.1
维护和维修服务	27 948	27 868	3.2	−0.3
个人、文化及娱乐服务	23 759	23 372	2.7	−1.6
政府服务	21 949	22 555	2.6	2.8
保险服务	17 904	16 238	1.9	−9.3
建筑服务	2 948	3 189	0.4	8.2
合计	862 433	875 825	100	1.6

资料来源:BEA数据库

(二)欧盟

1. 服务贸易顺差进一步扩大

欧盟统计局2020年3月发布的最新数据显示,从2013—2018年,欧盟27国对非成员国的服务进出口额均逐年增长,服务出口额从2013年的6 950亿欧元增加到2018年的9 690亿欧元,服务进口额从2013年的5 750亿欧元增长到2018年的

8 240亿欧元,服务贸易顺差从1 200亿欧元增加到1 450亿欧元(图3.4)。

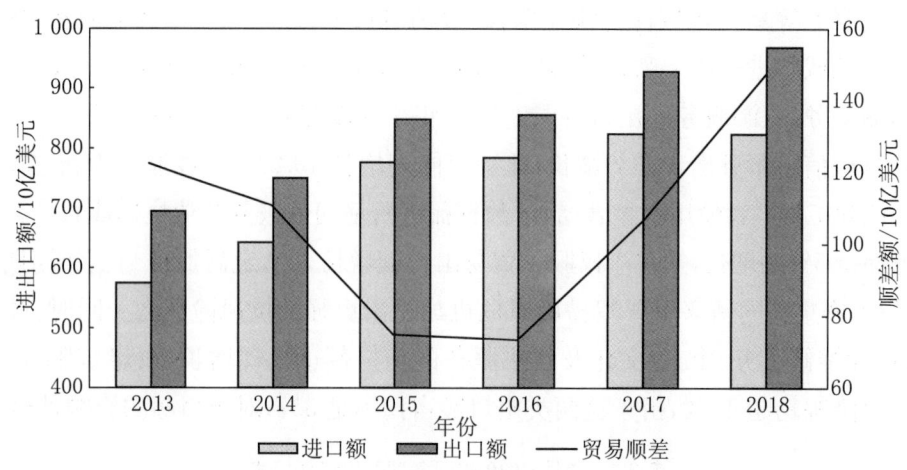

图3.4　2013—2018年欧盟服务贸易进出口额

资料来源:Eurostat

2018年,英国是欧盟27国服务出口的最大目的地,贸易额为2 080亿欧元,占对非成员国出口总额的21%。第二大目的地是美国(19%),接下来依次为瑞士(11%)和中国(5%),出口额前10位国家和地区合计占欧盟服务贸易出口额的72%(表3.2)。

表3.2　2018年欧盟与非成员国服务贸易进口额排名前10位

	国家和地区	金额/10亿欧元		2018/2017年增长率/%	2018年占比/%
		2017年	2018年		
出口	英　国	194	208	7	21
	美　国	173	179	3	18
	瑞　士	106	105	−1	11
	中　国	42	47	12	5
	新加坡	26	30	15	3
	日　本	26	28	8	3
	俄罗斯	27	26	−4	3
	挪　威	26	26	0	3
	加拿大	17	19	12	2
	澳大利亚	16	17	6	2
	巴　西	15	15	0	2
	出口额前10位合计	668	700	5	72

续表

	国家和地区	金额/10 亿欧元		2018/2017 年增长率/%	2018 年占比/%
		2017 年	2018 年		
进口	美　国	195	196	1	24
	英　国	153	163	7	20
	瑞　士	68	66	−3	8
	百慕大群岛	55	36	−35	4
	中　国	30	30	0	4
	新加坡	21	23	10	3
	开曼群岛	16	20	25	2
	印　度	14	15	7	2
	日　本	14	15	7	2
	挪　威	14	14	0	2
	加拿大	11	14	27	2
	进口额前 10 位合计	591	592	0	72

资料来源：Eurostat

欧盟 27 国服务进口的前 3 位与出口前 3 位国家相同，对美国服务进口额价值最大，约 1 960 亿欧元，相当于非成员国进口总额的 24%；其次是英国和瑞士，分别占比 20%、8%；进口额前 10 位国家/地区合计占进口额的 72%。

从欧盟成员国之间的服务贸易来看，德国对其他欧盟成员国的服务出口额最高，为 1 240 亿欧元，占比 14%；其次是荷兰出口额为 1 110 亿欧元，占比 12%；排名第 3 位的法国出口额为 1 100 亿欧元，占比 12%（图 3.5）。德国也是欧盟成员国最大的服

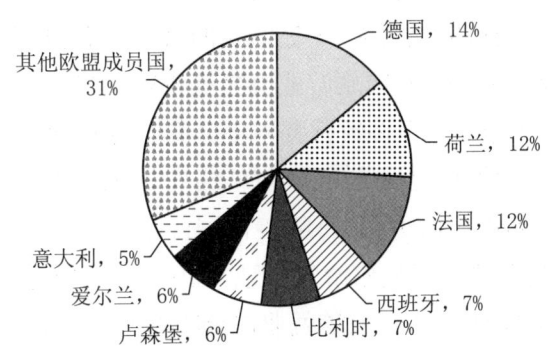

图 3.5　2018 年欧盟成员国之间的服务贸易出口额占比

资料来源：Eurostat

务进口国,进口额为1 550亿欧元,占比18%,排名第2位的法国进口额1 210亿欧元,占比为14%;第3位的荷兰进口额880亿欧元,占比10%。

2. 旅游业受到疫情严重影响

受目前的新冠肺炎大流行影响的首批产业之一是旅游业。旅行限制和广泛取消导致国际和本国旅游业几乎完全停滞。旅游业是欧盟许多国家经济和劳动力市场的重要动力。根据欧盟统计局的统计,欧盟旅游业企业达到230万家。意大利、法国、西班牙、德国等4个国家的旅游企业占据欧盟一半以上份额,希腊、葡萄牙和波兰等国家也拥有大量旅游企业。

意大利每年能够接待大约6 300万外国游客,旅游业占国内生产总值的比重为13%。在意大利有大约十分之一的人口从事与旅游相关行业,与旅游相关的"意大利制造"直接关系到大约61.2万家企业和270万名员工的就业。2020年二季度大量旅游订单被取消、退订,预计与去年同期相比,外国游客数量或减少约40%。3月初,意大利政府紧急拨款36亿欧元,并颁布首个针对疫情严重地区的抗疫法案,用以支持经济发展,重点扶持受重创的旅游业,同时向陷入困境的意大利航空公司提供支持,6月,宣布允许欧盟和申根国家以及部分国家的国际游客不受限制入境,无须进行隔离,罗马斗兽场、比萨斜塔、佛罗伦萨乌菲齐美术馆等意大利热门旅游景点重新向公众开放,但参观者必须遵守相关疫情防护要求,如限制参观人数、要求佩戴口罩、入门体温检测、手部消毒等。政府通过减免税收、租金等措施,帮助餐馆、酒店、旅行社应对疫情冲击。

法国的旅游业提供了大约200万个就业岗位,收入占国内生产总值的近8%。法国国家统计局2020年4月发布的报告显示,疫情暴发以来,法国酒店和餐饮业活动量减少90%,旅行社预订量减少97%,80%的从业者认为行业复苏需要8到12个月甚至更长时间。5月,法国推出总额达180亿欧元的救助计划,以扶持遭受新冠疫情重创的旅游业,这一计划包括规模为13亿欧元的直接公共投资、向旅游业提供政府担保贷款,以及延长此前设立的、向旅游业直接提供资金援助的"团结基金"计划等,符合要求的旅游业中小企业或个体经营者均可申请人均1 500欧元的补助,对于受疫情影响严重的零售、餐饮等企业视情免除电费、煤气费及房租等。

西班牙是世界著名的旅游大国,每年接待国际游客8 000多万人次,其中90%是欧洲游客,是欧洲最重要的消夏旅游目的地,国际旅游收入达800亿欧元,居世界第2位,旅游产业占GDP的14%,旅游就业占全国就业人口的16%。西班牙旅游协会预测,因为疫情影响,西班牙旅游业收入2020全年预计损失550亿欧元,同比下降32.4%。为此,政府还通过了4亿欧元的专项贷款担保,专门满足受疫情影响的旅游业企业和相关运输业的流动性需求。6月,西班牙提出了一项资金总额为42.62亿欧元的计划,以促进西班牙旅游业的发展。

(三)新加坡

1. 服务贸易总体保持平稳

在经历了2018年服务贸易的大幅增长后,2019年新加坡的服务贸易总体与去年保持稳中略升。2019年,新加坡服务贸易出口额为2 794亿新元,比上年增长2.2%,进口额为2 715亿新元,贸易顺差为79亿新元,自2018年改变多年贸易逆差的状态,2019年进一步扩大顺差额,比上年增长52亿新元(图3.6)。美国、日本、中国内地、澳大利亚、爱尔兰为新加坡贸易出口的前5位国家和地区,前5位合计占新加坡出口额近四成。美国、荷兰、中国内地、日本、中国香港地区为新加坡贸易进口的前5位国家和地区,前5位合计占新加坡进口额38%。

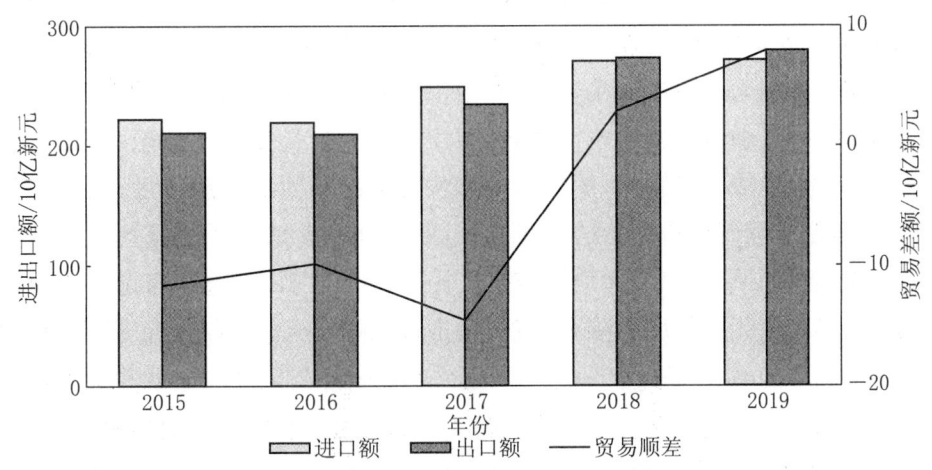

图 3.6　2015—2019年新加坡服务贸易进出口额

资料来源:新加坡服务贸易报告 2019

2. 交通运输、旅游、教育服务贸易采取措施应对疫情影响

2019年,新加坡的交通运输服务、金融与保险服务、旅游、商业管理、广告与市场管理、电信与计算机等6类服务贸易出口额占据出口额的80%以上。其中,交通运输服务贸易出口额为797亿新元,占比28.5%,金额服务出口额为401亿新元,占比14.3%,旅游服务出口额为274亿新元,占比9.8%,商业管理服务出口额为273亿新元,占比9.8%,通信计算机信息服务出口额为202亿新元,占比7.2%(图3.7)。

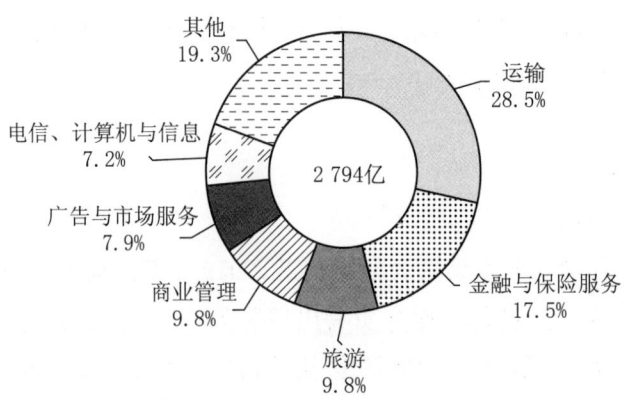

图 3.7　2019 年新加坡服务贸易出口分类占比

资料来源：新加坡服务贸易报告 2019

新冠疫情以来，新加坡移民与关卡局（ICA）、新加坡海事和港口管理局（MPA）、新加坡人力部（MOM）、新加坡卫生部（MOH）、新加坡贸工部（MTI）、新加坡教育部（MOE）根据形势变化，也做出了相应调整，以降低疫情对新加坡本地市场的影响，最大限度的保护本地人员生命安全，维护本地市场秩序。新加坡海事和港口管理局将预防措施扩展到船舶的各种检疫流程，这对集装箱吞吐量排名全球第 2 位的新加坡港口的正常作业造成一定影响，船舶非生产性停泊的时间加长造成港口拥堵和货物运输延迟。同时，随着全球疫情的逐步蔓延，新加坡逐渐加强了边境管制，以减少进口新冠肺炎病例的风险；以及其他国家也实施了旅行限制，以遏制病毒的跨境传播，这些限制已导致前往新加坡的游客和整个国际航空旅行的急剧减少。这严重影响了商务服务部门中的酒店、航空运输、艺术、娱乐和休闲部门以及与旅游相关的部门，例如旅行社、旅游公司、奖励会议和展览组织者。随着通勤和安全距离转移成为一种新常态，越来越多的企业也开始上网以接触他们的客户，同时采用数字解决方案来改善其电子支付和电子发票的流程。6 月，新加坡旅游局、圣淘沙发展局和新加坡企业发展局拨款 4 500 万新元（约合 2.25 亿元人民币）与旅游业者合作，刺激内需鼓励国人在境内游玩和消费。

（四）中国香港

1. 服务贸易顺差快速下降

中国香港地区的服务贸易进出口均出现下跌，贸易收支大幅下滑。根据 WTO 全球贸易数据统计显示，中国香港服务贸易进出口均进入全球前 20 位，出口和进口分别位居第 17 位、19 位。2019 年，中国香港服务贸易出口额为 7 929.16 亿港元，同比上年下降10.6%;进口额为6 181.78亿港元,减少3.4%;服务贸易顺差为1 747.38亿港元,大幅减少29.2%(图3.8)。中国内地、美国、英国、日本、新加坡是中国香港的前五大服务贸易进出口伙伴,前5位合计分别占据中国香港服务贸易出口总额和进口总额的71.1%、67.6%,其中中国内地分别占比40%、37.9%。(图3.9)

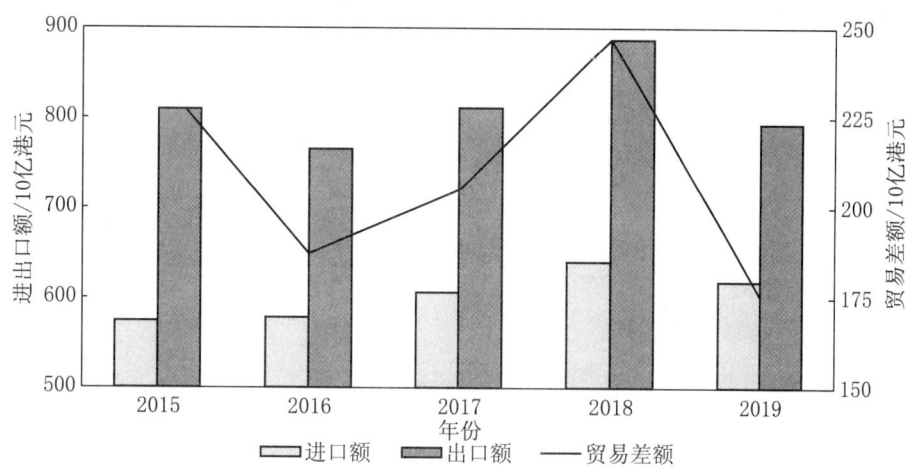

图3.8　2015—2019年中国香港地区服务贸易进出口额

资料来源:中国香港服务业统计摘要

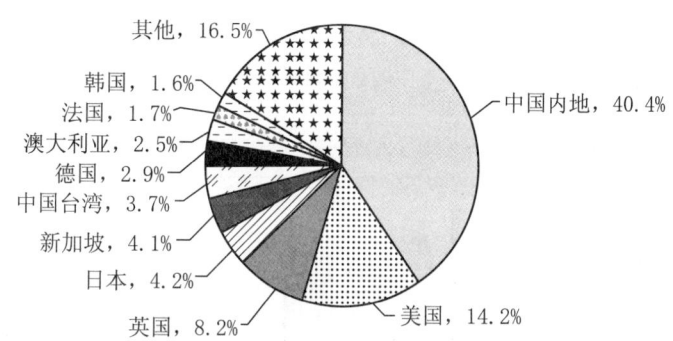

图3.9　中国香港地区服务贸易出口市场占比

资料来源:中国香港服务业统计摘要

2. 金融、交通运输、旅游服务贸易出现不同程度萎缩

社会动荡的持续以及新冠肺炎疫情的冲击导致金融服务、交通运输和旅游服务的跨境业务显著萎缩。2019年,中国香港地区服务贸易出口额最大的行业为运输服务,出口占比29.8%,其次为旅游服务,出口占比28.7%,金融服务出口额列第3位,占比21.1%,这三大类合计占出口总额的80%。服务贸易顺差也主要来源这3个行业。2019年,金融服务、交通运输和旅游服务顺差均出现下降,尤其是交通运输和旅游服务

分别减少了13.8%、79.3%(图3.10)。中国香港地区的经常账户格局一直呈现出货物贸易赤字与服务贸易盈余的组合。例如,2016年第1季度至2019年第4季度期间,中国香港地区货物贸易与服务贸易的季均余额分别为-428亿港元与509亿港元。然而,在2019年第4季度,中国香港地区服务贸易顺差仅为121亿港元,同比上年同期大幅下降80%(图3.11),其中,旅游降幅呈直线下降,同比2018年锐减155%,运输服务比上年同期减少31.7%,金融服务减少1.8%。在2019年下半年,中国香港地区服务贸易盈余显著收缩,与中国香港地区社会动荡导致服务业产品出口受到抑制相关。

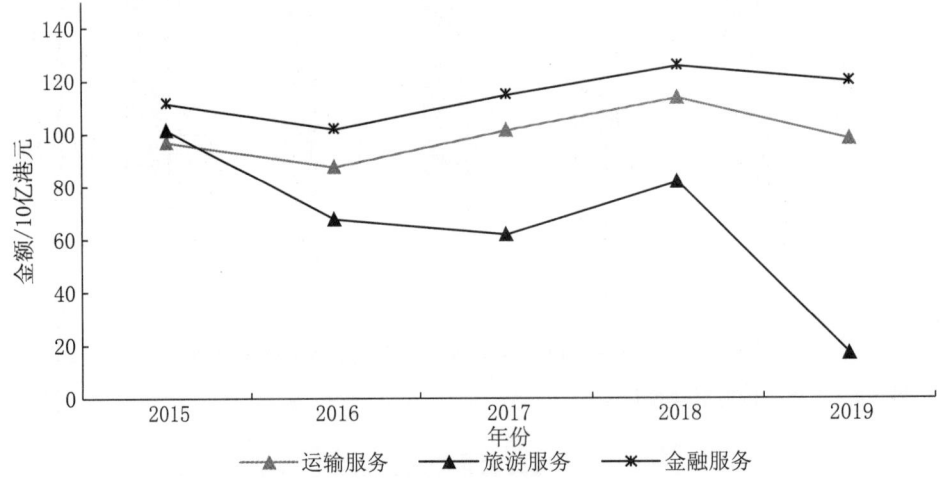

图3.10 2015—2019年中国香港地区三大行业服务贸易顺差额

资料来源:香港服务业统计摘要

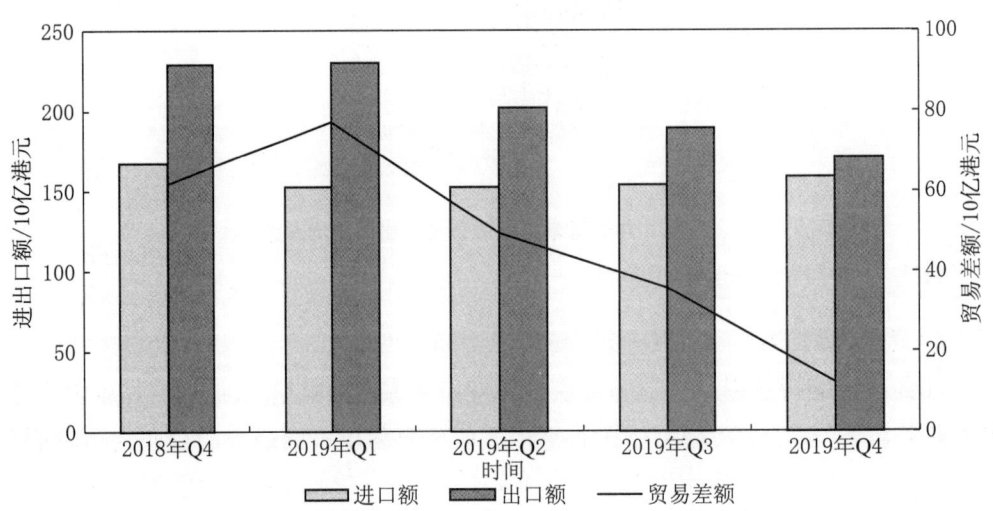

图3.11 2018年4季度—2019年4季度香港地区服务贸易进出口额

资料来源:香港服务业统计摘要

四、影响服务贸易的重要全球趋势

(一)数字技术大大推动服务贸易的发展

数字技术是推动服务贸易成本减少的重要力量,正在改变传统的商业和贸易方式。从供给侧来看,数字技术行业进入成本大幅减少,降低了进入门槛,促进了行业创新。从需求侧来看,数字技术为客户提供更为丰富的服务和产品类型。

1. 数字技术创新服务贸易方式

随着数字技术的发展,传统服务方式正在被新的服务方式所取代。新数字技术的出现可能会继续使更多的服务能够跨国提供,包括原来面对面才能提供的服务,如远程手术等。

数字技术在增加数据流和知识产权重要性的同时,正在模糊货物贸易和服务贸易之间的界限。数字化降低了文本、视频内容和音乐的创作、复制和访问成本,实体产品贸易额逐渐下降。如音乐行业,消费者需求从实体唱片转向数字下载。根据国际唱片业联合会(IFPI)的数据,2018年,唱片行业收入的37%来自付费流媒体服务。根据高盛2019年预测,全球每年的流媒体贸易收入(包括广告收入)将达到372亿美元。同时,在线平台增加了对租赁服务而不是购买耐用品的需求。普华永道预计,到2025年,欧洲五大平台经济领域,即协同金融、点对点(P2P)住宿、P2P交通、按需家庭服务和按需专业服务,交易总额将从2016年的280亿欧元增至5 700亿欧元。

数字技术拓展企业规模和服务范围推动服务贸易发展。企业通过数字技术扩大与客户的链接范围,从而促进外包服务,扩大生产规模。基于数字内容的服务业分销成本接近于零或极低成本,更加易于应对不断增长的需求。数字市场与传统市场的区别主要在于网络效应、转换成本、无实体规模效应方面,网络效应是每增加一个用户,网络对所有参与的价值都会增加;转换成本是使用在线服务的消费者越多,向该服务提供数据越多,离开的成本越高,难度越大;无实体规模效应的特点是企业免费增加新用户,在市场确立主导地区,新的市场进入者难以与其竞争。另一方面,数字技术不断扩展企业从事活动的范围。一些信息通信技术硬件企业从制造业转向提供与制造产品相关的跨境网络服务。例如IBM出售了硬件分支机构,专注于提供人工智能解决方案,已应用于从客户服务到科学、商业建模的所有领域。

2. 数字技术对全球价值链的服务部分产生重要影响

数字技术未来将影响全球价值链的性质、复杂性和长度。一方面,数字技术可以产生更长的产业链,降低对全球价值链产生负面影响的成本,并提高服务的质量和可用性,而这些服务是价值链的推动者。如物联网、人工智能和区块链技术可以使交付和物流服务更高效。另一方面,人工智能、3D打印和先进的机器人技术等降低了劳动力的比较优势,减少国际采购,中间产品和服务更多来自发达国家,可能导致生产区域化,全球价值链的缩短或者回流。然而,根据贸易增加值(TiVA)数据库,外国服务增加值在世界出口总额所占的份额没有明显下降,反而略有增长(图3.12)。世贸组织也得出一致的模拟结果。从服务贸易与全球价值链同步发展的角度看,目前制造业回流没有对服务贸易产生负面影响。

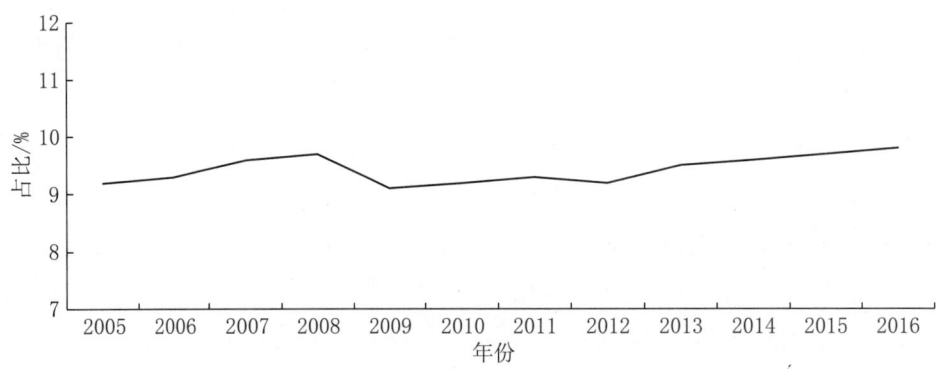

图3.12　2005—2016年外国服务增加值在世界出口总额中所占份额
资料来源:贸易增加值(TiVA)数据库

3. 数字技术促进发展中国家实现包容性增长

数字化是许多发展中国家克服其地理、实体和区位等方面贸易挑战的机会。发展中国家可以发展具有动态比较优势的替代服务,如现代商业服务,这些领域可以促进经济增长、创造就业和社会发展。一方面,边境程序、地理因素和基础设施未来可能也变得不那么重要,有利于偏远或内陆国家进入新市场。另一方面,数字基础设施,特别是稳定可靠和价格合理的高速宽带网络将成为竞争力的核心因素,为投资该数字基础设施的发展中国家创造机会。

数字技术为服务行业女性提供新机会。数字技术增加了专业服务跨境贸易的便利性,为女性就业提供更多机会。据国际劳工组织(ILO)的预测,2022年从事高技能工作的女性人数增加,尤其是在会计、法律和医学等专业服务部门工作的女性将显著增加(图3.13)。如Upwork是为自由职业者提供在线服务的平台,其中女性员工占比44%,远高于2016年世界银行公布的全球非农业经济女性员工平均占比26%。

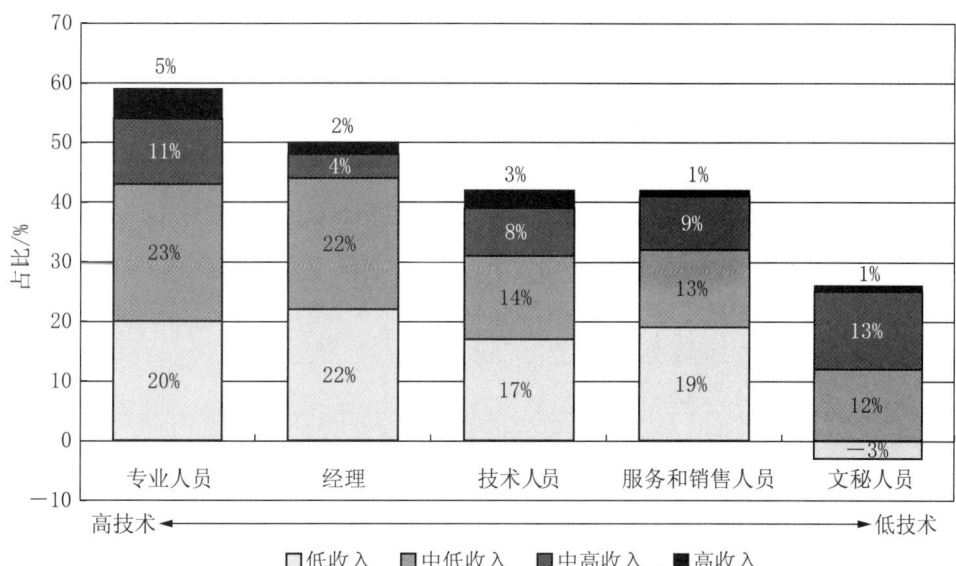

图 3.13　2018—2022 年女性按服务业岗位和收入群体分类的就业构成

资料来源：WTO 基于国际劳工组织（2019）数据计算

（二）人口机构及收入变化对服务贸易模式产生重要影响

人口结构的变化对全球服务的消费、生产和贸易模式产生重要影响。发达国家快速老龄化的人口可能需要更多医疗卫生服务，发展中国家日益增长的年轻人则需要更多的教育服务。同时，收入水平决定了货物和服务需求的构成，也决定了对不同类型服务的需求。

1. 人口结构变化导致不同类型服务贸易的需要增长

根据世贸组织的世界投入产出数据库显示，65 岁及以上人口数量每增长 1%，公共和私人医疗卫生支出比重将增加 0.29%。卫生服务需求的日益增长也表现在发达国家医疗服务职业的增长。以美国为例，根据劳工统计局 2019 年数据，美国十大增长最快的职业中有 5 个与医疗卫生相关，包括家庭健康助理、个人护理助理、护师、医师助理和执业护士（图 3.14）。由于发达国家的医疗卫生供不应求，可能导致服务的供给转而来自劳动年龄充裕的发展中国家。根据经合组织 2015 年数据，移民至经合组织国家的医生和护士，预计占到原籍国卫生医疗劳动力需求的 20%。随着发达国家老龄化加剧，这种流动趋势可能会继续增长，当然这也取决于移民政策等其他因素。

提升宽带传输速度和增强个性化学习体验的新技术将引发未来在线教育发展的新浪潮。传统亚洲发展中国家拥有最多的劳动年龄人口，教育支出不断增长。在经合

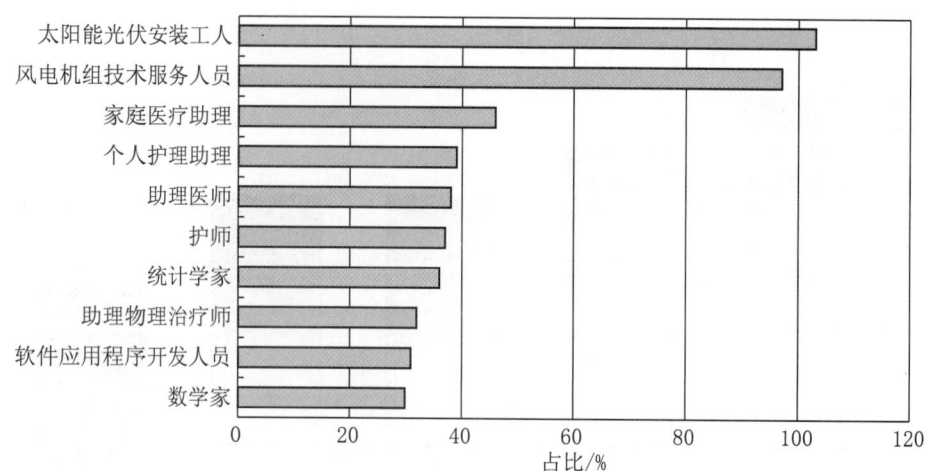

图 3.14　2016—2026 年美国增长最快的十大职业预测

资料来源：WTO 根据美国劳工统计局 2019 年数据预测

组织国家接受高等教育的亚洲学生在增长。随着数字技术的发展，在线教育服务的跨境提供更加便利，教育服务贸易将会出现增长。在线课程通过互联网确保了获得的开放性，打破了参与的地域限制。来自发展中国家和偏远地区的学生通过在线视频和互动作业，将有机会向全球顶尖学校的老师学习。同时，虚拟现实和增强现实技术的出现，吸引和激励学生从不同视角探索资源，或成为未来学习的重要部分。随着在线教育质量不断提高，越来越多的人加入在线教育，为教育服务跨境贸易提供新的机会。

2. 代际偏好对在线服务的需求激增

代际偏好将重塑服务消费结构。"千禧一代"（1980—1996 年出生）、"Z 世代"（1997—2012 年出生）和"新世代"（2012 年以后出生）对在线服务和按需服务的需求将增加。到 2030 年，"Z 世代"和"新世代"将占全球人口超 50%（图 3.15），对社交媒体和按需服务的消费将增加基于数字平台的服务贸易。

在线视频内容流媒体保持日益增长的态势，主要用户在千禧一代、Z 世代群体中。奈飞（Netflix）和 YouTube 是全球最大的视频流媒体视频，这两家都拥有强大的全球影响力，正迅速成为发达国家和发展中国家各类艺术家创作内容的主要出口商。流媒体为发展中国家提供很多机遇，能通过较低成本将内容出口到国际市场。以 YouTube 为例，每月超过 19 亿观众登录，每天在 91 个国家，用 80 种语言观看超过 10 亿个视频，主要用户为年轻群体，2019 年美国 18～29 岁的人群中有 91% 使用，65 岁以上人群有 38% 使用（图 3.16）。YouTube 与 2016 年启动音乐工厂计划，为各国艺

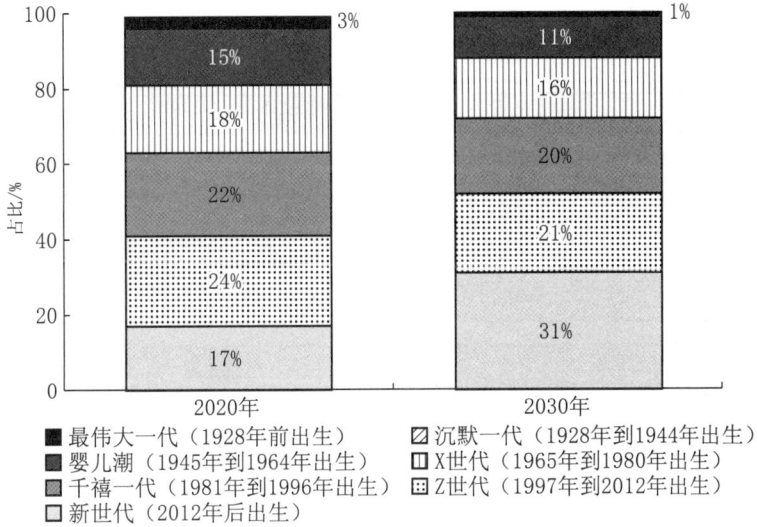

图 3.15　2020 年和 2030 年按年龄段分类的人口构成

资料来源：WTO 根据联合国经济和社会事务部数据计算

术家的内容创作提供工作室，其中包括比利时、加纳、日本、韩国、尼日利亚、波多黎各、英国等。

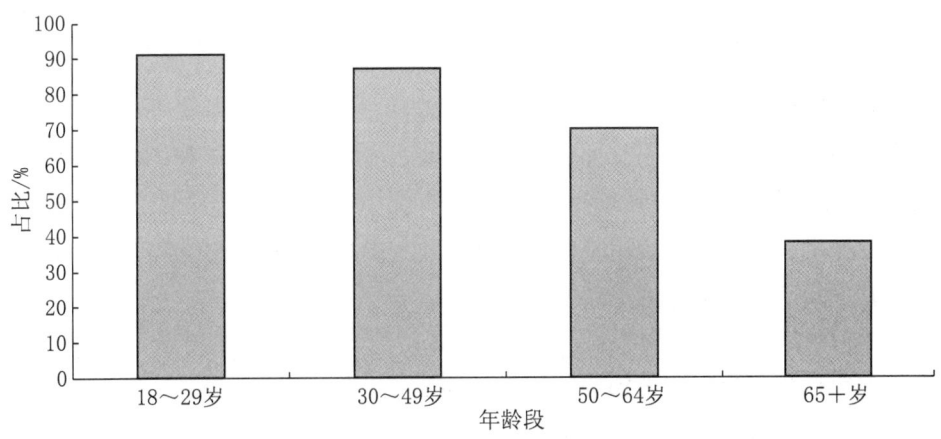

图 3.16　2019 年美国各年龄段使用 YouTube 的人口比例

资料来源：WTO 根据 Pew 研究中心数据计算

3. 收入增长促进技术密集型服务需求增长

收入增长导致消费的服务增加，尤其是技术密集型服务比重加大。以美国为例，根据劳工统计局数据，从不同收入水平的服务消费来看，随着收入的提高，酒店和餐馆、健康和社交、娱乐、金融和专业服务的支出份额提高，而以租金支出为代表的房地产服务份额则迅速下降(图 3.17)。

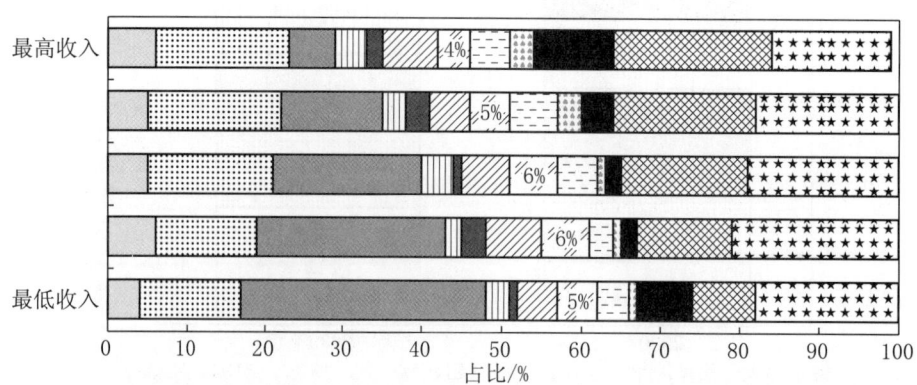

图 3.17　美国按家庭收入五分位数分类服务消费百分比构成

注：家庭收入五分位数是指按收入水平将人口分成 5 个收入水平跨度均等的群体
资料来源：美国劳工统计局

随着各国国内生产总值差距缩小,服务贸易也将进一步扩大。尽管发达国家和发展中国家仍存在较大收入差距,但自 2000 年以来,发展中国家的增速远超发达国家,缩小了收入差距。经济发展促进了技术密集、服务密集的复杂产品的专业化,发达国家的企业往往更依赖于各种信息通信技术、商业和专业服务。同时,监管和合同执行机构在服务业发展中发挥关键作用,这些部门更容易因为信息不对称而出现市场失灵。因此,制度越完善,服务业占国内生产总值的比重也越大。从发达国家来看,由于这些国家对技术服务、专业服务的需要很大,提供的服务具有优势,因此,发达国家之间的服务贸易要高于与发展中国家的贸易。随着发展中国家收入的日益提高,监管和制度不断完善,发展中国家之间的服务贸易将不断增长。

(三) 气候变化影响服务贸易的供给和需求

全球气候变化对环境产生重要影响,包括海平面上升、冰量减少以及极端天气相关事件的频率、持续时间和强度增加。气候变化不仅通过商品和服务的供需变化直接影响服务部门,而且还通过对劳动生产率和投入的影响间接影响服务部门。

1. 环保理念不断深入促进生态和可持续旅游兴起

气候变化对旅游业的服务产生重要影响。季节长短和气候的变化将影响旅游服务,进而影响旅游目的地之间的竞争,以及区域的旅游客流量,尤其是沿海、岛屿和山区。气候变化还可能损坏基础设施、中断业务和增加运营成本。在某些情况下,一些旅游服务适应新的气候和环境条件需要付出成本,如投资制雪设备、修整海滩、增加空调或提供备用水系统。多样化的娱乐活动也可以创造新的市场,例如在山区开展与徒步相关的活动来弥补雪的缺失。

对社会、经济和环境可持续性认识催生新型旅游者。部分旅游者注重生态环境和地域文化,选择生态旅游,包括所有以自然为基础的旅游形式,游客观察和欣赏自然和传统文化,或者选择可持续旅游,包括充分考虑对当前和未来经济、社会和环境影响的旅游业。生态旅游和可持续旅游是旅游业发展最快的部分之一,尤其得到"婴儿潮一代"和"千禧一代"的青睐。对发展中国家来说,发展和开发此类旅游项目,不仅能促进自然资源保护,同时还能改善当地的教育,提高妇女的就业机会,增加当地的收入。

2. 气候变化可能导致运输服务贸易方式的更改

各国运输部门由于气候原因均出现过服务中断的情况,随着气温上升、降水增加、海平面上升和极端气候增加,这种服务中断更为频繁。气候变化造成道路和桥梁基础设施退化加速、机场运营受损,导致维护、运营、修复和维修成本的增加,提前支付基础设施的更换费用。气候变化可能间接导致基础设施服务出现损失,以及出现延误、绕行、取消等,如气候变化可能对飞机起飞形成产生严重影响,包括飞机能够承载的乘客数量和燃料数量。这些与气候相关的影响最终可能影响不同运输方式的盈利能力、竞争力和可负担性,导致运营者在必要时改变运输方式,以最低的成本及时交付货物和服务。

虽然气候对运输服务的影响大多是负面的,但也可能产生积极的方面。在冬季条件较为温和的地区,由于降雪和风暴的减少,降低了寒冷天气对车辆的损害,有利于陆路运输服务;同时,重要航道的海冰量减少,也利于延长航运时段。在北极地区,气温上升造成的冰盖消融可能在一年中某些时间开通西北通道,将使亚洲和欧洲之间的海运时间和距离大幅减少。

3. 环境服务贸易创造新技术和新机遇

气候变化造成的影响多样且严重,这就需要开发与环境相关的技术、商品及服务,以解决紧迫的环境和气候问题。环境服务包括了与基础设施服务相关的各种活动,如固体和危险废物管理、水和废水处理,还包括与非基础设施服务有关的活动,如工程设计、环境咨询服务、环境技术设备安装和环境修复。新的市场机会和新技术可能会改变某些环境服务的市场结构,目前,一些环境服务仍集中在少数几家跨国公司,随着创新技术的出现,环境服务变得更具竞争性。虽然与环境有关的服务技术最初是发达国家发展和扩散,但由于对环境基础设施的投资增加以及更加严格的环境和气候变化政策,一些发展中国家的环境相关服务市场可能获得快速增长。

参考文献

[1] Eurostat. International trade in services[R] Eurostat Press Office.2020.1
[2] Singapore Department of Statistics. SINGAPORE'S INTERNATIONAL TRADE IN SERVICES 2018[R] Department of Statistics. 2020.1
[3] WTO. World Trade Report 2019:The future of services trade[R] WTO. 2019.10
[4] WTO. TRADE IN SERVICES IN THE CONTEXT OF COVID-19[R] WTO. 2020.5
[5] United States International Trade Commission. Recent Trends in U.S. Services Trade:2018 Annual Report.[R] United States International Trade Commission 2019.9
[6] Census and Statistics Department Hong Kong Special Administrative Region. Statistical Digest of the Services Sector 2020.[R] Census and Statistics Department 2020.5

本章撰写:张　耘

第四章 世界零售业发展动态

一、世界零售业总体发展态势

(一) 全球零售业保持稳定增长态势

根据德勤发布的《2020全球零售力量》(Global Powers of Retailing 2020),全球最大的250家零售商2018财年的零售收入增长4.1%,增速略低于2017财年的5.7%。250家零售商的平均零售收入达到190亿美元,比2017财年增长5%,2013—2018财年的五年复合年增长率则为5.0%,有20家公司零售额超过500亿美元。全球250家零售商22.8%的收入来自海外业务,其中有64家公司在10多个国家有零售业务,37家公司的海外业务收入占到总零售收入的一半以上。187家公布业绩的公司中,86.6%(162家公司)实现盈利,低于2017财年的91.8%,但净利润率由2017财年的2.3%增至2018财年的3.0%(表4.1)。

其中,前十大零售商增长速度更快。2018财年,全球前十大零售商收入总计1.53万亿美元,较2017财年增长6.3%,占250家零售商收入总额的32.2%。沃尔玛、Costco、亚马逊分别位居前3位,收入分别增长2.8%、9.7%和18.2%,占前十大零售商收入总额的52.1%。从地域来看,前十大零售商中,美国企业占7家,德国企业2家,英国企业1家。

(二) 耐用休闲品收入增长最快,服饰和配饰高利润增长

2018财年,全球250家领先零售商中,快速消费品(以下简称"快消品")零售商136家,占到66.5%。此外,还包括39家耐用品和休闲品商,54家耐用品和休闲品零售商,21家多元化商品零售商。其中,收入增长率最高的是耐用品和休闲品,而服装和配饰盈利能力最佳(表4.2)。

表 4.1　德勤《2020 全球零售力量》全球零售领域企业 TOP10 榜单

前250位	排名变化	公司	地区	2018财年零售收入/100万美元	2018财年零售收入增长率/%	2018财年净利润率/%	2013至2018财年营业收入年均复合增长率/%	运营业务的国家/地区数	海外营收的比重/%
1	→	沃尔玛(Walmart)	美国	514 405	2.8	1.4	1.6	28	23.7
2	→	开市客(Cosco)	美国	141 576	9.7	2.2	6.1	11	27.8
3	↑	亚马逊(Amazon)	美国	140 211	18.2	1.0	18.1	16	31.2
4	↑	施瓦兹集团(Schwarz Group)	德国	121 581	7.6	n/a	7.1	30	65.0
5	↓	克罗格(Kroger)	美国	117 527*	−1.2	2.5	3.6	1	0.0
6	↑	沃博联(walgreens boots alliance)	美国	110 673	11.7	3.8	8.9	10	11.1
7	↓	家得宝(the Home Depot)	美国	108 203	7.2	10.3	6.5	3	8.1
8	→	奥乐齐(Aldi Einkauf Gmbh)	德国	106 175*	3.2	n/a	6.7	19	66.3
9	→	CVS 健康	美国	83 989	5.8	n/a	5.1	2	0.8
10	→	乐购(Tesco)	英国	82 799	11.3	2.0	0.1	8	20.9

注:2018 财年:2018 年 7 月 1 日至 2019 年 6 月 30 日
资料来源:Deloitte.《2020 全球零售力量》(Global Powers of Retailing 2020)

表 4.2　德勤《2020 全球零售力量》2018 财年全球 250 家零售商细分零售领域情况

类别	数量	平均零售额收入/100万美元	数量占比/%	收入占比/%	境外收入占比/%	平均运营国家数	单个国家运营占比/%
前 250 强	250	18 976	100.0	100.0	22.8	10.8	35.2
服装及配饰	39	11 823	15.6	9.7	38.5	29.9	17.9
快消品	136	23 187	54.4	66.5	21.5	6.2	39.7
耐用品和休闲品	54	16 627	21.6	18.9	22.2	9.5	35.2
多元化商品	21	11 028	8.4	4.9	11.4	8.5	38.1

资料来源:Deloitte.《2020 全球零售力量》(Global Powers of Retailing 2020)

服饰和配饰方面,受电子商务增长和购物体验的持续优化,行业保持稳定增长。2018财年,服装和配饰行业收入增长4.7%,综合净利润率为8.3%,较2017财年提升2.3个百分点,资产回报率9.4%,较2017财年提升1.6个百分点,海外业务收入占到总收入的38.5%,但服饰和配饰行业收入仅占到全球零售(250家零售商)总收入的9.7%。其中,TJX、LVMH、Indites、梅西百货和H&M是2018财年该领域营收最佳的公司,零售收入均突破了200亿美元。

快速消费品方面,价格战持续导致零售商之间的竞争加剧,人力成本上涨致使总成本攀升,同时更多的企业投身数字化营销。2018财年,136家快消品零售商总收入增长3%,总收入占到250家零售商总收入的66.5%,平均收入为232亿美元,但同时快消品盈利水平较低,其综合净利润率为2%。

耐用品和休闲品方面,受消费支出增长推动,保持稳定增长势头。2018财年54家耐用品和休闲品零售商平均收入为166亿美元,收入总额增长7.3%,占到250家零售商总收入的18.9%,其中,亚马逊、家得宝(Home Depot)、劳氏(Lowe's)和京东的年收入最高,均超过500亿美元。耐用品和休闲品在2013—2018财年间的复合年增长率和年收入平均增长率在所有细分领域中最高,分别为7.3%和8.2%。

多元化商品方面,2018财年21家多元化商品零售商收入增长6.2%,平均收入为110亿美元,21家公司中有16家公司实现盈利,其中,阿里巴巴、新世界、Liberty Interactive的营收增长超过30%。

2013—2018财年,德勤公司评选的50家发展最快的零售商(Fastest 50)的复合年增长率为19.4%,远高于全球250家零售商平均增速。大力关注电子商务,积极打造消费者服务及配送网络是零售收入强势增长的关键驱动因素。印度零售商Reliance Retail从2017财年的第6位跃升至2018财年的第1位,其2013—2018年收入的复合年增长率为55.8%,美国家居用品零售商Wayfair的排名也从2017财年的第4位上升至2018财年的第2位,复合年增长率为49.2%,其次则是唯品会和京东。50家发展最快的零售商(Fastest 50)中,一半以上是快消品零售商,耐用品和休闲品零售商则占到四分之一(表4.3)。

(三) 全球消费活动受新冠疫情影响呈现差异化

市场研究公司Euromonitor预测,疫情之下,全球经济前景将陷入深度衰退,消费活动受到重大影响。2020年全球消费支出将同比下降4.3%(2019年增长2.4%)。新冠疫情导致全球经济衰退,由于失业和投资收益下降,2020年可支配总收入将比上年实际下降3.7%(2019年增长2.6%)。尽管消费者削减开支,禁足和自我隔离促

表 4.3 德勤《2020 全球零售力量》2013—2018 财年全球前 20 位发展最快的零售商

发展增速排名	TOP 250 排名	企 业	地 区	2018 财年零售收入/100 万美元	主要运营模式	2013—2018 财年零售收入年均复合增长率/%	2018 财年零售收入增长率/%
1	56	Reliance Retail	印 度	18 515	超 市	55.8	88.4
2	154	Wayfair	美 国	6 779	无店铺	49.2	43.6
3	87	唯品会	中 国	11 855	无店铺	47.8	8.4
4	15	京 东	中 国	62 875	无店铺	44.1	25.4
5	241	A101 Yeni Magazacilik A.S	土耳其	4 129	折扣店	43.6	41.6
6	207	Action Nederland BV	荷 兰	4 974	折扣百货店	29.6	23.3
7	175	JD Sports	英 国	6 065	其他专营	28.0	50.8
8	166	Zalando SE	德 国	6 356	无店铺	25.0	20.0
9	17	Albertsons	英 国	60 535	超 市	24.7	1.0
10	48	Dollar Tree	美 国	22 823	折扣店	23.8	2.6

资料来源：Deloitte.《2020 全球零售力量》(*Global Powers of Retailing 2020*)

使消费者囤积食品及饮料，使得食品和非酒精饮料将成为唯一一个在 2020 年实现正增长的类别。

相比食品零售业，2020 年奢侈品、服饰和鞋类、个人配件和眼镜等零售行业却面临更大的压力（图 4.1），预计全球奢侈品消费降幅最大（−18％），个人配件（−13％）、服装和鞋类（−11％）和眼镜（−8％）也都将在 2020 年遭受巨大损失。与此同时，随着中国中产阶级、千禧一代、Z 一代（1995—2010 年之间出生的人群）消费需求的恢复以及数字零售的持续推进，个人奢侈品或将出现较快的复苏。

消费者在预期长期停业的情况下囤积生活必需品。疫情之下，包括药店、药剂师/药房、仓储式大卖场和大宗商品销售商在内的食品、家庭必需品和药物零售通常保持开放。例如，2020 年 3 月好市多（Costco）和山姆俱乐部（Sam's Club）等仓储式卖场全球门店客流量急剧增加。许多零售商店推出了新措施来保护购物者和管理需求。例如好市多（Costco）和连锁药店 Boots 减少开放时间，为老年人和有健康状况的人提供专门的购物时间，限制购物者的数量，限制消费者一次可购买的物品数量，并设置高需求商品的退货限制，鼓励消费者在线下单，暂时限制网上购买非必需品，以及提供无接触配送等。

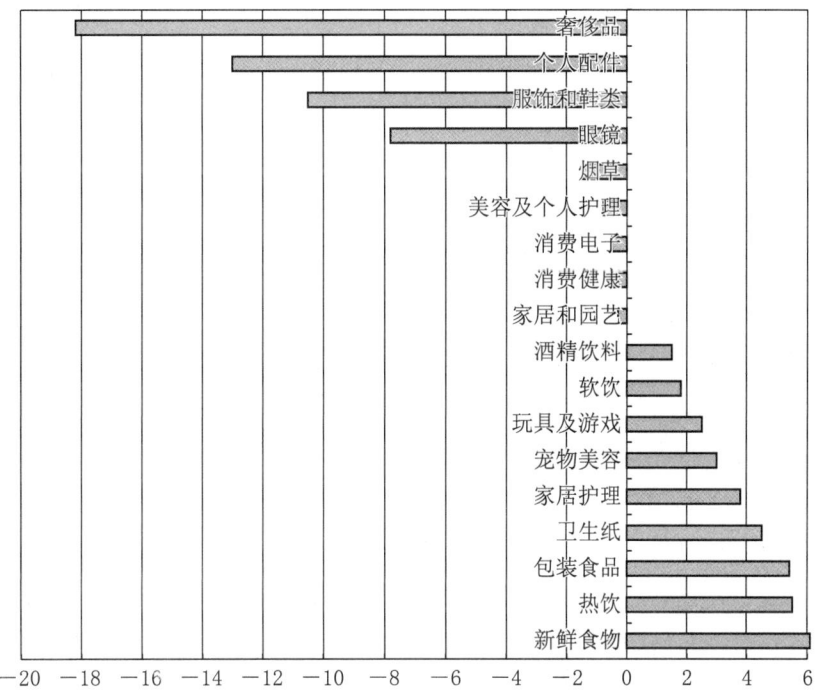

图 4.1 2019/2020 年全球各零售品类销售额增长率比较预测

资料来源：Euromonitor

非必需品零售寻求出路。各国政府纷纷要求关闭非必需品商店的形势下，非必要品零售商，如百货公司、服装和鞋类专业零售商，以及休闲和个人用品专业零售商，纷纷求助电子商务和公关，以度过危机。如台湾 AR 公司 PerfectCorp 为美妆品牌提供虚拟现实和增强现实工具，其 YouCam 化妆应用程序提供虚拟化妆品试用；社交媒体网站 Pinterest 推出新商家功能，允许会员品牌上传产品清单，并可优化广告服务。还有许多非必要品零售商推出了社区或慈善战略。例如，奢侈品牌路易威登（LVMH）将部分香水设施用于生产洗手液，并将其捐赠给政府卫生机构。由于医疗用品短缺和消费需求疲软，许多服装品牌将自己的工厂用于生产医疗设备。例如，法国的 Kering 集团和西班牙的 Grupo Inditex 等开始生产医用口罩。日本 7-Eleven、伊藤洋华堂、全家、罗森、永旺（Aeon）在内的 7 家日本便利店与大卖场被认定"指定公共机关"，协助日本政府进行救灾，如日本永旺（Aeon）公司的防灾据点店铺至 2020 年扩增至 100 家。

疫情推动提货和送货模式创新。疫情加速了在线购物量，最后一英里（1.6 千米）送货成了需求和服务焦点。路边取货（Curbside pickup）成为新主流选择，同时更多的零售商采用直通（drive-thru）模式。零售商正在探索更多的提货选择，以控制及降低送货成本。截至3月下旬,全球四分之一的联网消费者(connected consumer)将点击提货(click and collect),即"线上购物,线下提货"视为一项重要的交付功能。零售企业积极与物流企业搭建配送战略合作,参与防疫保障。例如,疫情期间,英国领先的食品零售商玛莎百货通过与外卖公司Deliveroo合作,从而加强并扩大了其送货服务。

强者更强。在线巨头亚马逊(Amazon)和阿里巴巴(Alibaba)在2019年占据全球电子商务市场三分之一的份额,在新冠疫情暴发期间,实体商店的关闭扩大了这些零售巨头的统治地位。许多零售企业已经宣布大规模裁员和休假。例如,美国百货连锁店梅西百货(Macy's)、服装和鞋类专业零售商Gap宣布无薪休假。与此同时,亚马逊(Amazon)等拥有大量电子商务需求及前景的零售商则打算雇佣更多的员工以满足消费需求。市场研究公司Euromonitor数据显示,亚马逊新雇了17.5万名新员工,亚马逊消费者支出较2019年同期增长了35%。2020年6月22日至6月28日这一周,消费者在亚马逊(Amazon)和沃尔玛(Walmart)支出同比分别增长65%和5%。这些巨头们将从当前的公共卫生危机中走出来,变得更加强大,重塑零售业的格局。

(四)技术驱动未来零售

供应链、新兴技术及新消费习惯等,作为基本领域,正在定义新零售。全渠道购物成为一种新常态,从根本上优化供应链,在设计供应链网络时采用更灵活的方法,以实现真正的全渠道体验。在"未来商店"中,驻留感应、射频识别、数据湖等收集和连接技术以提供无缝客户体验正成为未来零售成败的关键技术。在新冠病毒大流行期间形成的新的消费行为将随着持续时间的延长而成为习惯。尽管存在不确定因素,零售业未来将出现初步变化。

零售业加速数字化。受疫情影响,零售业正在加速转型线上营销,增加配送能力,借助数据分析、人工智能、机器学习和流程自动化,推动传统线性供应向智能化、可扩展、可定制和灵活的数字供应网络转变。尤其在疫情中,线上成为主消费阵地。越来越多的零售企业将零售业务与电商平台、直播、短视频、小程序等线上服务相结合,加速O2O转型。数字营销快速在商家与购物者之间实现联系。企业通过数字平台、数字广告、数字优惠券等提升营销能力,提供商品销售、服务预约、货物取送、在线支付等,数字平台也成为加强售后的一种策略。

非接触式服务需求增长,消费者更多地选择非接触式卡和移动支付,推动在线营销、无人商店、无接触支付快速发展。疫情遏制措施正迫使许多国家关闭销售展厅,增加对全面有效的网上购买流程的要求。生产商和经销商通过建立直销平台,送货到家,优化了采购流程,建立真正的端到端在线销售渠道。无人零售商店异军突起,如亚马逊的 Amazon Go 等,应用了机器视觉技术、深度学习算法、生物识别、传感技术等。Euromonitor 公司 2020 年数字消费者调查显示,截至 2020 年 3 月下旬,22% 的受访消费者使用数字钱包在实体店购买过至少 1 种产品。未来,消费者将会进一步加深这种消费习惯,即使在疫情封锁限制放松之后,这种习惯也可能会长期存在。

人工智能增加零售的自动化和个性化的体验。德勤表示,超过三分之一的主要品牌正在使用人工智能改善业务。先进的分析技术发挥越来越大的作用,参与预测和应对需求。面部识别技术帮助了解客户偏好,追踪位置,实施统计,甚至用于防止偷窃,以及通过跟踪顾客常驻或最先去的区域,实施引导消费的商店布局等。语音识别技术则可用于商品搜索,及基于语音控制的可穿戴设备通信等。增强和虚拟现实技术用于优化购物体验,如移动应用程序中的增强现实技术产品虚拟试用。丰田公司就推出了增强现实程序,顾客可虚拟试用 10 辆车。此外,虚拟现实可用于商店的可视化和设计,实施商店布局测试。机器人技术应用大幅增长,以减少人与人之间的互动。例如,配送公司使用自动驾驶车辆向客户派送外卖订单。供应链加速自动化,零售商将机器人和人工智能进一步嵌入供应链中,加速分配和交付。5G 将使零售运营和供应链更快,支持零售进一步向移动设备迁移。

数字零售优势在疫情结束后将持续。根据 Euromonitor 的报告,截至 2019 年,全球 13% 的商品通过网络销售,高于 2014 年的 6%。新型冠状病毒的流行正加速数字平台使用,如 Euromonitor 2020 年数字消费者调查显示,有 51% 的韩国联网消费者在 2020 年 3 月通过智能手机购买食品和饮料。目前,全球 50% 食品和饮料零售通过移动应用程序完成。虽然未来消费者将继续光顾实体杂货店,但随着消费者对在线购买使用量的增加,消费将出现长期变化,食品杂货总支出的一部分或将永久性地从实体渠道转移到数字渠道。调查还发现,目前至少有三分之一的联网消费者愿意与机器人互动。机器人可应用于整个零售生态,鉴于新冠疫情蔓延加剧,企业正在纷纷探索使用仿人机器人来消除交易中人与人之间的接触。

二、主要国家和地区零售业发展动态

(一)美国

1. 零售行业基本保持增长,受疫情短时影响

美国商务部数据显示,2019 年第四季度,美国零售业销售额估计接近 1.5 万亿

美元。2019年,美国零售总额增长3.4%,略低于2018年的4.7%。其中,电商渠道占零售总额的11%,高于2018年的9.9%,电商渠道销售额增长14.9%,快于2018年13.6%的增速。

据市场研究公司Statista预测,2020年美国零售市场规模将会下降,由于新冠疫情,预计2020年零售额将降至4.89万亿美元。此后将持续增长,2024年美国零售总额预计将达到5.94万亿美元(表4.4)。

表4.4 美国零售额趋势及预测

年份	零售额/万亿美元	年份	零售额/万亿美元
2024*	5.94	2017	5.07
2023*	5.74	2016	4.82
2022*	5.55	2015	4.7
2021*	5.33	2014	4.63
2020	4.89	2013	4.53
2019	5.47	2012	4.35
2018	5.32		

注:*为预估值
资料来源:Statista

疫情对美国零售产生短时影响。2020年5月,美国零售业销售额较2019年同比下降了6.1%,但环比实现增长17.7%,从4月创纪录的14.7%的跌幅中恢复过来,好于8%的增长预期,这也是有史以来最大的增长(图4.2)。美国人重返工作岗位,许多商店在针对新冠疫情的封锁措施后重新开张,环比增幅最大的是服装店(188%),其次

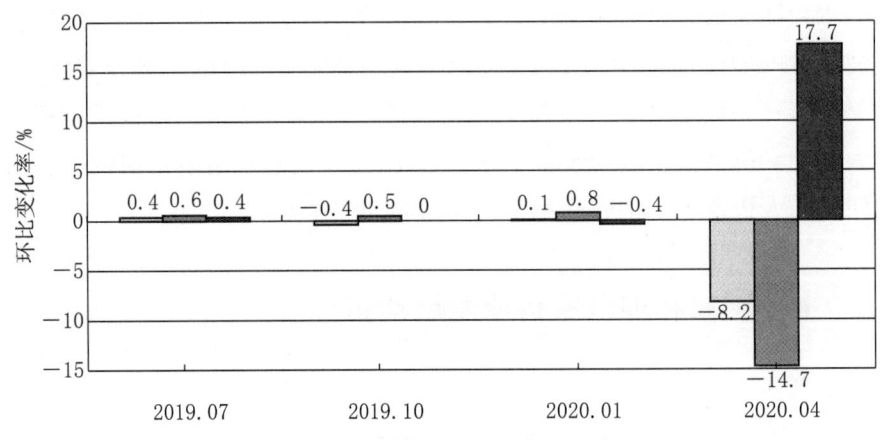

图4.2 美国零售额环比变化情况

资料来源:Tradingeconomics

是家具店(89.7%)、体育用品/业余爱好用品/乐器和书店(88.2%)、电子电器商店(50.5%)、汽车(44.1%)、餐饮服务场所(29.1%)、杂货店(13.6%)和加油站(12.8%),在线零售额则增长9%。此外,2020年3、4、5月的3个月的零售额,比新冠疫情大流行前3个月(截至2020年2月)下降了12.7%。

2020年3月,美国零售联合会(National Retail Federation)预测,美国2020年第三季度营收也将损失4 300亿美元,新冠病毒大流行期间,至少有63万个非必需品零售店关闭,如美国购物中心运营商Simon就关闭了200多家购物中心。

美国在线零售增势显著。美国商务部数据显示,在2019年第四季度的总体零售业销售额1.5万亿美元中,电子商务的贡献超过1 870亿美元,零售业电商渠道销售同比增长16.4%。BigCommerce和Shopify等电商平台解决方案提供商以及亚马逊在未来几年内搭建在线渠道的作用可能会进一步扩大。虽然电子商务是零售商的主要增长动力,但电子商务以外的零售额占2019年销售额的89%,显示线下零售仍然是最大的销售渠道,全渠道因而是商家成功的关键。例如,亚马逊等电商零售商,以及Stripe等支付服务商一直在进军实体店。

2. 数字业务增强企业抗压能力

2019年,全美最大的零售商排名第1~4位分别是沃尔玛、亚马逊网站、克罗格公司和开市客(表4.5)。

疫情之下,强大的运营能力和灵活性是零售商最有可能渡过难关和快速复苏的特征之一。疫情期间,沃尔玛(Walmart)借助其多样的门店形式和强大的数字业务能力,在新冠病毒传播初期在美国的总销售额至少增长了10%。在实体店客流量下降的同时,沃尔玛的购物者在每个订单上的花费却增加了16.5%,2020年一季度网上销售大幅增长74%。沃尔玛还投入巨资维持门店和电商业务,花费了约9亿美元用于支付员工加薪、奖金以及招聘约23.5万名新员工。沃尔玛庞大的门店网络和充分的电商经验,与销售杂货的传统超市相比显现出明显优势。亚马逊2020年一季度收入也增长了26%。亚马逊表示疫情期间预计将投入约40亿美元,用于包括雇佣主要在仓库和配送中心工作的17.5万名新员工,并临时提高工人的基本工资,以及提高包裹配送支出等。

市场研究公司Coresight Research调查发现,在美国传统超市运营商中,排名第3位的克罗格(Kroger)在线销售额最高。Kroger公司专注于餐食套件和其他膳食解决方案,2020年3月起,克罗格(Kroger)增加了10万名补充劳动力,以应对店内销售和配送压力,并提高了员工奖金。为保证安全,克罗格(Kroger)将部分商店改为只能

表 4.5 2019 年前 20 位美国零售商排名

排名	企业	2019年美国零售额/10亿美元	美国零售额变化(2019年与2018年对比)/%	美国零售额的全球比重/%	2019年美国零售店数	美国零售店数量变化(2019年与2018年对比)/%
1	沃尔玛 Walmart	399.80	2.60	76	5 355	1.70
2	亚马逊 Amazon.com	193.64	20.90	77	564	8.50
3	克罗格 The Kroger Co.	122.28	1.40	100	3 003	−1.00
4	开市客 Costco	111.75	9.30	73	542	3.60
5	沃博联 Walgreens Boots Alliance	104.53	6.20	76	9 168	−3.00
6	家得宝 The Home Depot	102.17	4.10	92	1 973	0.20
7	CVS Health Corporation	88.51	5.10	100	9 909	−0.30
8	塔吉特 Target	77.13	3.60	100	1 868	1.30
9	劳氏 Lowe's Companies	65.51	1.90	91	1 727	−0.70
10	艾伯森 Albertsons Companies	62.41	3.40	100	2 258	−0.10
11	苹果 Apple Store/iTunes	53.99	9.20	88	271	0.00
12	阿霍德德尔海兹 Ahold Delhaize USA	44.81	2.30	59	1 973	0.80
13	麦当劳 McDonald's	40.41	4.90	40	13 846	−0.50
14	百思买 Best Buy	40.04	2.20	92	995	−2.00
15	大众超级市场公司 Publix Super Markets	38.13	5.30	100	1 479	2.40
16	TJX Companies	31.48	5.90	76	3 247	4.50
17	奥乐齐 Aldi	31.12	8.10	29	2 586	7.00
18	多来电 Dollar General	27.75	8.30	100	16 368	5.80
19	H.E.Butt Grocery	26.00	7.50	94	333	−0.60
20	梅西百货 Macy's	24.44	−1.80	100	780	−10.00

注:1. 营业总额计算周期为 52 周,Albertsons Companies 2019 年营业额计算周期为 53 周

2. Walmart 零售额包括 Walmart 和 Sam's Club

3. Amazon 零售额除去 AWS

资料来源:美国零售联合会(NRF)

提取网上订单的供应点,商店的布局则更易于保持社交距离。Kroger Delivery Kitchen 服务与第三方餐食供应商 ClusterTruck 合作,在 Kroger 商店内经营厨房,提供餐食自取或配送服务。此外,克罗格(Kroger)还推出了"远程营养"服务。

开市客(Costco)则持续专注加强客户便利服务。例如,其与杂货配送平台 Instacart 合作食品和日常用品配送,并在近期增加了处方药的配送,以及扩大了配送范围。开市客(Costco)还斥资 10 亿美元收购了家具、电器和大宗商品配送和安装服务供应商 Innovel Solutions,此举被视为开市客增加电子商务销售能力的一种方式。

3. 美国零售行业并购交易全球首位

根据毕马威公司 2019 全球消费与零售并购趋势(Global M&A C&R trends 2019)数据,美国的并购活动依然强劲。数据显示,2018 年全球消费与零售业并购交易中,美国所占份额最大,分别占到全球消费与零售并购交易量的 20% 和交易总额的 36%。美国零售业公司非常注重投资组合优化,部分原因来自品牌竞争,这些大型企业持续专注于投资品牌资产,加快中小企业品牌并购交易,以加速创新,增加市场份额和实现非核心资产剥离。

2019 年,美国零售行业并购投资占美国并购总投资额的 24%,并购金额为 278 亿美元,较 2018 年下降 28%,并购交易量下降了 19%,全年共有 465 宗交易。2019 年最大的零售交易是 LVMH 以 162 亿美元收购 Tiffany & Co.,这一交易占 2019 年零售行业并购总投资的 58%。由于 Tiffany & Co.-LVMH 的巨额交易,使得 2019 年下半年平均交易规模增加了 220%(表 4.6)。

表 4.6 2019 年美国零售行业并购情况

	2019 年	2019 年较 2018 年增减率/%	2019 年 2 季度较 1 季度增减率/%
总交易额/亿美元	278	−28	220
总交易量	465	−19	−13
平均交易额/100 万美元	252.3	−5	220

资料来源:PWC

4. 推出大规模战略性刺激消费措施

美国新冠疫情的不确定趋势,导致美国人缩紧消费开支。根据密歇根大学消费者信心指数显示,2020 年 4 月和 5 月美国消费者信心指数大幅下滑,6 月反弹至 78.1 后,7 月又再次下滑至 73.2,同时 2020 年下半年经济前景的预期指数环比也下滑至 66.2。2020 年 4 月,美国消费者支出环比下跌 12.6%。

因此，美国推出了大规模的消费促进措施。自疫情暴发以来，美国推出了规模约3万亿美元经济刺激方案，远远超过2008年金融危机7 000亿美元的经济刺激计划。经济刺激计划部分用于资助中低收入群体，补贴失业救济等，包括年收入低于7.5万美元的个人和年收入15万美元以下的夫妇可获得1 200美元的支票，抚养17岁以下子女则可获得额外每位子女500美元的补助，失业者每周每人则可获得额外的600美元失业救济金，约占总规模的30%。

受经济刺激补助，以及部分复工复产，5月消费者支出环比增长8.2%。此外，根据摩根大通的一份调查报告显示，每月领取600美元失业救济的人群，其消费比疫情前增长10%，甚至各类补贴总额比工作时赚得更多，预计该补助计划到期的话，消费者支出会快速下滑。

美国部分经济学家呼吁美国能根据失业率等特定经济指标发放刺激性补贴，提振消费支出，直到经济实现复苏。第一轮经济的现金派放帮助了许多人挺过了前期的难关，但是经济救助停止后，个人收入预计还是会将继续下滑。截至2020年7月，美国准备启动研究新一轮经济刺激方案。

（二）日本

1. 各零售渠道受疫情影响差异较大

据市场研究公司Statista测算，2019年日本零售总额约为145.05万亿日元，高于2018年的约144.97万亿日元。预计日本零售额在2021年和2022年分别同比增长1.20%和1.40%。

为缓解公共债务负担，日本自2019年10月上调消费税，由8%上调至10%，对日本经济产生巨大的影响，直接导致消费者缩减开支。日本2019年10月零售销售环比下跌13.7%，创2002年以来最大环比跌幅。为了缓解消费税上调引起的负面影响，生鲜果蔬、鱼肉类、饮料等商品依然维持8%的消费税率，同时还推出了2.3万亿日元的临时措施，例如发放商品优惠券，信用卡结算返点，以及购置住房和汽车时的税收减免等。

受新冠疫情影响，日本零售业自2020年3月起连续下滑。2020年5月，日本零售业销售额同比下降12.3%，较4月修正后下滑13.9%幅度略有缩小，是日本零售贸易连续第3个月同比下滑。但5月零售额环比增长2.1%，为3个月来首次增长（图4.3、4.4），其中普通商品（−34.9%）、织物、服装和配件（−34.3%）、汽车（−35.2%）、机械和设备（−5.8%）、燃料（−28.6%）等销售环比持续下滑。相比之下，食品和饮料的销售额持续增长（2.2%）。

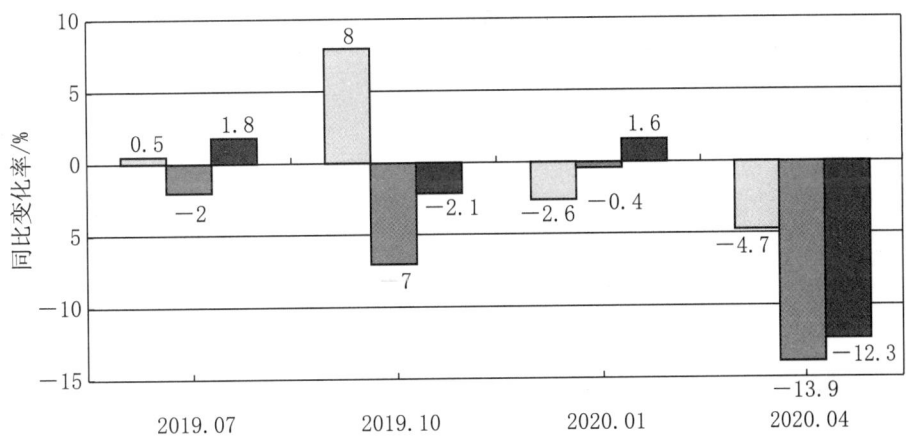

图 4.3　2019 年 6 月至 2020 年 5 月日本零售业销售额变化

资料来源：Tradingeconomics

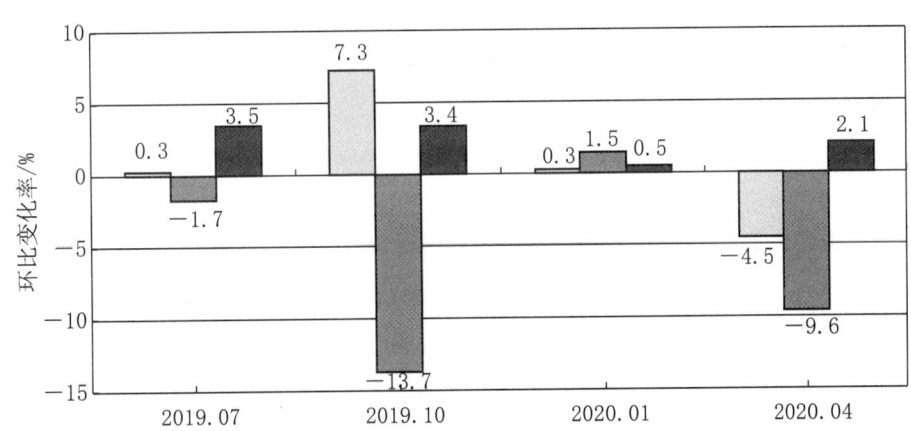

图 4.4　2019 年 6 月至 2020 年 5 月日本零售业销售额变化

资料来源：Tradingeconomics

不同零售业态受疫情影响差异较大。日本零售药店销售额始终保持较稳定增长，2020 年 5 月销售额同比增长 6.4%，家居用品店（如日用品、装饰品、DIY 用品、园艺用品、床品、办公用品、汽车及户外用品等）、超市的零售额自 2020 年 1 月以来也基本保持增长走势，家居用品店、超市 2020 年 5 月销售额分别同比增长 11.2% 和 6.9%。日本大型百货公司零售额自 2020 年 1 月起则持续走低，2020 年 5 月销售额同比下降 13.4%。日本大型百货公司销售额数据显示，受疫情影响，各百货公司 2020 年 3 月以来营收持续下降。其中，6 月，松屋、大丸松坂屋和阪急阪神百货店销售额分别同比下滑 35.8%、25.8% 和 22.5%，三越伊势丹、西武百货、高岛屋也分别下滑 16% 至 18%（表 4.7）。

表 4.7　2020 年 3—6 月日本各大百货商店销售情况

商　店	同比增长率/%			
	2020/06	2020/05	2020/04	2020/03
松屋银座本店	−35.8	−91.9	—	−40.3
三越伊势丹	−18.0	−74.3	−78.2	−33.4
高岛屋	−16.3	−62.8	−74.6	−35.0
大丸松坂屋	−25.8	−71.6	−76.9	−41.3
阪急阪神百货店	−22.5	−69.5	−80.5	−38.0
近铁百货店	−13.5	−55.3	−64.6	−29.3
Sogo 西武	−18.0	−66.3	−78.2	−33.4

资料来源：Nippon Num

2. 零售企业发展强势，便利店加速拓展海外市场

入选德勤《2020 全球零售力量》的日本零售企业共 29 家，2018 财年平均零售额 110.17 亿美元，海外营收占 15.2%，这 29 家企业的零售总额占全球 250 家零售企业销售总额的 6.7%。其中，永旺株式会社（Aeon Co.，Ltd.）位居第 13 位、Seven & i Holdings 位居第 19 位，是除京东以外为数不多的挤入前 20 位的亚洲企业。

日本零售业涵盖了从大型购物中心到便利店的以商店为基础的各种销售渠道。目前，永旺株式会社（Aeon Co.，Ltd.）、便利店连锁店 7-Eleven 的母公司 Seven & i Holdings 以及优衣库母公司 Fast Retailing 公司是日本排名前 3 位的零售企业，3 家企业 2018—2019 财年（2018 年 3 月至 2019 年 2 月）零售市场份额为 28.5%（表 4.8）。

表 4.8　日本零售业排名及市场份额情况（2018—2019 财年）

企业名	销售额/亿日元	市场份额/%
AEON	85 182	13.9
Seven & i	67 912	11.1
FAST RETAILING	21 300	3.5
YAMADA DENKI	16 005	2.6
PPIH	13 288	2.2
三越伊势丹	11 968	2.0
RETAILING	9 268	1.5

续表

企业名	销售额/亿日元	市场份额/%
高岛屋	9 128	1.5
TSURUHA	7 824	1.3
Welcia	7 791	1.3

注：2018—2019 财年为 2018 年 4 月 1 日至 2019 年 3 月 31 日

资料来源：Gyokai Search. コンビニ業界の現状と動向（2019 年版）

三家便利店巨头主导日本便利店市场。截至 2019 年 3 月末，日本国内的便利店数量约 58 393 家。目前，日本便利店市场主要被 3 家零售连锁店占据，分别是 7-11、全家和罗森公司，占据近 95% 的市场份额。

日本便利店行业在国内市场饱和的情况下，各便利店纷纷以东南亚为中心加速向海外发展。截至 2019 年 12 月末，7-11 便利店在日本国内共有 20 988 家店，亚洲 36 261 家，美国、加拿大和墨西哥共 11 829 家，澳大利亚 708 家，欧洲 409 家，中东 12 家，全世界合计 70 207 家。全家以中国台湾、中国大陆、泰国等东南亚为中心，截至 2019 年 12 月已经拥有国内 16 558 家、海外 7 794 家店铺。罗森同样以东南亚和中国为中心，截至 2019 年末，拥有国内 14 600 家、海外 2 892 家店铺，其中中国 2 629 家、泰国 130 家、印尼 71 家、菲律宾 60 家、美国夏威夷 2 家（表 4.9）。

表 4.9 日本便利店排名及市场份额情况

企业	销售额/亿日元	市场份额/%
7-11	37 729	70.0
罗森	7 006	13.0
全家	6 171	11.4
MINISTOP	2 053	3.8
山崎面包	574	1.1
POPLAR	260	0.5
Three F	119	0.2

资料来源：Gyokai Search. コンビニ業界の現状と動向（2019 年版）

3. 疫情下实施零售业扶持对策

疫情期间，针对包括零售业在内的经营实体，日本经济产业省推出了一系列扶持措施。根据日本内阁府的消费动向调查显示，2020 年 4 月日本消费者信心指数降至 21.6，创出历史新低，4 月底日本推出了紧急经济对策，每位日本国民可获得 10 万日元的"特别定额补贴",用于刺激消费市场。7月,日本实施了一项名为"Go To Campaign"的大规模消费补贴计划,拨出约1.7万亿日元预算,鼓励民众外出消费。此外,还推出了针对包括5人以下中小零售业主在内的特别贷款或融资贴息制度,以及为包括零售业在内的经营者提供持续经营支援金。日本政府还与手机支付软件等合作返积分红包的活动,民众可申领my number卡,绑定任何一个日本常见的电子支付方式,通过消费或充值获得最高5 000积分红包,由于只能绑定一种支付方式,部分电子支付平台还推出了增值奖励,进一步抢占支付市场(表4.10)。

表4.10　日本经济产业省针对新冠疫情推出的包括零售业在内的扶持措施

举措	对象	支援内容
利息补偿制度 (无息借贷)	因新冠疫情申请特别贷款的经营者,在特别贷款申请后的近3个月中的某一个月和上年或前年同月的销售额比较,满足以下条件的: ① 个体经营者主(仅限小规模):无条件 ② 小规模经营者(法人经营者):销售额减少15%的 ③ 中小企业者(除①②者):销售额减20%的 ※小规模的条件:批发业、零售业、服务业从业人员5名以下	【贴息】 ·期限:借款后最初3年 ·贴息上限:4 000万日元
经营持续化支援金	因新冠疫情受到重大影响的经营者 ① 月销售额比去年同期减少50%以上的经营者。 ② 2019年前即开始获得经营收入,今后也将继续经营的经营者。 ③ 法人企业的情况: (Ⅰ) 资本金或出资总额不足10亿日元,或 (Ⅱ) 常在员工数在2 000人以下的经营者	给予法人企业200万日元的支援,个人经营者100万日元的支援 ※但以较上年销售额减少的差额为上限 →销售额减少部分的计算方法: 上一年的总销售额(收入)-(较上年同期相比减少50%以上的月销售额×12个月)

资料来源:日本经济产业省

日本各地方政府也为零售企业提供特别支援。例如,长崎市为支持零售业和餐饮业,推出了"事业持续化支援金"的扶持项目,2020年3月至5月任意1个月的销售额相比2019年同期减少20%以上的零售店和餐饮店,可以获得期间任意1个月的销售减少额乘以3个月的补助额,上限额30万日元,还如冲绳市为零售业主提供了10万日元的一次性经济补助金,小樽市则为2020年3月到6月的任一个月的销售额同比减少了30%以上的零售业主提供10万日元的事业援助金,大船渡市为零售业主提供每个月10万日元、最多3个月的房租补贴等。

在一系列措施之后,日本消费者信心指数6月起回升,消费补助金发放后,显示一波报复性消费的增长,其中高附加值耐用品更为畅销,而汽车销售降幅在6月也有所放缓。

(三) 欧洲

1. 零售企业发展强劲,电子零售市场节节攀升

根据市场研究公司Veraart Research发布的欧洲零售指数,2019年,欧洲最大的零售商是德国的Schwarz公司,其2019年的零售额为1 040亿欧元,其次是德国的Aldi、法国的Carrefour。2019年排名前10位的欧洲零售商中,德国和法国企业分别占据4席,另有2家英国的零售商,平均零售额为587亿欧元(表4.11)。

表4.11 2019年欧洲市场十大零售商

排名	零售商	2019年营业额/10亿欧元	总部
1	Schwarz	104	德国
2	Aldi	76	德国
3	Carrefour	73	法国
4	Tesco	64	英国
5	Rewe	63	德国
6	Edeka	56	德国
7	Les Mousquetaires	41	法国
8	E.Leclerc	39	法国
9	Sainsbury	36	英国
10	Casino	35	法国

资料来源:Veraart Research

欧洲境内最大的零售电商是亚马逊,2019年的零售额321.85亿欧元,较2018年略有下降,其次是德国的Otto和德国的Zalando。(表4.12)新冠疫情推动网购激增后,亚马逊仅在英国的销售额就预计将增加20亿英镑。据预测,2020年英国电子商务销售额将从736亿英镑提升至789亿英镑,到2020年底,亚马逊在英国的销售总额预计将达到311亿英镑。德国时尚电商Zalando为应对疫情,除了加强线上销售以外,还全面优化营销和物流服务,预计2020年第二季度销售额将同比增长16%,经调整的营业利润为1.04亿欧元。

表 4.12 欧洲二十大零售电商

企业/排名		地区	主营业务	2019年欧洲在线营业额/100万欧元						总营业额/100万欧元	网络销售比重/%
				2014	2015	2016	2017	2018	2019	2019	
Amazon	1	美国	全品类除食品	24 230	25 600	28 650	30 400	33 744	32 185	32 185	100
Otto	2	德国	时尚	6 452	6 600	7 016	7 321	7 700	8 000	13 400	60
Zalando	3	德国	鞋类、皮革类及时尚	2 214	2 958	3 640	4 119	5 400	6 480	6 480	100
Tesco	4	英国	食品/全品类	3 533	3 675	3 661	4 748	6 385	6 160	51 337	12
Apple Inc	5	卢森堡	消费电子	3 750	4 000	4 200	4 770	5 613	5 500	55 604	10
Metro Group (Mediamarkt/Saturn)	6	德国	全品类	1 500	1 800	2 100	2 205	6 210	5 416	27.082	20
Sainsbury's	7	英国	食品/全品类	1 263	1 375	1 589	6 007	8 932	5 371	37 043	14
El Corte Ingles	8	西班牙	全品类					4 893	4 892	15 783	31
Dixons Carphone	9	英国	消费电子	1 240	1 340	1 382	1 560	2 125	3 120	13 002	24
Carrefour	10	法国	食品/全品类	1 800	1 850	1 860	2 278	2 954	3 100	21 000	15

资料来源：Veraart Research

2. 欧洲整体零售市场受疫情影响跌幅较大

根据欧盟统计局 Eurostat 统计数据，欧盟及欧元区零售贸易量和零售贸易额指数显示，2019 年 5 月至 2020 年 2 月，欧盟 27 国和欧元区 19 国零售行业保持平稳增长态势。2020 年 3 月起，受疫情影响，欧盟 27 国和欧元区 19 国零售量大幅下降（表 4.13）。

表4.13 欧盟27国及欧元区19国零售贸易量同比增长态势　　　　单位:%

时 间	欧盟27国	欧元区19国	时 间	欧盟27国	欧元区19国
2019.5	1.3	1.2	2019.12	2.2	1.9
2019.6	3.2	2.9	2020.1	2.7	2.2
2019.7	2.6	2.2	2020.2	3.1	2.6
2019.8	3.0	2.9	2020.3	−7.2	−8.3
2019.9	3.1	2.9	2020.4	−18.0	−19.6
2019.10	2.1	1.8	2020.5	−4.2	−5.1
2019.11	2.7	2.5			

注：欧元区19国(EA19)包括比利时、德国、爱沙尼亚、爱尔兰、希腊、西班牙、法国、意大利、塞浦路斯、拉脱维亚、立陶宛、卢森堡、马耳他、荷兰、奥地利、葡萄牙、斯洛文尼亚、斯洛伐克和芬兰。欧盟27国(EU27)包括比利时、保加利亚、捷克、丹麦、德国、爱沙尼亚、爱尔兰、希腊、西班牙、法国、克罗地亚、意大利、塞浦路斯、拉脱维亚、立陶宛、卢森堡、匈牙利、马耳他、荷兰、奥地利、波兰、葡萄牙、罗马尼亚、斯洛文尼亚、斯洛伐克、芬兰和瑞典
资料来源：欧盟统计局(Eurostat)

为防止新冠疫情蔓延，欧盟成员国纷纷采取了多种限制措施，要求关闭非必要零售商店，直接影响了整体零售交易。根据欧盟统计局(Eurostat)统计，2020年3月和4月的经季节调整后的零售贸易量分别环比下降了9.8%和11.4%，同比分别下降了7.2%和18%。

2020年5月起，欧盟各成员国陆续放松了疫情相关限制措施，当月经季节调整后的欧盟27国(EU27)零售贸易量环比增长了16.4%。细分商品方面，与2020年4月相比，欧盟2020年5月汽车燃料零售额环比增长31.9%，非食品零售贸易量环比增长30.2%，食品、饮料和烟草零售贸易量环比增长2.1%，纺织品、服装和鞋类零售贸易量环比增长了130.7%。尽管食品、饮料和烟草的销售水平以及超市的销售水平已经回到了2020年2月的水平，而对于许多非食品产品来说，与采取疫情相关限制措施之前相比，仍有较大差距，尤其是纺织品、服装和鞋类，5月的销售量仅为2月的一半左右。而与2019年5月同期相比，欧盟2020年5月汽车燃料零售贸易量则同比下降24.3%，非食品零售额同比下降6.9%，食品、饮料和烟草同比增长4.1%(表4.14、图4.5、表4.15)。

表4.14 欧洲零售贸易营业额指数(以2015年为基准100)

时间(月/年)	05/19	06/19	07/19	08/19	09/19	10/19	11/19	12/19	01/20	02/20	03/20	04/20	05/20
欧元区	107.7	108.8	108.3	109.0	108.8	108.7	109.7	108.6	109.5	110.3	98.6	86.7	102.1
欧盟	109.3	110.5	110.0	110.6	110.5	110.5	111.6	110.5	111.7	112.4	101.4	89.8	104.5

资料来源：欧盟统计局(Eurostat)

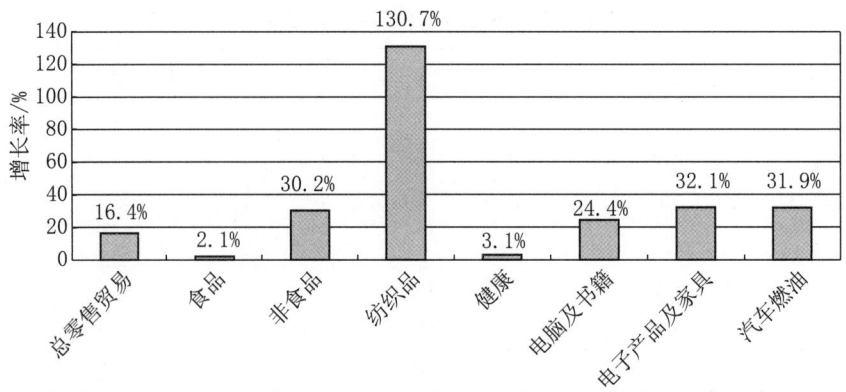

图 4.5 2020 年 5 月欧盟零售贸易量增长情况

资料来源：欧盟统计局（Eurostat）

表 4.15 欧盟零售贸易量环比同比增长情况

欧盟 EU27 国	增长率/%											
	2019.12		2020.1		2020.2		2020.3		2020.4		2020.5	
	环比	同比	环比	同比	环比	同比	环比	同比	环比	同比	环比	同比
总零售贸易	−1.0	2.2	1.1	2.7	0.6	3.1	−9.8	−7.2	−11.4	−18.0	16.4	−4.2
食品、饮料、烟草	−1.0	−0.1	0.9	1.2	2.3	3.7	5.0	8.6	−6.0	0.9	2.1	4.1
非食品类（除燃油）	−1.0	4.2	1.2	4.2	−0.1	3.3	−19.1	−16.3	−14.6	−28.7	30.2	−6.9
纺织品、服装、鞋类	−2.5	0.0	0.4	0.5	−0.8	−1.5	−54.2	−55.2	−51.5	−77.8	130.7	−47.5
电子产品及家具	−1.2	4.6	1.8	5.0	0.5	3.9	−23.9	−21.9	−14.2	−32.4	32.1	−9.8
电脑设备、书籍等	−1.5	3.2	2.2	4.3	−0.3	2.6	−26.7	−24.0	−20.2	−38.6	24.4	−23.0
药品及医疗品	−1.4	3.4	1.3	3.7	0.7	4.0	3.0	8.6	−14.9	−8.5	3.1	−6.3
邮政订单及网络	0.8	14.1	0.4	8.9	3.7	11.4	2.3	12.3	12.5	28.4	4.7	32.9
燃油专营	−0.2	−0.6	2.0	0.3	−1.2	−1.4	−23.5	−24.0	−25.8	−43.5	31.9	−24.3

注：欧盟 27 国（EU27）包括比利时、保加利亚、捷克、丹麦、德国、爱沙尼亚、爱尔兰、希腊、西班牙、法国、克罗地亚、意大利、塞浦路斯、拉脱维亚、立陶宛、卢森堡、匈牙利、马耳他、荷兰、奥地利、波兰、葡萄牙、罗马尼亚、斯洛文尼亚、斯洛伐克、芬兰和瑞典

资料来源：欧盟统计局（Eurostat）

与 2008 年金融危机时期相比，2008 年 1 月至 12 月，欧盟 27 国的零售总额指数下降了 1.8 个指数点，相比之下，2020 年 3 月和 4 月共下降了 22.6 个点。2008 年跌幅最大的是电子产品、书籍和类似物品，下降了 4.7 点，汽车燃料指数下降 2.2 点，纺织品指数下降 2.8 点。然而，2020 年的下降幅度要大得多。与前两个月相比，2020 年 4 月纺织品销售量指数共下降了 79.8 个点，汽车燃料指数下降 46.1 个点，计算机设

备、书籍、电器和家具指数则分别下降47.1和40.5个点。而与此同时,邮购和网络销售量却增长了24.4个点。

3. 欧洲各国实施经济及消费刺激政策

欧洲央行发挥了政策协调的作用,推出总额超过1万亿欧元的资产购买计划,面向银行的3万亿欧元优惠贷款,以及1 200亿欧元的经济刺激计划。欧洲多国通过扩大投资、贷款担保、工资补贴、降低增值税等方式避免危机造成结构性损伤,以及刺激消费。

欧洲多国也出台了多种针对受疫情打击较为严重行业的经济救助政策。例如,截至2020年7月,法国政府已经陆续推出5 000多亿欧元的经济救助计划,以及推出了为提振电动汽车消费的13亿欧元激励政策,主要用于购买电动汽车及以旧换新的补贴。德国政府则推出了7 500亿欧元的经济刺激计划,包括一项税率减免计划,即自2020年7月起6个月内将增值税税率从19%降至16%,低税率从7%降至5%。二是为有儿童的家庭提供补贴,每个孩子的父母一次可获得300欧元的补助。三是从2021年起,从联邦预算拨出一部分补助金,用于减少可再生能源附加费,此外德国还通过经济稳定基金向汉莎航空提供了90亿欧元救助。意大利宣布出台经济刺激措施,计划降低增值税,发放优惠券等,以刺激消费。西班牙政府也公布了一项37.5亿欧元的汽车消费刺激计划。

英国于2020年7月推出了300亿英镑的经济刺激计划,并制定了名为"夏季消费者信心运动"计划,拨款2 000万英镑鼓励民众到餐厅、酒吧、理发店、美容店等场所消费。此外,英国目前还未与欧盟达成"脱欧"后的贸易协议。2020年5月英国政府发布了新的关税计划,如果不能与欧盟达成协议,则该计划将于2021年1月1日起实施,意味着英国民众将面临更高的物价,同时也将影响英国商品在欧盟销售。根据该新关税计划,英国从欧盟进口食品的平均关税将超过20%,将有85%从欧盟进口的食品中将面临5%以上的关税,其中牛肉糜和黄瓜的关税分别将高达48%和16%。目前,英国大部分的食品主要从欧盟进口,而服装、家居用品和其他零售领域对欧盟的依赖也非常高。据悉,英国和欧盟将争取在10月前达成一项无关税、无配额的贸易协议。

三、零售业热点领域发展动态

(一)奢侈品零售

1. 全球奢侈品市场增长强劲

据欧睿国际(Euromonitor International)报告显示,截至2019年底,全球奢侈品销售额超过9 100欧元(约合超过1万亿美元)。2019年,中国大陆个人奢侈品市场价值为285亿美元,预计到2025年,中国消费者将占全球奢侈品市场的近50%(2019年为35%),中国香港、中国台湾个人奢侈品消费市场价值分别为90亿美元和69亿美元;日本和韩国是仅次于中国的个人奢侈品市场,其市场价值分别为308亿美元和127亿美元;其次则是新加坡、印度和泰国,市场价值分别为41亿美元、38亿美元和23亿美元(表4.16)。

表4.16　2019年亚洲部分国家和地区个人奢侈品市场价值

国家和地区	2019年市场价值/亿美元
中国大陆	285
中国香港	90
中国台湾	69
日　　本	308
韩　　国	127
新加坡	41
印　　度	38
泰　　国	23

资料来源:Euromonitor

2. 疫情致全球奢侈品市场萎缩

新冠疫情肆虐下,全球经济增长的不确定性,以及因疫情而发生的消费态度的改变,预计将导致全球奢侈品市场大幅萎缩。当前的形势下,奢侈品企业不得不重新定位经营策略,如转移生产线,生产基本医疗设备或防护用品等,在参与抗疫的同时积极维护品牌形象,而全渠道、人工智能、数字经营等正成为企业新形势下转型发展的重要战略。

Euromonitor公司调整了对2020年全球奢侈品市场的预期,由最初预计增长3%调整为预计下降18%。亚太地区,预计2020年中国大陆奢侈品销售下降22%,损失将达到680亿美元。Bain & Company预计,2025年中国大陆将占全球奢侈品市场的28%,高于2019年的11%。西欧作为全球最大的奢侈品牌集聚区,预计相关销售将经历最严重的萎缩,其中瑞士2020年奢侈品市场降幅预计将超过25%,法国和意大利市场预计将下降20%。美国奢侈品销售预计也将损失520亿美元。此外,全球因国际购物限制而造成的奢侈品销售损失将可能在760亿美元左右。对于旅游业十分依赖的奢侈品行业,由于国际游客流量的大幅下降,国际消费群体支出大幅缩减,或可能预见全球奢侈品市场的长期停滞。

Bain & Company 报告预计,全球奢侈品市场要到 2022 年或 2023 年才能逐步恢复到 2019 年的水平,2025 年可能将达到 3 200 亿～3 300 亿欧元。

3. 奢侈品在线市场快速增长

Bain & Company 报告显示,2019 年,奢侈品在线渠道销售实现了两位数的增长,疫情期间,网上购买奢侈品的数量一直在增长。

此前,2005 年至 2010 年全球奢侈品在线销售的年均复合增长率为 16%,2011 年至 2017 年间增速回落至 9%。当前,受数字消费习惯发展的影响,预计 2018 至 2025 年的年均复合增长率将再次回升至 16%,超过同期个人消费品市场 4% 的增速。到 2025 年,在线渠道预计将占据奢侈品市场份额的 30%。

未来,奢侈品品牌面临的挑战是需要保持品牌定位的同时,参与电子商务的发展,将传统的线下渠道与电子商务无缝结合,提供最佳的服务体验。

(二) 服装零售

1. 服装零售市场增长平稳

据市场研究公司 Statista 报告显示,2019 年,全球服装和鞋类零售市场规模为 1.9 万亿美元,预计至 2030 年将增长至 3.3 万亿美元。

另据市场研究公司 GlobalData 估计,2019 年全球体育休闲品市场增长 9%,达 4 140 亿美元,占服装和鞋类总市场的 19.9%,高于 2014 年的 17.6%,预计到 2023 年市场规模将达到 5 700 亿美元(图 4.6)。其中,美洲地区是最大的体育休闲品市场,占 39.9%,预计未来 5 年亚洲的消费市场将可能超过其他所有地区。

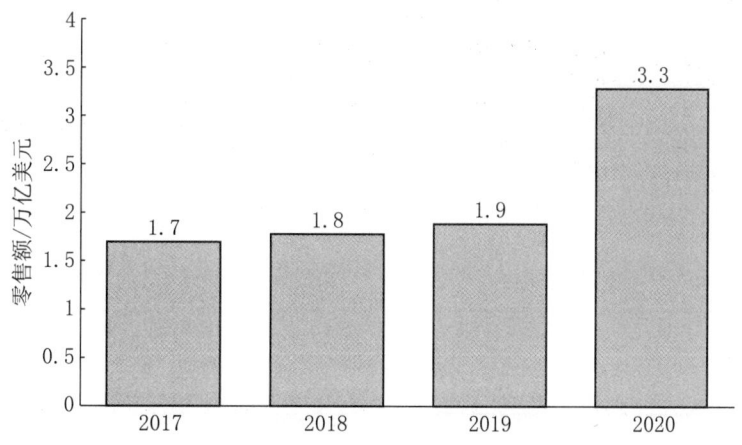

图 4.6 全球服装和鞋类市场零售额趋势

资料来源:Statista

2. 新兴零售模式正在兴起

数字工具和技术正在改变服装零售行业的格局,推动实现更强的影响力、更快的时尚、更高的折扣、更直接的营销模式和更快速的品牌扩张。全球范围内,网上购物的意愿持续增长。据德勤报告显示,目前多国消费者在线购买服饰的比重超过15%,其中巴西在线服装零售已经占到了39%,预计至2030年该比重还将大幅增长,其中印度预计将增长至68%。

新兴商业模式正在兴起。据德勤公司预计,服装定制服务到2030年将占到服装产业市场份额的10%到30%,基于3D打印等技术的全定制面料将可能成为主流。对于零售商来说,定制化服务能降低过度库存的风险。

此外,租赁、二手交易等新兴零售模式或将兴起。例如,在过去的5年,二手交易增速比整体服装零售增速快20多倍。预计至2023年,新兴零售模式将占到服务零售市场规模的9%,达到350亿美元,至2030年占比将进一步提升至10%~30%。

3. 服装零售市场受疫情重创,中国有望成为全球最大市场

根据市场研究公司GlobalData报告,疫情之下,2020年全球服装市场预计损失将高达2 970亿美元,较2019年下滑15.2%,受影响最严重的全球十大主要服装消费市场损失总计将达到2 530亿美元,占全球的85%。其中,美国遭受的损失最大,约占全部损失支出的42%,其次是意大利、英国、德国、日本、法国、中国、西班牙、俄罗斯和加拿大(图4.7)。2021年预计将看到反弹,服装消费支出将增长17.1%,但至2022年之前都很难恢复或超过2019年1.9万亿美元的市场规模水平。

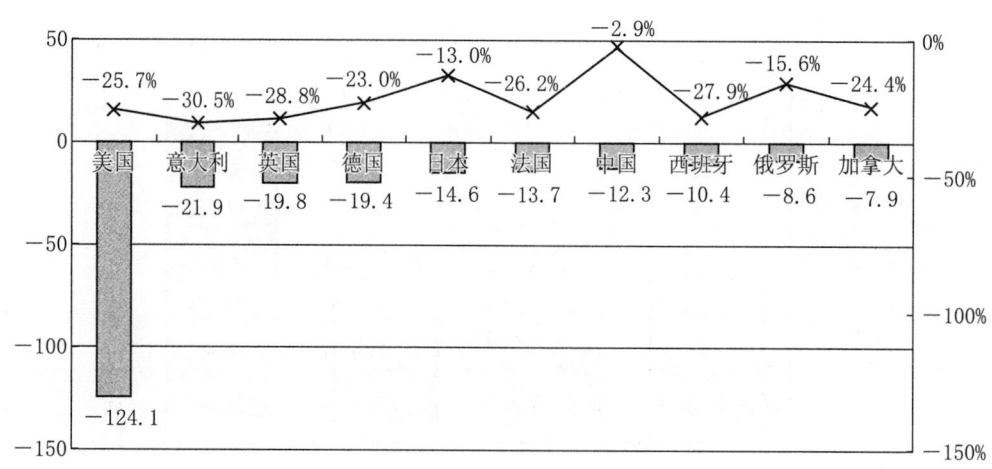

图4.7 受新冠疫情影响的十大服装市场

资料来源:Globaldata

到2023年,随着西方成熟市场的回落,包括中国、印度和韩国等在内的亚太地区发展中市场在全球服装市场中的地位将提升。GlobalData公司预计到2023年,中国将超过美国成为全球最大的服装市场(图4.8)。

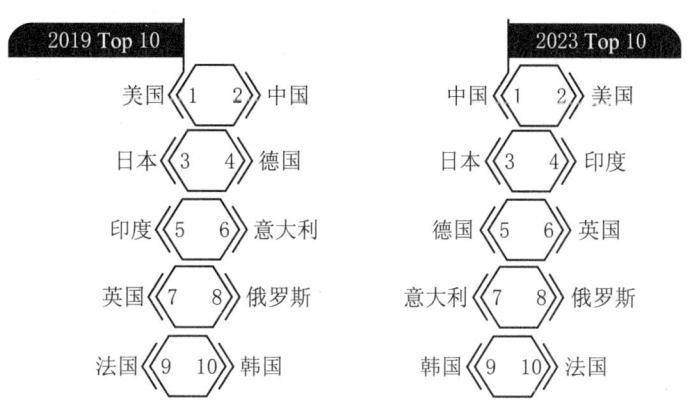

图4.8　2019年全球十大服装市场及2023年排名预期

资料来源:Globaldata

(三)快消品零售

1. 在线快消品零售快速增长

据市场研究公司Allied Market Research报告显示,2018年全球快消品(FMCG)销售额达到10.62万亿美元,预计至2025年全球快消品市场规模将达到15.36万亿美元,2018—2025年复合年增长率为5.4%。

快速消费品种类方面,食品和饮料将占据主要的市场份额,2018年相关市场份额占总市场的89%,预计在预测期内将持续占据主导地位,复合年增长率预计为5.3%;医疗保健部门的复合年增长率预计最高,为8.5%,主要归因于慢性病的出现和新兴技术应用的指数级增长;个人护理用品的复合增长率预计也将达到6%。

区域方面,2018年,亚太地区占据了主要市场份额,占总市场份额的三分之一以上,预计到2025年将保持领先,以8.0%的复合年增长率增长,而北美市场份额占总市场份额的约三分之一。销售渠道方面,便利店和大型超市占全球快速消费品市场总收入的一半以上,预计在预测期内将保持领先地位,复合年增长率预计为5.8%;快消品电子商务销售的复合年增长率预计将达到9.3%,其中社交媒体平台正极大地影响着消费者的购买行为。

另据Statista数据显示,2018年快速消费品在线销售占全球快速消费品(以下简称"快消品")总销售额的5.1%,预计至2025年将达到10%(图4.9)。

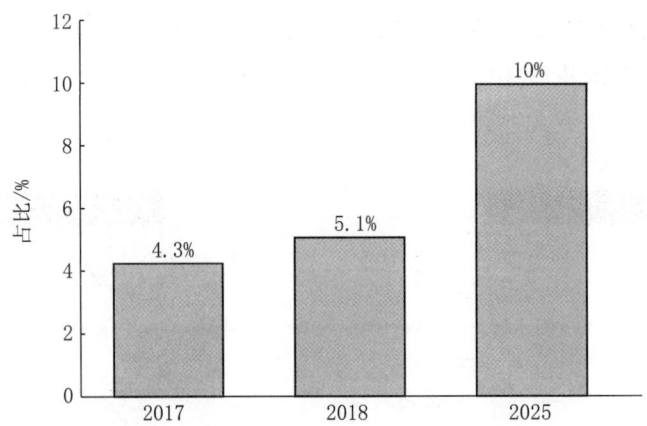

图4.9　2017—2025年全球在线快消品市场份额

资料来源：Statista

2.欧美企业领先快消市场

根据OC & C Strategy Consultants公司发布了"2019全球50强快速消费品公司"报告（THE FMCG GLOBAL 50 2019），全球前十位的快消品企业依次为雀巢、宝洁、百事、联合利华、百威英博、JBS、泰森食品、英美烟草、可口可乐和欧莱雅。2018年，全球前50名快消品企业的平均利润率达到18.2％。对于快消品品牌来说，保持领先消费趋势，调整品牌战略以满足不断变化的消费者需求，投资新兴行业，是持续推动市场有机增长和利润增长的重要因素。

从地域分布看，前二十大公司中，美国9家，法国2家，英国2家，荷兰2家，日本2家，瑞士、比利时、巴西、中国各一家。从增长速度看，前20大公司大部分保持正增长，只有联合利华、百威英博、可口可乐、达能、万州国际5家出现了负增长（表4.17）。

3.疫情拉动小型超市及新兴渠道市场发展

疫情期间，线下快消品市场出现了相当大的消费者流失。根据Kantar公司的调查，大型超市和卖场都面临着客流量减少的严峻挑战，渗透率分别下降了15％和12％，而小型超市和数字商务零售额却在增长。疫情确实给如位于居民区的小型超市带来了机会增长强劲。而像阿里巴巴、京东、拼多多这样的电商巨头也在积极加大调整物流和送货上门，新兴渠道的需求也在飙升，以盒马生鲜为首的新零售企业强劲增长，更多的消费者选择送货上门，疫情过后，非接触式送货等创新的解决方案，O2O交付的全渠道渗透预计也将继续得到更广泛的使用。从行业角度来看，快消品零售商比大多数人感受到了更大的压力，消费者需求大幅上升的同时，零售商需要努力补充货架库存，管理日益紧张的供应链，确保购物者和员工的安全，并遵守社会距离和卫生准则。

表 4.17　OC & C Strategy Consultants 公司 2019 全球二十大快消品公司

	公　　　司	国　　家	2018 财年销售额/亿美元	增长率%
1	雀巢(Nestle AG)	瑞　士	934.00	+2.1
2	宝洁(Procter & Gamble)	美　国	663.35	+2.8
3	百事(PepsiCo)	美　国	646.61	+1.8
4	联合利华(Unilever)	英国/荷兰	601.20	−5.1
5	百威英博(AB InBev)	比利时	546.19	−3.2
6	JBS	巴　西	490.44	+12.4
7	泰森食品(Tyson Foods)	美　国	400.52	+4.7
8	英美烟草(British American Tobacco P.L.C)	英　国	326.56	+25.2
9	可口可乐(Coca-Cola Company)	美　国	318.56	−10.0
10	欧莱雅(L'Oreal)	法　国	317.66	+3.5
11	菲莫国际(Philip Morris International)	美　国	296.25	+3.1
12	达能(Danone)	法　国	290.70	−0.6
13	喜力(Heineken Holding)	荷　兰	264.99	+4.0
14	卡夫亨氏(Kraft Heinz)	美　国	262.59	+0.7
15	亿滋(Mondelez)	美　国	259.38	+0.2
16	ADM(Archer Daniels Midland)	美　国	248.31	+10.9
17	万州国际(WH Group)	中　国	212.83	−0.1
18	三得利(Suntory)	日　本	203.83	+4.3
19	奥驰亚(Altria Group)	美　国	195.13	+0.5
20	日本烟草(Japan Tobacco)	日　本	189.74	+3.3

资料来源：OC&C Strategy Consultants THE FMCG GLOBAL 50 2019

四、主要企业发展动态

(一)亚马逊(Amazon)

1. 市值增长迅猛

亚马逊是目前全球第三大零售商,受北美和德国地区销售额增长,以及收购 Whole Foods Market 的影响,2018 财年亚马逊公司零售额达到 1 400 亿美元,较 2017 财年增长 18.2%。数据显示,过去十年间亚马逊的市值增长了 2 830%,甚至已经超过了美国9家最大零售商的市值总和。此外,亚马逊在线零售总额占到美国在线零售总额的约39%,占美国零售总额的约4.6%。

2018财年,亚马逊以7.53亿美元收购了在线药店PillPack,正式进军处方药及医疗市场。此外,亚马逊增加了超过800万平方英尺的配送中心,为其在线零售运营提供空间,以及增加25%的空运运力,以支持Prime配送,强化其数字零售战略,通过Prime Now、Whole Foods Market和Amazon Go,推出了在线杂货购物服务。目前,亚马逊正在与俄罗斯在线零售商Ozon进行谈判。

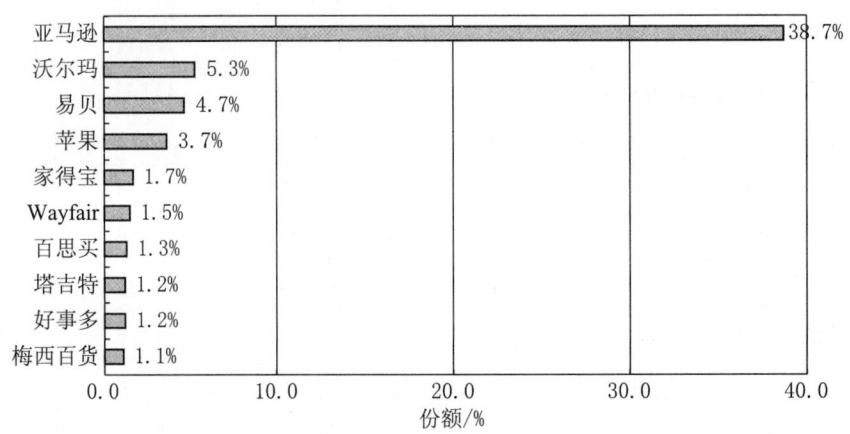

图4.10　美国2020年十大在线零售商市场份额

资料来源:Marketing Charts

2. 创新无人零售业务,技术改变零售体验

亚马逊"Just Walk Out Shopping"技术正在改变实体零售体验。亚马逊在2016年推出了第一家线下便利店Amazon Go。在Amazon Go无人商店,购物者扫描智能手机应用程序进入超市,入口处安装有人脸识别摄像头,在超市内部上方也安装了数百个摄像头,并通过传感器、人工智能、生物识别等技术,自动检测商品何时从货架上取下或被重新放回,追踪购物者放进购物车的货品,免去了传统收银台扫描和付款的步骤,并通过麦克风判断购物者所处的位置,在用户通过出口后,商品就会被记入购物者的亚马逊账户。2020年2月,亚马逊在西雅图推出了大型的无人超市Amazon Go Grocery,面积达到了715平方米(7 700平方英尺)。据估计,Amazon Go的每家店平均每年能产生150万美元的销售额,每家店每天的访客大约在400～700名。据悉,亚马逊计划至2021年开出3 000家Amazon Go无人超市,预计可实现每年45亿美元的销售规模。

2020年,亚马逊在位于加州的Woodland Hills杂货店推出了智能购物车"Dash

Cart",同样基于计算机视觉算法和传感器融合技术,在每辆购物车上安装摄像头、传感器、秤和显示屏,当消费者将商品放入该智能购物车时,会自动识别有条码的物品,无条码物品则通过购物车上方显示屏由顾客输入商品代码,内置称重秤会自动称重后显示重量和价格。当消费者取出物品时,同样也会自动消减。消费者通过 Dash Cart 通道离开时,传感器自动跟踪顾客订单并结账,通过电子邮件发送收据。与 Amazon Go 在智能商店里内部安装传感器相比,Dash Carts 购物车通过内置摄像头、传感器等,使其传感及监控方式更加精准。

(二)克罗格(Kroger)

1. 零售业务多元,数字能力强劲

Kroger 创建于 1883 年,是目前美国第四大零售商,2019 财年销售额 1 220 亿美元,较 2018 年增长 0.3%。截至 2020 年 2 月,Kroger 直接或通过其子公司经营 2 757 家超市,其中 2 270 家设有药店,1 567 家设有加油中心,有 1 989 家超市提供在线订购、商店取件等服务,并可送货上门。近年,Kroger 公司专注提升消费者体验,强化了数字业务,Kroger 在线零售业务在 2019、2018、2017 财年分别增长近 29%、58% 和 90%。

目前,在 Kroger 超市销售的约 31% 的 Kroger 自有品牌产品和 42% 的食品杂货都在其自有食品工厂生产。截至 2020 年 2 月,Kroger 共经营了 35 家食品生产厂,包括 16 家乳制品厂、9 家熟食店或面包厂、5 家食品杂货厂、2 家饮料厂、2 家奶酪厂和 1 家肉类厂。2019 年,Kroger 自有品牌产品销售额超过 231 亿美元。旗下 Simple Truth 品牌已成为美国领先的天然和有机品牌,2019 年销售额超过 25 亿美元。Kroger 还提供 Home Chef 鲜食服务,有 2 169 家店铺设有鲜食厨房,提供"即煮"和"即食"两种服务。

2019 年 Kroger 连锁药房收入超过 110 亿美元,占到总收入的 9%。Kroger 还在全美 9 个州运营 Little Clinic(小诊所),Little Clinic 主要满足日常诊疗需求,截至 2019 年,Little Clinic(小诊所)已经超过 220 家,来访超过 160 万次(表 4.18)。

2. 积极扩大销售网络,构建无缝零售生态

Kroger 致力于实现无缝、全渠道零售。2018 年,Kroger 以 2.48 亿美元收购英国在线生鲜超市 Ocado 部分股权,并达成美国市场独家协议。据悉,Kroger 计划投入 5 500 万美元建设 Ocado 机器人仓库,预计占地约 3.1 万平方米(33.5 万平方英尺),包括了 20 个智能仓库,以支持美国杂货店的送货业务。通过与 Ocado 的合作,Kroger 逐步建立端到端分销网络和无缝生态系统,为其客户提供订单交付、提货和补货的无缝购物体验。

表 4.18　2017—2019 年 Kroger 公司各零售业务收入

	2019 年		2018 年		2017 年	
	销售额/100 万美元	占比/%	销售额/100 万美元	占比/%	销售额/100 万美元	占比/%
非易腐品	61 464	50.3	60 649	49.8	60 872	49.4
生 鲜	29 452	24.1	29 089	23.9	29 141	23.6
燃 油	14 052	11.5	14 903	12.2	13 177	10.7
药 房	11 015	9.0	10 617	8.7	10 724	8.7
便利店	—	—	944	0.8	4 515	3.7
其 他	6 303	5.1	5 650	4.6	4 851	3.9
总销售额	122 286	100	121 852	100	123 280	100

资料来源：Kroger 公司 2019 年报

Kroger 还与连锁药店 Walgreens 搭建合作，在 Walgreen 的部分商店售卖 Kroger 热门商品，以及提供 Kroger 在线订单提货服务。Kroger 与 Walgreens 达成了零售采购协议，通过共同采购来降低成本。此外，Kroger 与 TrueCar 汽车销售平台合作，推出了 Kroger Auto Buying Program，合作汽车销售及推广。

2019 年，Kroger 与食品保险技术企业 Apeel Science 合作新鲜农产品保鲜技术，此外，通过垂直整合的乳制品供应链，Kroger 也是唯一一家具备鲜奶 10 天保质期的零售商。

3. 强化先进技术应用，数字服务简化购物流程

Kroger 致力于改进购物体验利用物联网、数据技术等，提供交互式客户体验，强化客户数据分析，提供个性化、无缝数字服务体验和营销服务，并优化订购、人工管理、设备维护、能源等关键业务。通过提高生产率、加强自动化运营、消除浪费等，Kroger 在 2019 年实现节约成本超过 10 亿美元。

Kroger 与微软 Azure 合作零售即服务云平台，在商店部署了由 Azure 云平台驱动的 EDGE（enhanced display for grocery environment）智能货架，其与 Kroger 的"Scan、Bag、Go"自助结账应用程序连接，借助手持智能设备或手机 APP 快速引导货架位置及发出提示信号，了解商品优惠信息，并基于摄像视频分析投放个性广告，从而提升价格信息更新、货架补货、结账效率，打造互联购物体验。

2019 年，Kroger 推出了被称为 84.51°Stratum 的基于数据分析的订阅解决方案，并与近 1 300 个快消品商和其他客户伙伴搭建了合作，以共同增强用户体验，提高营运效率。

药品及健康领域,Kroger 建有名为 Wellness Your Way 的医疗健康信息平台,分享健康和营养产品信息,Kroger 药房、诊所、营养和运动信息,以及非处方药资源。Kroger 还推出了 OptUP 应用程序,其基于营养成分分析系统,顾客可自主查看所购买食物的营养等级和健康建议,以找到更适合的食物,并实现营养优化跟踪,实现简便的健康购物流程。

(三)永旺(Aeon)

1. 盈利能力强劲,主攻亚洲市场

Aeon 公司是日本最大的零售企业,连续 7 年营业额居日本零售业首位,业务覆盖百货商店、大卖场、超市、药店、金融服务等。

Aeon 公司 2018 财年营收 85 182 亿日元,其中,日本本土营收 77 574 亿日元。海外市场主要集中于亚洲,2018 财年中国市场营收 2 789 亿日元,除中国以外的亚洲市场营收 3 657 亿日元。截至 2019 年,Aeon 公司在日本和亚洲共有 21 516 家店铺(图 4.11)。

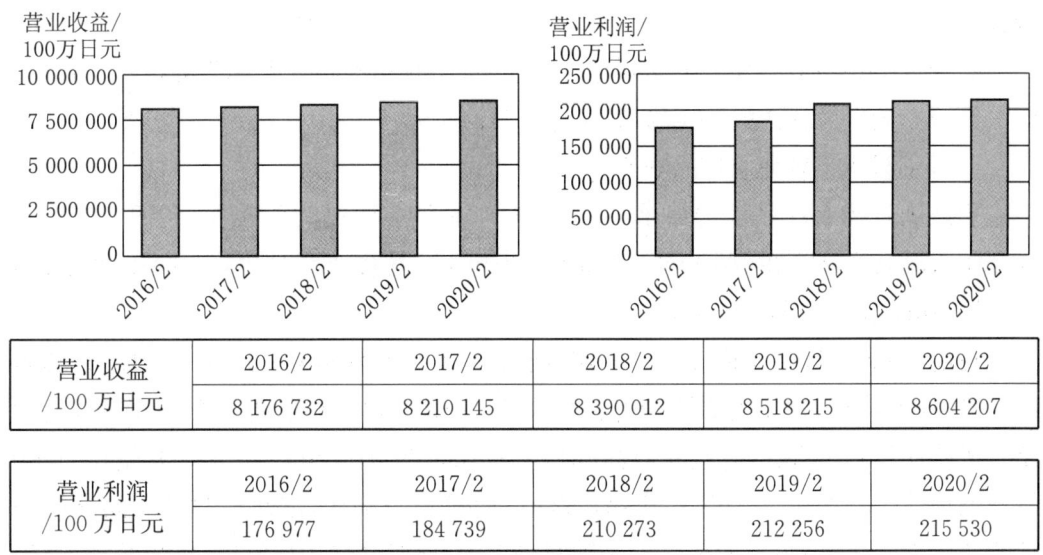

营业收益 /100 万日元	2016/2	2017/2	2018/2	2019/2	2020/2
	8 176 732	8 210 145	8 390 012	8 518 215	8 604 207

营业利润 /100 万日元	2016/2	2017/2	2018/2	2019/2	2020/2
	176 977	184 739	210 273	212 256	215 530

图 4.11 Aeon 公司的营业收入及利润

资料来源:Aeon 公司 2019 年报

2. 数字零售辅助实体经营

近年来,Aeon 公司加速建设数字零售市场。其于 2008 年开设了第一家数字超市,并不断优化服务,以支撑实体经营网络,其投资了海外数字企业项目,并在中国成立了首个数字化经营中心,专注数字化解决方案,通过线上店铺与线下店铺的融合,将AI等数字化技术导入实体店铺，借助购物应用程序APP集中实现线上服务，以及开发了员工专用的云办公软件。

2019年，Aeon与英国的线上超市企业Ocado签订了面向日本国内市场的独家战略合作协议，合作推进Aeon数字化、AI技术应用，提供优质在线购物体验。Aeon将利用Ocado智能平台的端到端在线零售解决方案，在2023年建成日本第一个智能仓库，通过建立高效先进的运营模式、物流体系、人性化的客户端应用软件等，满足顾客"随时随地购买任何商品"的需求，并进一步应用于店铺揽收、线上购买、线下取货等传统线上超市业务的各个方面。Aeon计划持续数字化方面的投资，借助先进零售技术，打造"新一代在线超市"，发挥"线上＋线下"优势，满足智能社会顾客的多方位需求，在2030年达到销售额突破6 000亿日元的目标。

马来西亚Aeon与当地在线杂货配送服务提供商HappyFresh Malaysia建立合作，在马来西亚38家Aeon门店提供服务。马来西亚Aeon推出了"Kids Republic（儿童共和国）"移动应用程序，提供学习游戏、育儿技巧以及最新产品资讯、促销活动等。据统计，在马来西亚，约有47.5万客户通过智能手机使用AEON电子钱包功能及服务。

2019年，Aeon在日本550家店铺推出了10多种语种视频翻译服务，通过内部智能手机与平板作为翻译服务终端，确保与顾客的交流。

3. 首创日本零售业农产品联盟

为满足有机农产品消费需求，促进与农产品供应商之间的合作，2019年，Aeon成立了有机农产品联盟（AEON Organic Alliance），其将农产品生产、采购、加工、物流、销售功能统一到同一管理平台。

目前，Aeon在日本国内有20个直营农场，开发Topvalu Gurinai系列等有机商品，并在日本Aeon旗下的店铺销售。加入Aeon有机农产品联盟的会员，Aeon会共享有机认证技术，会员的有机农产品同样将被认定为Topvalu Gurinai商品在Aeon旗下商铺销售。Aeon农场还作为物流网点，通过集中采购，帮助联盟供应商会员降低物流成本。在Aeon的有机农产品联盟平台上，同时共享用户反馈、供货品种、销售状况等信息，以优化及扩大有机商品合作和交易。

参考文献

[1] Deloitte. 2020全球零售力量（Global Powers of Retailing 2020）
[2] Euromonitor. blog.euromonitor.com

［3］永安. 零售企业在疫情中的逆袭［EB/OL］. https：//www. ey. com/Publication/vwLUAssets/ey-performance-issue-9-article7/＄File/ey-performance-issue-9-article7.pdf

［4］Facteus. Facteus Insight Report on Consumer Spending and Transactions［EB/OL］. https：//www. facteus.com/reports/first-report-7-1/

［5］Statista.www.statista.com

［6］美国零售联合会（NRF）. NRF Top 100 Retailers［EB/OL］. https：//nrf. com/resources/top-retailers/top-100-retailers/top-100-retailers-2020-list

［7］Tradingeconomics.https：//tradingeconomics.com/

［8］CNBC. U.S. May retail sales surge 17.7％ in the biggest monthly jump ever［EB/OL］. https：//www.cnbc.com/2020/06/16/us-retail-sales-may-2020.html

［9］KPMG. 2019 全球消费与零售并购趋势（Global M&A C&R trends 2019）［EB/OL］. https：//assets.kpmg/content/dam/kpmg/xx/pdf/2019/03/consumer-and-retail-m-and-a-trends-2019.pdf

［10］PWC. Consumer markets deals insights：Mid-year 2020［EB/OL］. https：//www. pwc. com/us/en/industries/consumer-markets/library/quarterly-deals-insights.html

［11］路透社.美国5月消费者支出创史上最大涨幅但个人收入下降令涨势难以为继［EB/OL］. https：//cn.reuters.com/article/usa-economy-may-consumer-income-0627-idCNKBS23Y014

［12］日本经济产业省.商业动态统计速报（2020.5）［EB/OL］. https：//www. meti. go. jp/statistics/tyo/syoudou/result/pdf/202005S.pdf

［13］Nippon Num. https：//www.nippon-num.com/corporation/month_retailDepart/retailDepart06.html

［14］Gyokai Search.コンビニ業界の現状と動向（2019年版）［EB/OL］https：//gyokai-search.com/3-konbini.htm

［15］日本経済産業省.新型コロナウイルス感染症で影響を受ける事業者の皆様へ［EB/OL］. https：//www.meti.go.jp/covid-19/pdf/pamphlet.pdf

［16］Veraart Research. https：//www.retail-index.com

［17］欧盟统计局.https：//ec.europa.eu/eurostat/web/main/home

［18］Deloitte. Apparel 2025：What new business models will emerge？［EB/OL］. https：//www.deloittedigital.com/content/dam/deloittedigital/us/documents/blog/blog-20200610-apparel-trends.pdf

［19］Globaldata.China to overtake US as the largest apparel market by 2023，says GlobalData［EB/OL］. www.globaldata.com/china-to-overtake-us-as-the-largest-apparel-market-by-2023-says-globaldata/

［20］Allied Market Research. FMCG Market by Type：Global Opportunity Analysis and IndustryForecast，2018—2025［EB/OL］. https：//www.alliedmarketresearch.com/fmcg-market

［21］Nielsen. FUTUREOPPORTUNITIES IN FMCG E-COMMERCE：MARKET DRIVERS AND-FIVE-YEARFORECAST［EB/OL］. https：//www.nielsen.com/wp-content/uploads/sites/3/2019/04/future-opportunities-in-fmcg-ecommerce-1.pdf

［22］Kantar. Worldpanel FMCGpanel［EB/OL］. www.kantarworldpanel.com/global/News/E-commerce-grew-seven-times-faster-than-total-FMCG

[23] OC&C Strategy Consultants. THE FMCG GLOBAL 50 2019.www.occstrategy.com/en/about-occ/news-and-media/article/id/4308/2019/07/top-fast-moving-consumer-goods-brands-returned-to-organic-volume-growth-whilst-posting-record-profit

[24] Visual Captalist. Visualizing the Size of Amazon,the World's Most Valuable Retailer[EB/OL].https://www.visualcapitalist.com/amazon-worlds-most-valuable-retailer/

[25] Marketing Charts. These Are the 10 Largest E-Commerce Retailers in the US This Year[EB/OL]. https://www. marketingcharts. com/charts/top-10-e-commerce-retailers-in-the-us-in-2020/attachment/emarketer-top-10-e-commerce-retailers-in-the-us-in-2020-mar2020

[26] Kroger 公司 2019 年报. http://ir.kroger.com/Cache/IRCache/c598d249-c422-4b4f-fa52-34df105d19f9.PDF?O=PDF&T=&Y=&D=&FID=c598d249-c422-4b4f-fa52-34df105d19f9&iid=4004136

[27] Aeon 公司 2019 年报. https://ssl4.eir-parts.net/doc/8267/ir_material_for_fiscal_ym23/75568/00.pdf

本章撰写：朱荪远

第五章　世界电子商务发展动态

一、世界电子商务发展总体态势

受长期贸易争端等因素影响,2019年全球经济增长率降至2.3%,为十年来最低水平。联合国《2020年世界经济形势与展望》报告指出,除了贸易局势紧张、金融动荡或地缘政治紧张局势升级的影响,新冠肺炎疫情的影响也将巨大,2020年全球经济预计将急剧收缩,将比2008—2009年金融危机期间的情况还要糟糕得多。这种情况下,消费行为变化,消费支出模式转变,消费信心波动,将极大地影响消费市场,带来电子商务领域新的变化。

(一) 全球电子商务指数持稳

2019年全球电子商务指数保持稳定,总体没有出现增长。从各区域看,西亚地区连续3年电子商务环境持续改善;拉丁美洲地区和发达经济体地区在上年指数下降的基础上,有了恢复性增长;非洲地区则略有下降。

在互联网用户方面,全球互联网用户多数地区继续增长,尤其是亚洲地区和拉美地区。但是一些总体用户增长的区域,如东亚和东南亚地区,其15岁以上的用户的比重反而出现下降,表明青少年网民数量增加较多。

在邮政物流建设方面,差异较大。西亚、拉丁美洲地区改善较多,东亚与东南亚地区、转型经济体区域、非洲地区下降较大,表明其电子商务发展环境建设方面乏力。

同时,让人担忧的是,在网络安全服务器方面,大部分区域处于指数下降的状态,表明网络安全的现状不容乐观。未来,随着消费环境的不容乐观,经济增长将可能大幅下滑的趋势下,电子商务在物流和网络安全方面的投入将可能会受到进一步影响。

表 5.1　2019 年全球电子商务发展指数

地区/经济体	互联网用户个人比重		账户中 15 岁以上用户比重		每百万人安全互联网服务器		万国邮政可靠性分数		发展指数		
	2019	2018	2019	2018	2019	2018	2019	2018	2019	2018	2017
非洲	25	26	40	40	29	29	22	24	29	30	28
东亚与东南亚	53	48	59	62	57	57	59	62	57	57	54
拉丁美洲与加勒比海地区	59	54	53	53	53	54	28	24	48	46	47
西亚	75	71	58	58	49	51	52	42	59	57	58
转型经济体	67	65	58	59	62	65	65	71	63	65	59
发达经济体	86	84	93	93	87	88	82	81	87	86	87
全球	57	54	60	60	55	56	49	49	55	55	54

资料来源：United Nations，Unctad B2C E-commerce Index 2019

（二）新冠疫情推动消费行为变化

2020 年初以来，新冠肺炎病毒肆虐全球，大规模旅行限制和社交隔离等措施，使得人们的社交和消费行为模式发生了较大的变化。从消费渠道上看，线下行为更多地转为线上消费和无接触交易与支付，数字化转型加速。从消费品牌选择上看，在疫情中具有社会责任感的企业及品牌将会得到更多的消费者青睐。从消费支付方式上看，移动支付和无接触支付进一步发展，国际清算银行年度报告《数字时代的央行和支付》中指出，数字支付方式让诸多经济活动可以在疫情中进行，无接触支付方式获得极大增长，2019 年 9 月无接触支付在全球支付额中占比为 27%，6 个月后达到 33% 以上。

将不同行业根据行业所需要的消费模式进行分类，大致分为体验式行业、线上行业、O2O 行业。体验式行业即必须在线下完成最终环节的行业，如电影院线、旅游业。这类行业尽管有部分消费环节可以在网上完成，如网络购票，但其主要环节，如观影、旅游，必须在线下完成。这类行业在疫情之中损失惨重。未来随着数字技术渗透应用日益广泛，这类行业将有越来越多的交易环节转移到线上。

线上行业是无接触经济的典型，即那些不需要线下完成最终服务环节的行业，如在线教育、在线办公、在线游戏等，在疫情之中获得进一步的发展契机，如在中国疫情期间，中国互联网络信息中心 2020 年 4 月发布的第 45 次《中国互联网络发展状况统计报告》显示,中国教育部组织推出了22个线上课程平台,开设了2.4万门在线课程。

O2O行业是近些年兴起的线上和线下结合的一种模式,体验式行业也逐渐向O2O转型。但与以往O2O模式的不同在于,疫情推动O2O模式从后端整合走向前端,即最终服务环节的电商化。这得益于线上和线下资源与渠道的整合、物流体系等方面的完善,使得在"最后一公里"和体验经济方面,崛起了新的线上消费业态,如到家模式的社区电商、直播电商的兴起。

(三) 流量聚合方式推动新型电商模式的崛起

在以注意力为核心的互联网经济中,流量聚合方式是电商平台的核心竞争模式,即流量大的平台将获得比较大的竞争优势。

将流量聚合方式按照流量与平台之间的流向形状,大致分为网状聚合和圈层聚合两种方式。网状聚合即以平台为中心形成了纵横交错式的流量网,平台成为一个所有流量聚集的公共场所,网中的每一个个体往往是松散的。圈层聚合中,圈层的形成往往以某一主题、人物等为核心,形成关系较为紧密的群体,从纵向和横向两个方向分为纵向圈层和横向圈层,如以主题为核心的纵向圈层,以人为核心的横向圈层,其群体往往更加具有群体认同性和一定的忠诚度。

传统的电商模式是去中心化的社会化集聚,即将来自商业环节的多个人群合并在一个平台上,形成巨大流量,并进行产品导流。而这种方式往往流量巨大,但转化率较低,难以实现精准化。为了实现精准导流,将社会性流量进一步分割,形成圈层流量,通过圈层流量最终实现更加有针对性的电子商务交易。目前,圈层流量较为突出的有两种方式,一是个人圈层,即以某一个人为核心形成的个人私域流量,如主播、明星等,这也推动了直播电商的崛起。二是垂直圈层,即某一主题为核心形成的半公共流量,往往比个人圈层的凝聚力较弱,如美妆类、品牌类,推动着垂直电商的发展。

(四) 构建多元共治的知识产权治理模式

知识产权治理是近年来全球电子商务治理的重点内容之一,治理内容主要包括打假、治理欺诈、构建纠纷解决机制等,治理范围从单一国家到全球范围统一行动,治理参与机构包括了国际组织、国家政府机构、企业、权利人等,治理方式包括制定法规、构建协商解决机制、大众评审机制、在线平台等,形成了在全球范围内的跨境的多元共治治理模式。

目前,主要的一些措施包括几个方面。一是多边共同制定和遵守的基本规范,一般由国际组织发布,如 OECD 发布的《跨国界特别是互联网商务欺诈行为中保护消费者准则》,联合国《跨境电子商务交易网上争议解决技术指引》等。二是区域规范,主要用于区域协调或者单一市场的构建,如欧盟数字化单一市场战略中推动电信管理改革,建立一套能够适用于网络购物和跨境电商的简化规则,包括各成员国之间在合同、版权法律上的差异以及相关税赋等,建立更加统一的版权制度,允许数字内容的跨境传播和消费。三是构建多主体参与共治机制,如 eBay 专门推出了社区法院(Community Court)制度,由买方、卖方、陪审员共同进行纠纷裁决,又如阿里巴巴构建"电商+权利人"共建体系,并上线"权利人共建平台",与知识产权权利人合作,通过大众评审机制,让消费者广泛参与知识产权保护,同时还与世界知识产权组织、国际刑警组织、美国电影协会等保持沟通与协作。四是引入新技术,构建在线解决机制,如欧盟发布跨境电子商务在线纠纷解决平台,消费者和企业在与欧盟境内企业发生网上交易纠纷时可以进行投诉,法律纠纷解决机构对通过平台登记的投诉进行调解,而消费者无须支付高额的法律费用,又如京东建立"天鉴系统",通过大数据技术对疑似假冒侵权产品进行鉴别等。

(五)国际组织致力于推动全球数字税

近些年,数字经济发展迅速,尤其是跨境电子商务。然而,长期以来,大多数国家实行单边数字服务税,各地税收规则不同,美国、欧洲地区等国家和地区在数字税问题上争执不休,各国也不断有新法规出台。2019 年法国出台一项新的数字税法规,向跨国互联网企业征收 3% 数字税,2020 年以来意大利、英国、奥地利、西班牙等国家也相继提出向符合条件的数字服务企业征收不同比例的数字税。

不同税制造成各国发展数字经济的诸多问题与障碍,如税收政策的相对不公平性、数字企业合规成本激增、税收征管真实位置确定的难度增加、数字服务税成本转嫁消费者等。同时,不同国家之间由于不同的税制,往往会对互联网企业等形成不同吸引力,从而客观上成为贸易保护或贸易谈判的工具之一。

为了更好地发展数据经济,国际组织开始着手推动达成数字服务税的全球协定。2020 年 2 月,经合组织宣布全球 137 个国家和地区同意在未来几个月,就如何推动修改现行跨境数字税则进行协商与谈判,争取在 2020 年年底前达成"全球共同框架"协议,以应对数字经济发展带来的税制挑战。谈判内容将着重于跨国数字企业"在哪里缴税"与"缴税比例"问题,建立一个基本的税收框架,界定那些在某地无实体公司,但向该地出售服务或商品的企业该如何缴税。

二、主要国家和地区电子商务发展态势

(一) 美国

1. 市场总体强劲增长,年末显隐忧

2019年,美国经济增长放缓,国民经济增速创三年来最低,年增长率降低为2.3%。但美国个人消费支出总额却逐季持续上升,由第一季度的14.27万亿美元增长到第四季度的14.80万亿美元,这为美国电子商务市场的持续发展提供了基础。

美国电子商务市场于2019年继续大幅增长,电子商务零售额达到5 959.16亿美元,比上年增长16%;占全部零售额的比重也首次达到了两位数以上,第四季度攀升至11.3%(图5.1)。

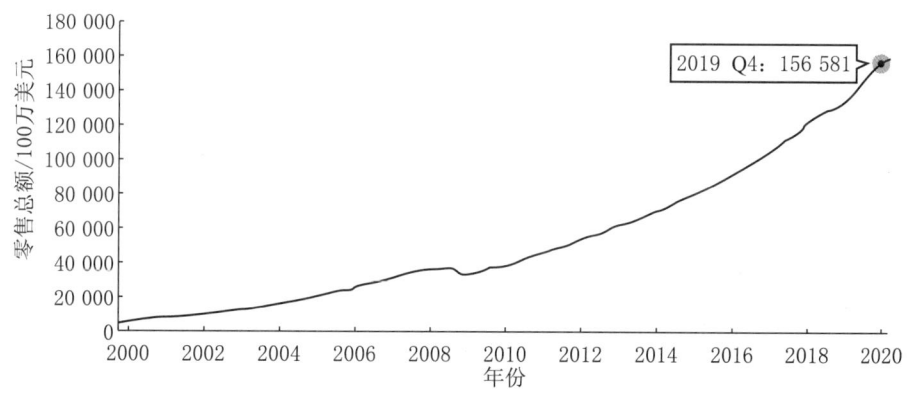

图5.1 美国电子商务零售总额

资料来源:美国联邦银行,https://fred.stlouisfed.org/release?rid=179

但下半年以来,美国个人消费支出增速明显放缓,第四季度出现大幅下滑,由第三季度的1.15%降低为0.8%。这导致第四季度电子商务市场增长率环比出现较大下降,由第三季度4.73%降低为2.16%。之后,2020年第一季度的个人消费支出开始出现负增长,达到−1.43%,这显示美国2020年的消费信心与市场均不容乐观。未来,随着美国新冠肺炎疫情持续,对经济和消费的冲击也在继续进行。市场研究公司eMarketer估计,2020年美国总零售额将出现大幅负增长(−10.5%),市场总体规模下降为4.894万亿美元,成为2016年以来的最低水平。

2. 亚马逊一枝独秀,沃尔玛紧追直上

在经过长期发展以后,美国电子商务市场仍然呈现出一超多强的格局。亚马逊的市场份额长期以来高居第一位。据市场研究公司eMarketer数据,2019年亚马逊

占美国电子商务市场的比重为37%,沃尔玛为第2位,但仅占4.7%。2020年,预计亚马逊公司将继续增长,占全部市场份额比重将达到38%,远远高于第2位。沃尔玛作为传统零售企业,近年来重视电子商务发展,进行了战略转型和组织结构改革,在新的电子商务战略的引导下,电子商务的市场份额逐渐增长,2020年将超过亿贝成为美国第二大电子商务企业。

从美国前十大电子商务企业的结构看,电子商务市场两位创始型企业亚马逊和亿贝分别位居第1位和第3位,仍在引领市场发展,尤其是亚马逊公司。但同时,近年来,美国传统零售商均在大力发展电子商务。在2020年美国前十大电子商务企业中,传统零售企业占据主导,有8家。其中,除了苹果公司以外,均为连锁企业(杂货、家居、百货),纯粹的电子商务企业仅有亚马逊、亿贝。这显示出一些规模较大的美国传统零售企业转型电子商务市场较为成功。但这也表明,尽管美国电子商务市场新兴业态和模式频出,但新兴电子商务企业在规模上还没有得到充分发展(图5.2)。

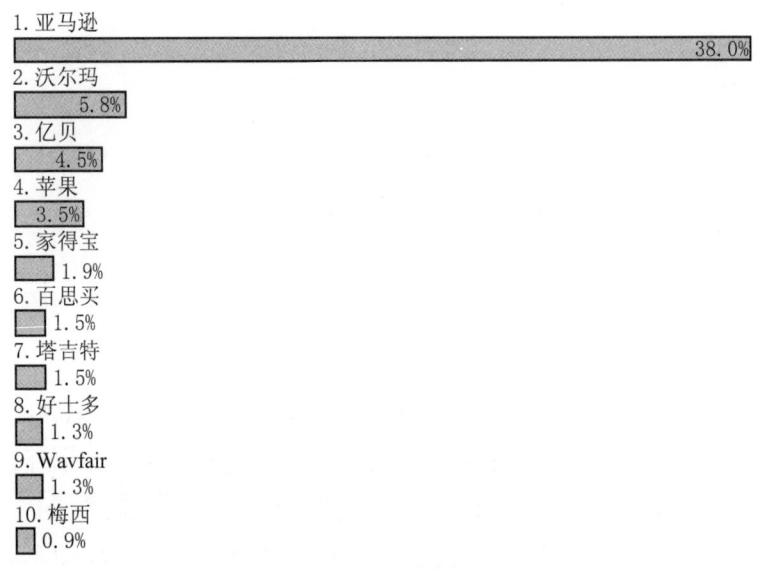

图 5.2　2020 年美国前十大零售电子商务公司

资料来源:eMarketer, US Retail Sales to Drop More than 10% in 2020
https://www.emarketer.com/newsroom/index.php/us-retail-sales-to-drop-more-than-10-in-2020/

从增长速度来看,美国前十大电子商务企业中,亚马逊的增长率仅位居第7位,塔吉特、沃尔玛、百思买等超市和专业零售商电商的增长速度将大大超过亚马逊,这表明了一些传统零售企业仍然具有较大的增长潜力(图5.3)。

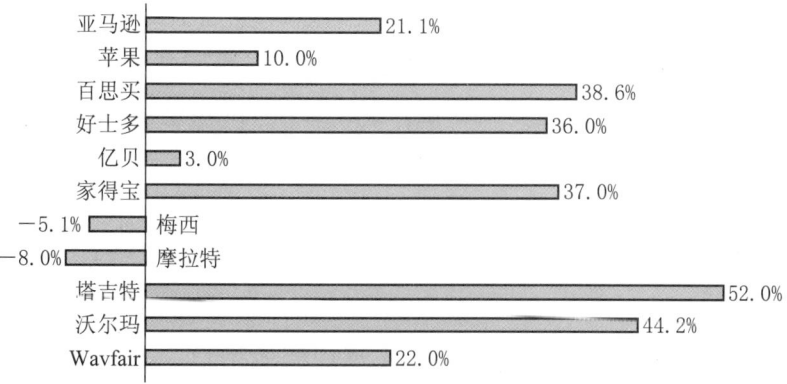

图 5.3 2020 年美国前十大零售电子商务公司增长率

资料来源：eMarketer，Top 10 Ecommerce Retailers Will Grow Their Market Share to 60.1% in 2020，https://www.emarketer.com/content/top-10-ecommerce-retailers-will-grow-their-share-60-2020

3. D2C 模式引起关注

D2C（direct-to-consumer）模式即直接面向消费者模式，是 B2C 模式中的一种。D2C 模式减少经销商等中间环节，降低了成本，同时，可以经过大量数据分析，对市场需求做出快速反应，提供更加具有性价比的商品。因而，D2C 模式往往以单品、极简的形式首先实现某种品类上的市场突破。市场研究公司（eMarketer）也将 D2C 定义为数字原创品牌（digitally native brands）。

近几年美国 D2C 模式电子商务连续保持大幅增长。2019 年，美国 D2C 模式消费者占全部数字消费者的比重已经达到 40.2%，电子商务销售额达到了 142.8 亿美元，比上年增长 33%，约占美国电子商务市场中的比重为 2.6%。目前，Warby Parker、Casper 和 Away 等企业是美国 D2C 市场的领先者，分别提供时尚眼镜、床垫。

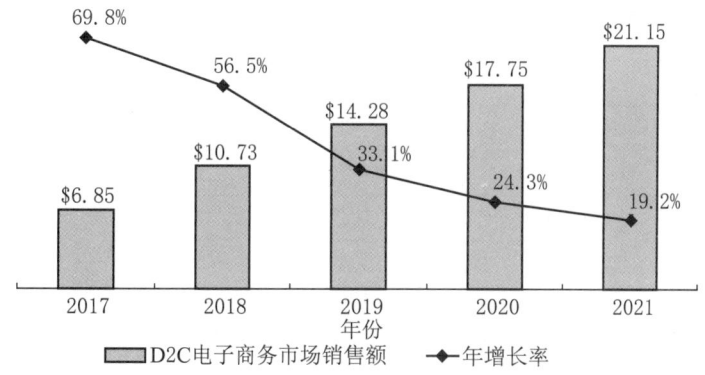

图 5.4 2017—2021 年美国 D2C 电子商务市场销售额（单位：10 亿美元）

注：不包括旅游和活动票务、食品和饮料服务等

资料来源：eMarketer，https://www.emarketer.com/content/us-direct-to-consumer-ecommerce-sales-will-rise-to-nearly-18-billion-in-2020

2020年,美国D2C市场将继续增长,14岁及14岁以上的消费者达到8 730万人,同比增长10.3%。同时,每位消费者的支出将增长12.7%,达到203美元,总销售额将增长24.3%,达到177.5亿美元。预计到2022年,D2C电子商务消费者数量将达到一个里程碑,为1.034亿人,市场规模将更加巨大(图5.4)。

(二)欧盟

1. 电商市场平稳发展

2019年欧盟电子商务市场总体稳定发展中有所增长。根据欧盟统计局数据,2019年欧盟28国(包括英国)电子商务销售额占企业总体的比重已经连续4年保持在20%。2018年有15个国家的比重有所上升,而2019年欧盟有20个国家出现增长。其中,捷克、保加利亚、爱尔兰、克罗地亚、立陶宛、罗马尼亚、芬兰、英国、黑山出现3%以上的增幅(表5.2)。

表5.2 欧盟28国企业电子营收占企业总体的比重

国家	占比/%					
	2014年	2015年	2016年	2017年	2018年	2019年
欧盟28国总体	18	19	20	20	20	20
比利时	24	26	26	26	30	31
保加利亚	9	9	9	10	8	11
捷克	28	25	27	24	25	30
丹麦	28	27	29	30	32	34
德国	25	27	28	26	22	20
爱沙尼亚	14	15	18	19	20	21
爱尔兰	27	32	30	33	35	39
希腊	10	7	12	12	12	11
西班牙	18	18	21	21	20	21
法国	15	21	21	21	19	19
克罗地亚	27	20	19	18	18	22
意大利	8	10	11	13	14	14
塞浦路斯	12	11	13	13	14	14
拉脱维亚	9	10	10	12	13	14
立陶宛	19	19	20	23	22	26
卢森堡	13	10	15	13	16	14

续表

国家	占比/%					
	2014年	2015年	2016年	2017年	2018年	2019年
匈牙利	13	14	15	16	15	15
马耳他	19	19	20	18	22	24
荷兰	24	25	25	26	27	27
奥地利	17	18	19	21	18	24
波兰	12	12	12	12	14	16
葡萄牙	15	20	19	18	19	17
罗马尼亚	8	8	7	8	9	12
斯洛文尼亚	18	22	20	25	25	25
斯洛伐克	15	15	15	18	16	15
芬兰	19	19	22	24	24	29
瑞典	26	28	28	31	32	33
英国	22	23	22	23	22	26
冰岛	34	—	—	—	27	—
挪威	28	29	28	30	29	28
黑山	—	—	12	14	10	13
北马其顿	7	4	7	—	—	—
塞尔维亚	22	—	—	24	27	29
土耳其	—	12	12	11	10	11
波黑	—	—	—	—	22	21

资料来源：Eurostat，https://appsso.eurostat.ec.europa.eu/nui/show.do?dataset=isoc_ec_eseln2&lang=en

从交易对象看，欧盟28国电子商务市场中，国内市场占比较大。2019年欧盟28国国内电商销售额占企业总体的比重为20%，销往其他欧盟国家销售额占企业总体的比重为9%，销往全球其他国家销售额占企业总体的比重为5%。

从企业规模看，规模较大企业的电子商务规模也较大。欧盟28国中，2019年小企业（10~49人）电子商务销售额占企业总体的比重为7%，比重最高的爱尔兰企业为13%；而中型企业（50~249人）电子商务销售额占企业总体的比重为10%，爱尔兰这一比重仍为欧盟28国最高，达到了25%。

2. 用户数量显著上升，仍存拓展困难

近年，欧盟地区电子商务渗透率一直在增长。2019年欧盟28国有71%的互联网用户进行了在线购物。其中，青少年（16~24岁）、中青年（25~54岁）、老年人

(55～74岁)的比重分别比上年提升了 5 个百分点、3 个百分点和 2 个百分点。16～24岁青少年比重上升幅度再次超过其他年龄,其消费习惯进一步向网络转移。从长期来看,青少年用户的增长速度大多数情况下超过其他年龄层用户,2009—2019 年16～24 岁的个人增长最快,提升了 28 个百分点(图 5.5)。

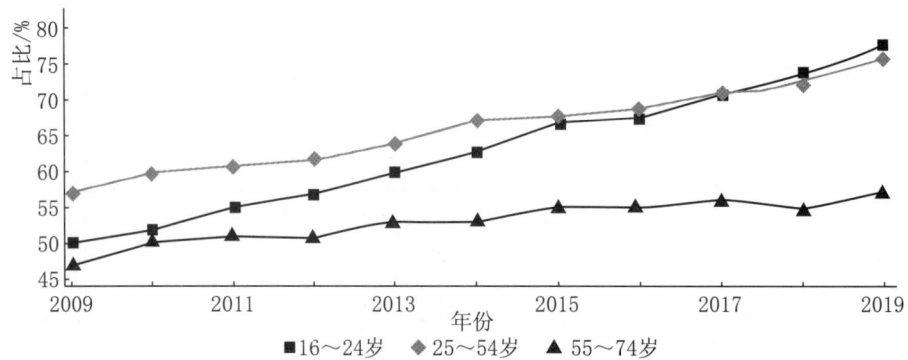

图 5.5　欧盟 28 国互联网用户中在线购物用户比重

资料来源:Eurostat,https://ec.europa.eu/eurostat/statistics-explained/index.php/E-commerce_statistics_for_individuals#e-shopping_from_other_EU_countries

但是仍有相当比例的人没有进行在线购物,主要的原因在于消费习惯难以改变,更愿意看到商品,进行互动交流,有这一问题的人约占 73%。其余原因依次为支付安全问题(24%)、缺少相关技能(21%)、收货/抱怨等有关(17%)、不想拥有在线支付卡(10%)、送货难题(7%)等。这为电子商务的进一步拓展指明了方向,即物流等电子商务服务体系在一定程度上有了缓解,而目前主要的问题是电子商务如何加强购物体验感,从而增强吸引力。

同时,消费支出的压力也在上升,新冠疫情的持续对欧洲消费环境形成了一定的压力。咨询公司 Intrum 的调查报告《2019 年欧洲消费者支付报告》显示,欧洲消费者的财务压力正在上升,近一半的受访者(45%)表示,他们的账单增长速度快于他们的收入。2020 年 5 月欧委会新冠疫情对欧盟贸易影响的报告指出,为了应对疫情,欧洲地区许多国家关闭企业、限制旅行和人员流动的措施不仅导致投资和国际贸易水平急剧收缩,也导致经济产出和家庭支出急剧下降。2020 年消费信心和消费意愿可能会进一步降低。

3. 欧盟进一步规范电子商务市场

2019 年欧盟相继推出一系列法规,规范了网络知识产权、平台责任、跨境电商税务欺诈等方面的问题。2019 年 4 月欧盟理事会通过了一项指令,确保对版权充分保护,明确了采用"用户上传内容"模式的在线内容平台运行的法律框架,为在整个欧盟范围内在线访问和共享受版权保护的内容开辟了新的可能性。

7月,欧盟出台关于在线平台的新规,规制对象包括在线市场、在线预订网站、应用商店和搜索引擎,新规明确在线平台的义务,应提升在线平台和企业互动的公平性与透明度,为企业和商家创建公平、可靠与创新环境。11月,欧盟成员国达成协议,共同致力于打击欧盟内部跨境电商税务欺诈。打击跨境电商税务欺诈方面的技术框架已基本完成,欧盟预计将挽回每年50亿欧元的税款损失。

但是,欧洲单一数字市场的实施也存在一定困难。非营利组织Access Now评估报告显示,欧盟《通用数据保护条例》(下称《条例》)实施两周年以来,正在面临以下困境:一是整体预算不足,不足以应对《条例》实施以来工作量的激增。二是地区差异明显,英国政府投入的资金较多,是法国的3倍、意大利的2倍,而德国、法国等大多数成员国投入的资金显著不足,东欧地区的比重更低。三是法律诉讼时间跨度漫长,监管部门无力审查所有的投诉,为一些公司规避《条例》提供了可能性。

(三)日本

1. 市场总体稳步增长

近年来日本电商市场以9%左右的速度逐年增长。根据日本经济产业省2019年5月发布的电子商务市场调研报告显示,2018年日本B2C电子商务(不包括C2C市场)的整体市场规模179 845亿日元,比上年增长了8.96%,电子商务化率也达到了新高,首次超过了6%(图5.6)。其中数字行业规模最大,而服务业增长最快,增长幅度超过了两位数,达到11.59%(表5.3)。

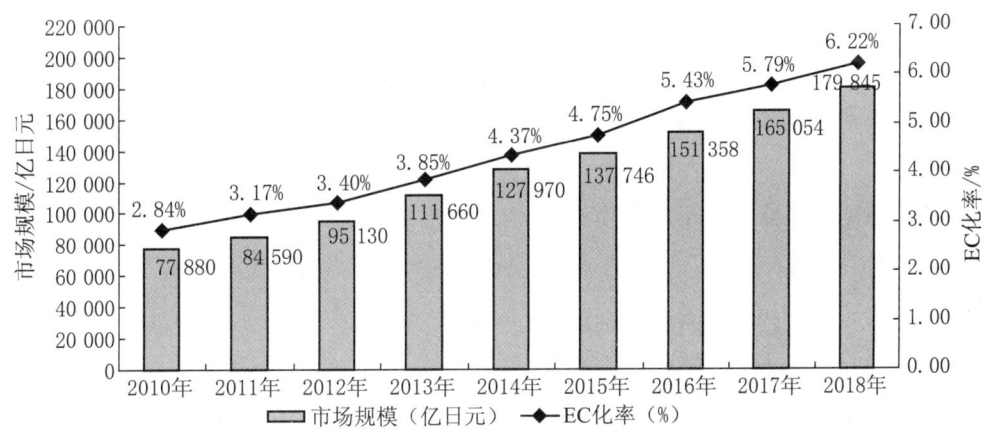

图5.6 日本电子商务零售市场规模

资料来源:日本经济产业省,https://www.meti.go.jp/press/2019/05/20190516002/20190516002-1.pdf

表 5.3 2018 年日本 B2C-EC 各领域的市场规模和构成比例

细分领域	市场规模/亿日元		增长率/%
	2017 年	2018 年	
零售业	86 008	92 992	8.12
服务业	59 568	66 471	11.59
数字行业	165 054	179 845	8.96

资料来源：日本经济产业省，https://www.meti.go.jp/press/2019/05/20190516002/20190516002-1.pdf

而日本电子商务市场中，B2B 市场规模更为庞大，2018 年为 3 442.3 万亿日元，是零售市场规模的 191 倍。同时，其电子商务化率远高于零售市场，2018 年 B2B 市场电子商务化率已经接近三分之一。目前，庞大的市场规模仍在高速增长，2018 年日本 B2B 市场年增长速度仍高达 8.1%（图 5.7）。

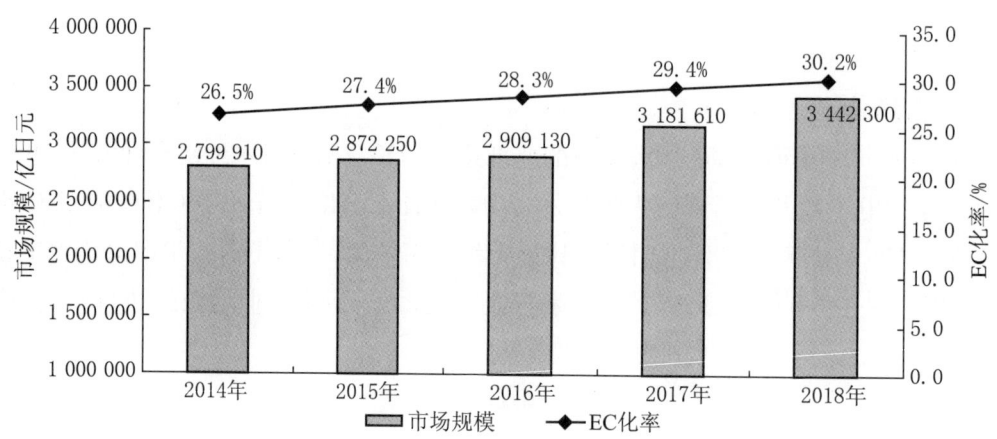

图 5.7 日本电子商务 B2B 市场规模

资料来源：日本经济产业省，https://www.meti.go.jp/press/2019/05/20190516002/20190516002-1.pdf

2. 跨境电商规模远远小于中美两国

2018 年，日本跨境 B2C 电子商务主要交易国为美国与中国，日本从国外购物总市场规模为 2 765 亿日元。其中主要通过美国购物，通过美国购物的市场规模为 2 504 亿日元，通过中国购物的市场规模为 261 亿日元。

但日本从国外购物的市场规模远远小于美国和中国同类消费市场，是美国的约五分之一，中国的约八分之一。美国跨境购物 B2C 电子商务（日本/中国）市场的总规模为 13 921 亿日元。其中，日本市场略微大于中国市场，通过日本购物的市场规模为

8 238亿日元,通过中国购物的市场规模为5 683亿日元。

中国跨境购物B2C电子商务(日本/美国)的总市场规模最大,是日本的8.5倍,达到32 620亿日元。其中,美国市场略大于日本市场,通过日本购物的市场规模为15 345亿日元,通过美国购物的市场规模为172 780亿日元。中国市场的增长速度也大大超过日本(图5.8)。

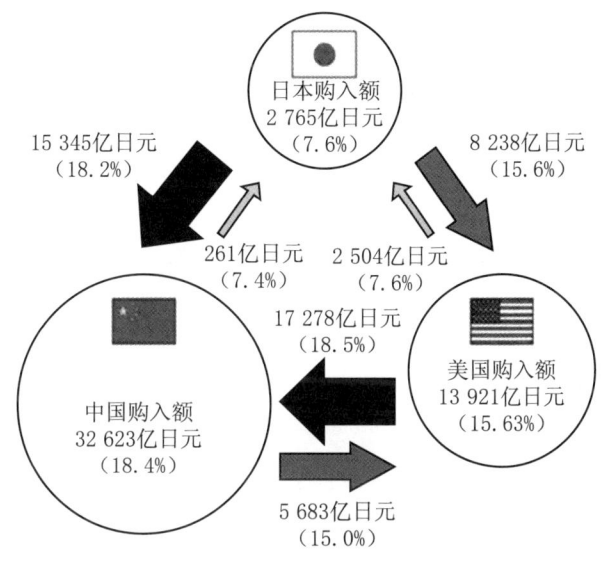

图5.8 日、中、美三国跨境电子商务市场规模

资料来源:日本经济产业省,https://www.meti.go.jp/press/2019/05/20190516002/20190516002-1.pdf

3. 制造业电商转化率较高,政策支持进一步开拓

从各个品类分析,在日本2018年的B2C电商零售市场中,市场规模集中于前五大品类:服饰、食品、家电、杂货、书籍音像,其市场规模总和占零售总额的85.24%,其中,服装在整个零售业产品分类中市场规模最大,2018年服装类领域电商规模达到17 728亿日元,同比增长7.74%。从各品类的电商化率上看,办公用品、家电、书籍音像、杂货电商化率较高,均超20%;从增长速度上看,食品与饮料类增长最快,年增长率为8.6%,其次为家电类、书籍视频类、化妆品,均增长8%以上(表5.4)。

在2018年日本B2B市场中,批发业电子商务市场规模最大,占日本全部B2B市场规模的30.4%,其次为运输机械(14.6%)、电气(10.4%)、纺织(10%)、食物(7.1%)、金属(6.3%),其余均低于5%。从各品类的电商化率上看,批发业尽管规模最大,但电商化率却比较低,仅为27.7%,而运输机械、电气设备、食品等尽管规模不大,但电商转化率较高,其中运输机械类最高,超过了60%(表5.5)。

表 5.4　2017—2018 年日本零售业 B2C 电子商务细分市场规模

类　别	2017 年		2018 年	
	市场规模/亿日元	电商化率/%	市场规模/亿日元	电商化率/%
食品,饮料和酒精	15 579	2.41	16 919	2.64
家用电器,影音设备,PC,外围设备等	15 332	30.18	16 467	32.28
书籍,视频和音乐软件	11 136	26.35	12 070	30.80
化妆品,药品	5 670	5.27	6 136	5.80
家庭用品,家具,室内装饰	14 817	20.40	16 083	22.51
服装/服装配件	16 454	11.54	17 728	12.96
汽车,摩托车,零件等	2 192	3.02	2 348	2.76
办公用品,文具	2 048	37.38	2 203	40.79
其他	2 779	0.80	3 038	0.85
合计	86 008	5.79	92 992	6.22

资料来源:日本经济产业省,https://www.meti.go.jp/press/2019/05/20190516002/20190516002-1.pdf

表 5.5　2016—2018 年日本 B2B 电子商务细分结构

大分类	中分类	2016 年		2017 年		2018 年	
		电商规模/亿日元	电商化率/%	电商规模/亿日元	电商化率/%	电商规模/亿日元	电商化率/%
建筑施工	建筑与房地产	144 960	10.10	150 770	10.70	166 510	11.00
制造业	食品	221 820	50.90	229 760	53.60	244 040	55.60
	纺织、日用品、化学	294 720	37.40	316 850	39.20	341 950	40.60
	黑色、有色金属	170 970	32.80	197 260	34.60	214 900	35.80
	工业设备/精密设备	119 060	30.50	141 080	31.90	156 640	33.10
	电气相关设备	318 890	50.00	336 680	52.40	358 000	53.50
	运输机械	428 150	58.40	472 950	61.10	500 560	63.20
信息通信	信息通信	116 960	17.80	126 920	18.30	133 990	18.80
交通运输	交通运输	88 030	15.10	93 130	15.70	97 550	15.90
批发价	批发价	839 450	26.10	940 440	26.90	1 039 510	27.70
金融学	金融	124 180	20.20	121 270	20.30	128 620	20.90
服务项目	广告和商品租赁	24 350	12.30	36 490	12.60	38 210	12.80

资料来源:日本经济产业省,https://www.meti.go.jp/press/2019/05/20190516002/20190516002-1.pdf

从总体上看,日本零售市场和批发业等的电商化率还比较低,需要进一步加强转化。近年,日本逐步推出一些措施以支持电子商务的进一步发展。2017年在日本央行和金融监管机构的支持下,由日本邮政银行等约70家日本银行在内的银行财团推出虚拟电子货币"J币"(J Coin),以应对支付宝等新兴支付工具的冲击,发展移动支付市场。2018年日本经济产业省、公平交易委员会和总务省共同成立"电子商务平台交易环境整备讨论会",讨论电子商务平台法律监管等问题。2019年日本作为G20峰会主席国,推动成立电商平台税收国际协作机制。

三、电子商务新模式发展动态

近年,随着消费需求的进一步变化,尤其是在新冠肺炎公共卫生危机发生的情况下,直播模式和到家模式崭露头角,形成了电商行业的新热点。

(一) 直播电商

1. 直播电商逐渐兴起

直播作为视频的一种方式,与视频市场的发展密切相关。视频市场源于2005年Youtube的成立。2015年以来,随着智能手机的发展,手机视频市场急剧增长,视频市场开始高速发展。玛丽·米克尔《2018互联网趋势报告》显示,全球手机视频日均浏览时间从2015年开始加速增长,从2015年的15分钟左右迅速增加到2017年的近30分钟(图5.9)。

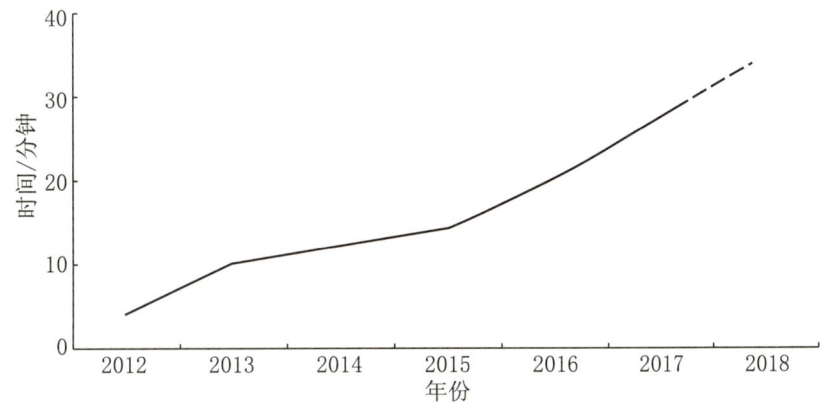

图 5.9　2012—2018年全球手机视频日均浏览时间

资料来源:Mary Meeker,Internet Trends 2018,2018-5

随着视频行业的发展,网络直播逐渐兴起。2016年是网络直播步入大发展的标志年。2011年全球最大游戏视频平台之一Twitch成立,2014年被亚马逊收购,2016年推出了直播功能,在直播模式中引入了互动这一引人注目的新功能。2016年Facebook也推出直播功能(Facebook live),可以发送表情,可以针对不同群体进行直播分享。2016年被称为中国直播电商元年,2016年3月淘宝直播试运营。

目前,直播电商已经从辅助性功能成为独立业态,各大公司纷纷布局这一新业态。2019年相继有阿里巴巴、亚马逊、Facebook、Instagram、Shopee、Lazada等发布直播功能,如2019年淘宝率先宣布推出独立的直播APP,将直播作为重点发展方向之一;亚马逊上线直播功能(Amazon Live)作为品牌推广战略的基础落地项目;Instagram Live与Shopee Live相继推出等。作为世界最大电子商务市场,咨询公司艾媒预计,中国直播电商市场从2017年的190亿元增长到2019年4 338亿元,增长近23倍,2020年将保持100%以上的增长率(图5.10)。

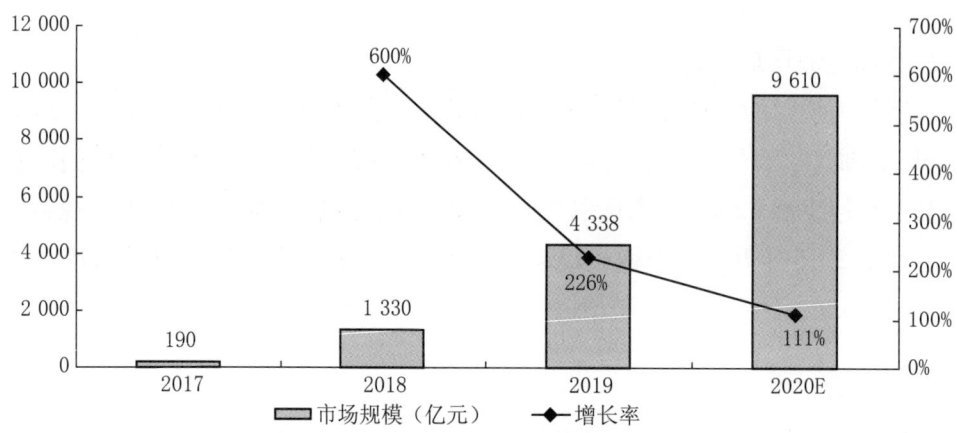

图5.10　2017—2019年中国直播电商市场规模

资料来源:艾媒,2020H1中国直播电商行业主播职业发展现状及趋势研究报告,https://www.iimedia.cn/c400/71682.html

2. 直播电商独具特点

直播电商是指通过视频直播的形式进行网络营销和交易的电子商务模式,兼具体验经济和互联网经济的双重特点,具有交互、直观、即时、便利的特点。交互即直播电商可以通过图文、表情、音频等各种方式与主播交流进行现场互动;直观即直播电商通过立体展示、现场制作、过程展示等各种动态可视化方式获得直接感知;即时即直播电商的各种交流与可视化展示都是实时进行的;便利即直播电商往往在直播中直接嵌入各种优惠与购买方式,发挥电子商务的便捷性。交互、直观、即时提升了传统电商模式的体验感,大大增强了用户与主播之间的黏性,形成了圈层流量加社群的模式,转化率大大提高。

目前,直播电商一般有3种方式。一是自有平台＋直播,如淘宝、YouTube、亚马逊等直接推出的直播频道。二是电商与视频平台的联盟,如京东与快手、淘宝与抖音之间的合作,将在供应链能力、品牌营销、数据能力等多个方面展开共建合作。三是新兴独立直播电商平台,如2017年成立的美国直播电商平台Gravy.Live,印度直播电商平台Bulbul.tv。

3. 直播电商推动电商发展进入效率竞争阶段

2016年以来,直播电商发展迅猛,这既与私域流量的发展有关,也是电子商务发展一定阶段的产物。

近年来,各类网络主播的影响力渐增,通过巨大的粉丝量形成了圈层流量。圈层流量急需一个变现渠道,这为直播电商的兴起打下了基础。早期阶段,直播主要作为电商的辅助引流工具而嵌入在电商、游戏等平台,如2016年直播在淘宝平台试运营,2017年游戏社区直播平台Twitch推出了游戏商店,让用户可以在观看直播时直接购买游戏。之后,随着短视频的兴起,大量的网络直播孵化机构(MCN)出现,据艾媒咨询数据显示,2017年中国MCN机构数量已达1700家。圈层流量在增大,直播电商的商业模式逐渐形成。

与此同时,电子商务经过近20年的发展,互联网渗透率和电商渗透率逐年提高,一方面电子商务平台获得新用户的机会越来越困难,另一方面,电子商务行业进入者日益增加,竞争加剧,这使得电子商务的发展面临新的挑战,即如何获取新的流量,如何在已经获得流量中精准服务而提高转化率。电子商务的发展开始由流量为主进入到效率为主的阶段。直播电商的出现推动了这一问题的解决。直播电商的特点使得电子商务发展可以将线下体验经济和线上互联网经济的特点较好地融合在一起,形成新的内容和服务竞争格局,推动电商核心竞争力由低价销售策略转向圈层群体的精准服务。目前,淘宝、亚马逊等全球巨头纷纷加大投入,将直播作为重点发展方向之一。如2020年,淘宝计划要打造10万个月收入过万元的主播,100个年销售过亿元的MCN机构,进行资金、流量和技术的强力支持。

未来,随着沉浸技术等新型信息技术的应用更为广泛,新冠疫情对人们消费行为的影响,直播电商将会更加普遍。

(二)到家模式

1. O2O 模式拓展为到家模式,即时电商崛起

线上线下融合模式(O2O)的概念是由社交游戏广告公司(Trial Pay)的创办者亚历克斯(Alex Rampell)较早提出,他在分析高朋(Groupon)等公司模式时发现,这些公司共同的特点是促进了线上—线下商务的发展,因此将该模式定义为O2O。新兴技术和资源整合共同构建了 O2O 模式。O2O 模式把网络营销引入本地消费领域,当线下和线上相结合,实现信息、采购、物流、配送、仓储、体验和供应链合作等资源共享时,不仅提升了企业的资源整合能力,构建了新的产业生态系统,也重塑了企业的核心竞争力。

随着新兴技术的应用、线上与线下资源的深入整合,全渠道理念已经深入人心。当前,O2O 模式已经从信息融合、资源整合走向服务整合,尤其是最后 3 公里的即时服务已经成为竞争的焦点。2019 年阿里巴巴旗下的天猫超市提出将 3 公里生活圈拓展到 20 公里新零售"生活圈",在全国 100 城市建立生活圈的全场景需求服务网。全方位即时配送到家能力成为各大企业新的竞争焦点。即时电商开始加速发展。2020年 6 月京东到家的达达集团在美国纳斯达克上市,被称为 2020 年美国参议院通过《外国公司问责法案》后中国赴美上市"即时零售第一股"。

2. 到家模式的基本特征

与其他模式相比,到家模式以解决最后 3 公里的服务需求为主,需要构建即时服务体系。其主要特点是:一是社区服务为本质,主要服务对象为家庭需求,服务内容为家庭所在附近范围内的社区商业内容,如生鲜、超市杂货、外卖、药品等。二是即时配送为基本,与线下社区服务相比,线上服务缺少了体验感,但如果能够在便利和速度方面获得更好体验,将会大大提高受众接受度,目前多数服务以 30 分钟服务圈为限。

为了构建即时服务体系,近几年亚马逊、阿里巴巴等各大公司纷纷推出各种措施。一是发布快速送达服务业务,2014 年亚马逊推出一小时送达服务(Prime Now),2017 年发布 Instant Pickup,承诺在二十分钟或更短时间内为客户提供每日必需品;2020 年淘宝发布"小时达"业务。二是建立区域客户服务中心以加快配送,如亚马逊建立了会员即时配送中心(Prime Now Hubs),以服务周围 10 公里以内的客户;阿里巴巴天猫超市联合线下生态合作伙伴建立近端履约中心(Closer Fulfillment Center),服务 5 公里范围内的客户。三是使用新技术,更精准预测和最终用户需求及优化库存,如亚马逊 2020 年推出多渠道配送订单实时追踪网站 Swiship。

3. 即时电商推动"新服务"的发展

即时电商的兴起推动了社区电商的新发展。2019年阿里巴巴提出"新服务"战略,计划整合本地生活服务体系,推动阿里巴巴生活服务电子商务业务进行全面升级。阿里巴巴新服务战略主要包括以下内容:一是整合本地生活商业操作系统,通过整合饿了么、钉钉、线下商户等,建立从选择、预定、点单、配送、支付、评价在内的全链数字化体系,统一管理饿了么、口碑、支付宝、淘宝等多个平台的店铺,实现阿里生态内的账户通、营销通、交易通、流量通。二是以人为本,围绕家庭用户需求,以消费者需求的即时满足为核心竞争力,实现个性化消费推荐和服务,力图为消费者带来精准、便捷、快速的新体验,实现数字经济时代的"一户一表"。三是全场景服务,通过"20公里立体生活圈"、开放到家服务入口等措施,构建一张覆盖衣食住行全场景需求的,包括线上线下各种渠道的全方位服务网络。

新服务模式是生活服务电商业的升级,也是新形势的需求。2020年新冠疫情的暴发,消费行为和习惯发生变化,为到家模式和即时的发展提供了新的发展契机。到家需求急剧上升,以达达为例,2020年第一季度达达收入增速提升至109%,盈利能力不断改善。

即时电商也在进一步创新。2020年2月沃尔玛将到家服务提升为社区到家,在武汉率先推行,将各项电商服务搬进居民小区,客户订单以社区为单位,后台集中管理,集中派送。同时,一些新技术融合到到家模式中,如亚马逊与两家智能门锁公司August Home、Garageio合作测试,希望人不在家时,快递人员仍然能把快递送到家中。

参考文献

[1] United Nations. Unctad B2C E-commerce Index 2019[EB/OL]. https://unctad.org/en/PublicationsLibrary/tn_unctad_ict4d14_en.pdf,/2020-7-06.

[2] TRED. Quarterly Retail E-Commerce Sales[EB/OL]. https://fred.stlouisfed.org/release?rid=179/2020-7-06.

[3] eMarketer.US Retail Sales to Drop More than 10% in 2020[EB/OL]. https://www.emarketer.com/newsroom/index.php/us-retail-sales-to-drop-more-than-10-in-2020/,2020-6-08/2020-7-06.

[4] eMarketer. Top 10 Ecommerce Retailers Will Grow Their Market Share to 60.1% in 2020[EB/OL]. https://www.emarketer.com/content/top-10-ecommerce-retailers-will-grow-their-share-60-2020,2020-7-14/2020-7-16.

[5] eMarketer. https://www.emarketer.com/content/us-direct-to-consumer--ecommerce-sales-will-rise-to-

nearly-18-billion-in-2020，2020-4-1/2020-7-16.

[6] Eurostat. E-commerce sales[EB/OL]. https://appsso.eurostat.ec.europa.eu/nui/show.do?dataset=isoc_ec_eseln2&lang=en，2020-2-24/2020-7-06.

[7] Eurostat, E-commerce statistics for individuals[EB/OL]. https://ec.europa.eu/eurostat/statistics-explained/index.php/E-commerce_statistics_for_individuals#e-shopping_from_other_EU_countriesm，2020-1/2020-7-06.

[8] METI,平成30年度平成30年度(電子商取引に関する市場調査)[EB/OL]. https://www.meti.go.jp/press/2019/05/20190516002/20190516002-1.pdf，2019-5/2020-7-6.

[9] 艾媒,2020H1中国直播电商行业主播职业发展现状及趋势研究报告，https://www.iimedia.cn/c400/71682.html，2020-5-27.

本章撰写：党倩娜

第六章　世界大宗商品交易市场发展动态

一、全球大宗商品交易市场发展态势

(一) 全球期货和期权的交易量再创新高

据美国期货业协会(FIA)对全球80多家衍生品交易所场内衍生品成交量的最新统计,2019年全球期货及期权的合约总成交量为344.75亿手,再创历史新纪录,较2018年增长13.70%,增速低于上年同期的20.2%。

2019年全球期货成交量增长12.0%,达192.41亿手;期权成交量增长16.0%,达152.34亿手。2019年全球期货与期权成交量仍呈现出增长态势,期权的增速快于期货,但增速均低于上年同期的15.6%和26.8%(图6.1)。从市场份额来看,2019年期货成交量占全球场内衍生品总成交量的55.8%,期权成交量占全球场内衍生品总成交量44.2%(表6.1)。

表6.1　2019年全球期货期权成交统计

场内衍生品	2019年成交量/手	2018年成交量/手	同比增减/%	市场份额占比/%
期　货	19 240 573 650	17 177 117 726	12.0	55.8
期　权	15 234 055 390	13 132 378 918	16.0	44.2
合　计	34 474 629 040	30 309 496 644	13.7	100.0

资料来源:美国期货业协会(FIA)

(二) 拉丁美洲、亚太地区成交量增长较快

从地区看,2019年亚太地区和拉丁美洲衍生品成交量增长最快,而北美、欧洲地区则有所下降。亚太地区成交量增长29.4%,达144.86亿手,位居地区成交排名榜

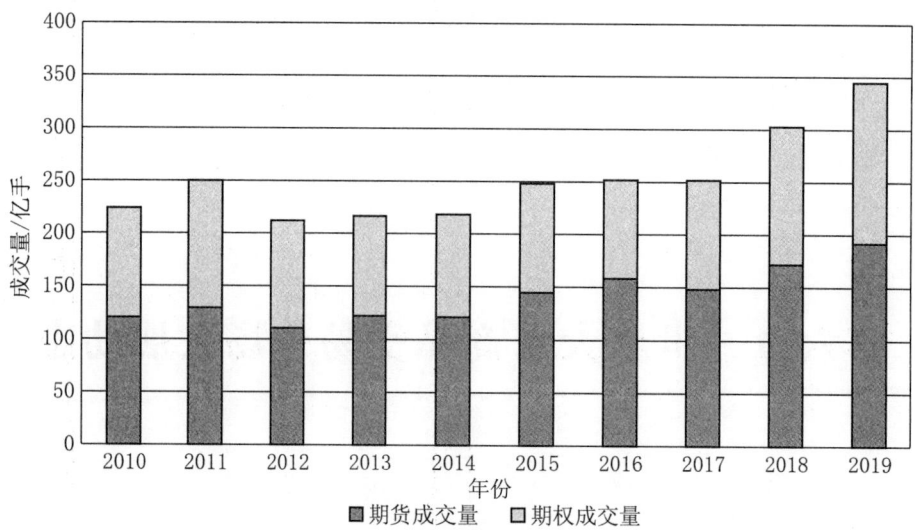

图 6.1 2010—2019 年全球期货期权成交量走势

资料来源：美国期货业协会（FIA）

首，全球占比 42.0%，是至少十年来的最高水平。其中，中国和印度的交易所几乎占了所有增长。

拉丁美洲增幅最大，成交量增长 47.6%，达 40.99 亿手，全球占比 11.9%，创历史新高。这主要是由于在巴西 B3 上交易的股指和利率合约的数量大量增加，该交易所在 2019 年的合约量为 38.8 亿张，比 2018 年增长 50.8%。

相反，欧洲和北美的成交量则比 2018 年有所下降，许多知名基准合约的下降抵消了其他领域的增长。欧洲总成交量下滑 4.4%，至 50.34 亿张合约。2019 年北美交易所的总交易量下降了 2.8%，至 102.65 亿张合约，这主要是由于股指期货和期权交易的双位数下降（表 6.2）。

表 6.2 2019 年全球场内衍生品交易地区分布

地 区	2019 年成交量/手	2018 年成交量/手	同步增减/%	市场份额占比/%
亚 太	14 485 943 146	11 219 571 601	29.1	42.0
北 美	10 265 404 954	10 559 162 097	−2.8	29.8
欧 洲	5 033 608 171	5 265 097 180	−4.4	14.6
拉 美	4 098 905 510	2 776 523 066	47.6	11.9
其 他	590 767 259	489 142 700	20.8	1.7
合 计	34 474 629 040	30 309 496 644	13.7	100.0

注：其他是希腊、以色列、南非和土耳其的交易所

资料来源：美国期货业协会（FIA）

亚太地区和拉丁美洲期货期权成交量自 2017 年开始增长较快,在全球交易量中所占的份额有所增加;北美和欧洲期货期权成交量在 2010—2018 年稳步增加,2019 年首次出现下降(图 6.2)。

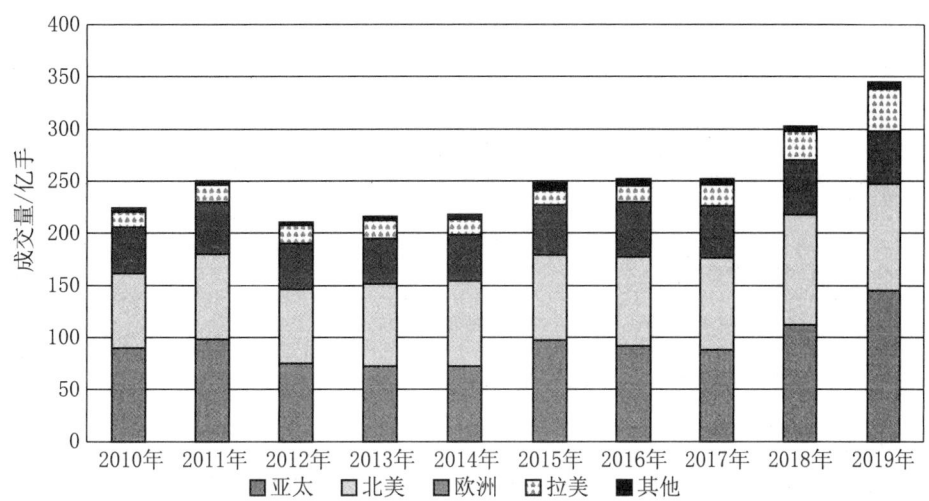

图 6.2 2010—2019 年全球衍生品交易量按地域划分的变化趋势

资料来源:美国期货业协会(FIA)

(三)印度国家证券交易所成交量首次跃居榜首

2019 年度最大的惊喜之一是印度国家证券交易所的交易活动激增。2019 年,印度国家证券交易所成交量超过 59.6 亿手,比 2018 年增长 57.27%,使其首次超越芝加哥商业交易所集团,成为合同量方面全球最大的交易所。主要是受到 Bank Nifty 期权成交大幅增加的推动。

芝加哥商业交易所集团虽然在 2019 年没有蝉联成交排行榜首位,但其大宗商品交易龙头的地位依然不可撼动,以微下降 0.31% 至 48.30 亿手,位居第 2 位。巴西交易所与 2018 年排名相同,依然位居第 3 位,成交量增长 50.76% 至 38.80 亿手。洲际交易所成交量下降 8.79% 至 22.57 亿手,排名第 4 位。欧洲期货交易所交易量下降 0.24% 至 19.47 亿手,排名第 5 位,较 2018 年上升 1 个名次。

2019 年,中国大陆的 3 家商品期货交易所、中国香港交易所和中国台湾地区期货交易所挤进了成交量排行榜的前 20 位。上海期货交易所成交量增长 20.44% 至 14.48 亿手,排名第 10 位,与 2018 年排名相同。大连商品交易所成交量增长 38.05% 至 13.56 亿手,排在第 11 位,较 2018 年上升 1 位。郑州商品交易所成交量增长 33.59% 至 10.93 亿手,排在第 12 位,较 2018 年上升 1 位。香港交易所成交量为 4.38 亿手,下降

8.79%，排在第15位，较2018年下降1位。中国台湾地区期货交易所成交量为2.61亿手，下降15.36%，排在第19位，较2018年下降2位(表6.3)。

表6.3　2019年全球交易所/交易所集团交易量前20位排名

排名	交易所	2019年成交量/手	2018年成交量/手	变化率/%
1	印度国家证券交易所	5 960 653 879	3 790 090 142	57.27
2	芝加哥商业交易所集团	4 830 045 369	4 844 857 131	−0.31
3	巴西交易所(B3)	3 880 624 283	2 574 073 178	50.76
4	洲际交易所	2 256 762 531	2 474 223 217	−8.79
5	欧洲期货交易所	1 947 144 196	1 951 763 081	−0.24
6	芝加哥期权交易所	1 912 075 382	2 050 884 142	−6.77
7	纳斯达克集团	1 785 341 204	1 894 713 045	−5.77
8	韩国交易所	1 546 717 194	1 408 259 039	9.83
9	莫斯科交易所	1 455 043 932	1 500 375 257	−3.02
10	上海期货交易所	1 447 597 054	1 201 969 095	20.44
11	大连商品交易所	1 355 584 225	981 927 369	38.05
12	郑州商品交易所	1 092 703 580	817 969 982	33.59
13	孟买证券交易所(BSE)	1 026 425 811	1 032 693 325	−0.61
14	迈阿密国际交易所	440 049 131	421 320 501	4.45
15	香港交易及结算所	438 690 021	480 966 627	−8.79
16	伊斯坦布尔交易所	387 996 034	236 393 421	64.13
17	日本交易所集团	361 063 321	411 945 912	−12.35
18	印度多种商品交易所	306 592 744	230 339 630	33.10
19	中国台湾地区期货交易所	260 765 482	308 083 576	−15.36
20	澳大利亚证券交易所集团	260 478 736	248 003 922	5.03

注：上海期货交易所包括上海国际能源交易所；东京商品交易所在2019年10月成为日本交易所集团的子公司；BSE包括印度国际交易所

资料来源：美国期货行业协会(FIA)

（四）大宗商品交易量创纪录，普遍实现两位数增长

从各个类别期货期权的成交量表现来看，2019年商品类产品交易量达到创纪录的72.2亿张合约，占比20.95%，同比增长19.23%。大宗商品交易市场除了非贵金属

类的交易量下降了5.49%,能源、农产品、贵金属和其他大类的交易量均呈现两位数增长。其中,贵金属和其他类产品的增幅高达83.16%和81.83%。从全球成交量占比来看,能源和农产品的成交量依然占据商品类别的前2位,分别占比7.37%和5.13%(表6.4)。

表6.4 全球各类别产品期货期权成交量变化情况

类 别		2019年成交量/亿手	2018年成交量/亿手	同比增减/%	市场份额占比/%
金融类	股 指	124.53	99.83	24.75	36.12
	个 股	60.99	57.88	5.38	17.69
	利 率	47.63	45.54	4.59	13.82
	外 汇	39.39	39.29	0.24	11.42
	小 计	272.54	242.54	12.37	79.05
商品类	能 源	25.42	22.38	13.58	7.37
	非贵金属	14.40	15.23	-5.49	4.18
	农产品	17.68	14.88	18.82	5.13
	贵金属	5.82	3.18	83.16	1.69
	其 他	8.89	4.89	81.83	2.58
	小 计	72.21	60.56	19.23	20.95
总 计		344.75	303.10	13.74	100.00

资料来源:美国期货业协会(FIA)

2019年,在全球大宗商品期货及期权合约成交量的前20名中,大宗商品交易最活跃的合约是在莫斯科交易所上市的布伦特原油期货合约。该合约的总成交量增长了39.7%,达到6.166亿张合约。但是,该合约规模仅为10桶石油,比在伦敦交易所的布伦特原油合约和纽约交易所WTI基准合约小100倍。对于在主要交易所交易的大多数已建立的能源期货和期权,2019年的交易活动低于2018年。

中国大陆的3家交易所依旧表现突出,在前20名排行榜中占据了14席。上海期货交易所的螺纹钢期货、燃料油期货、镍期货、白银期货、石油沥青期货分别位列第2、9、10、11、18位。郑州商品交易所的PTA(TA)期货、甲醇(MA)期货、菜籽粕期货、白糖期货分别位列第3、7、12、15位。大连商品交易所的铁矿石期货、豆粕期货、棕榈油期货、玉米期货、聚丙烯期货分别位列第4、6、14、19、20位。除上海期货交易所的铁矿石期货较2018年下降12.4%至4.65亿手,其余合约的成交量均呈现上升趋势,尤其是上海期货交易所的燃料油期货增幅高达350.0%至1.77亿手,白银期货增幅达238.0%至1.43亿手;大连商品交易所的棕榈油期货增幅达205.6%至1.36亿手。

纽约商品交易所的WTI轻质低硫原油期货和亨利港天然气期货分别位列第5位和第16位。洲际交易所的布伦特原油期货、印度多种商品交易所的迷你原油期货和芝加哥期货交易所的玉米期货也都有入围(表6.5)。

表6.5 2019年全球大宗商品期货期权交易合约数排名前20位

排名	合约	交易所	成交量/手	变化率/%
1	布伦特原油期货	莫斯科交易所	616 575 153	39.7
2	螺纹钢期货	上海期货交易所	465 171 782	−12.4
3	PTA(TA)期货	郑州商品交易所	312 483 830	82.9
4	铁矿石期货	大连商品交易所	296 538 011	25.4
5	WTI轻质低硫原油期货	纽约商品交易所	291 465 320	−4.9
6	豆粕期货	大连商品交易所	272 869 691	14.6
7	甲醇(MA)期货	郑州商品交易所	265 105 646	61.8
8	布伦特原油期货	洲际交易所	221 331 490	−5.8
9	燃料油期货	上海期货交易所	176 719 415	350.0
10	镍期货	上海期货交易所	160 444 120	39.7
11	白银期货	上海期货交易所	142 823 743	238.0
12	菜籽粕期货	郑州商品交易所	138 085 360	32.3
13	迷你原油期货	印度多种商品交易所	135 579 941	93.8
14	棕榈油期货	大连商品交易所	135 504 196	205.6
15	白糖期货	郑州商品交易所	112 515 650	75.8
16	亨利港天然气期货	纽约商品交易所	103 394 504	−9.5
17	玉米期货	芝加哥期货交易所	103 189 062	6.0
18	石油沥青期货	上海期货交易所	102 908 784	47.4
19	玉米期货	大连商品交易所	99 119 054	48.4
20	聚丙烯期货	大连商品交易所	93 707 685	89.9

资料来源:美国期货业协会(FIA)

(五）大宗商品价格价格宽幅震荡

2019年,受全球经贸发展、地缘政治、气候变化等多种因素影响,国际大宗商品价格宽幅震荡,总体水平低于2018年。2019年,全球经济增速预期不断下调,贸易摩擦进程曲折多变,全球贸易增速明显下滑,地缘政治风险积聚,同时还发生了巴西矿难、全球几个粮食主产区气候异常等偶发性事件,国际大宗商品价格呈现出"宽幅震荡"的主要特征,波动幅度、涉及品种有所扩大。2019年底,中国国家发展和改革委员会价格监测中心编制的跟踪20个品种的中价国际大宗商品价格指数为67.3点(2013年12月=100),比年初高11.4%;全年平均为67点,比2018年下降9.1%。其中,铁矿石价格上涨超过30%为最大,煤炭、棉花、原油、铝价格跌幅靠前(图6.3)。

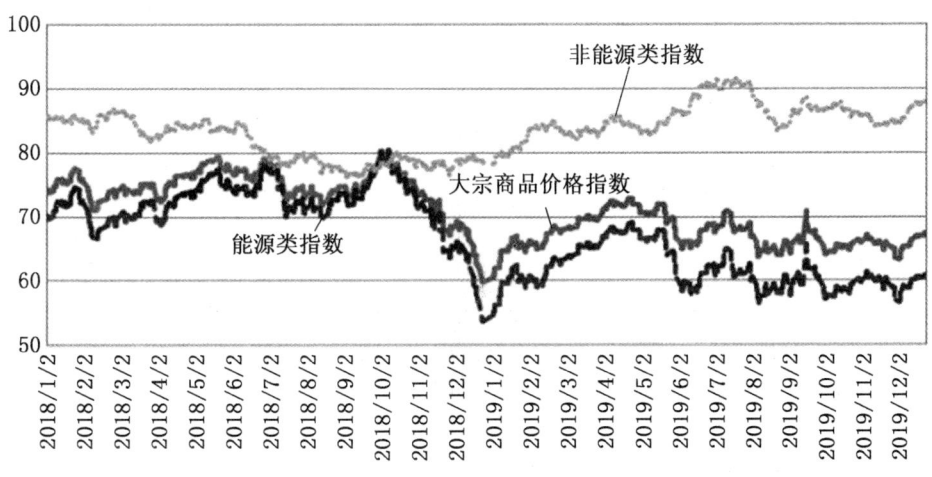

图6.3 国际大宗商品价格指数走势图(2013年12月=100)

截至2019年底,全球有83家交易所向FIA汇报衍生产品数据,当中涉及大宗商品衍生品产品的占45家,合计提供1 463支大宗商品衍生产品,其中大部分为期货(1 162支,占总数的79%),少数是期权。在大宗商品资产四大类别中,能源产品数量最多,共876支,占总数的60%;其次为农产品,共308支,占总数21%。提供大宗商品期货的交易所数目为44家,提供大宗商品期权的交易所数目为28家(表6.6)。

2019年,多家交易所中,美国的纽约商品期货交易所(NYMEX)提供最多数量的大宗商品产品(576支,占全球总数的39%),当中绝大部分都是能源产品(561支)。同样位于美国的纳斯达克集团(Nasdaq NFX)紧随其后,但其提供的大宗商品产品数目(118支,占全球总数的8%)远低于NYMEX。

表6.6　2019年全球交易所提供的大宗商品产品

产品类型	资产类别	提供产品的交易所数目	产品数目	占该类资产产品数目的比重/%
期货	贵金属	22	106	9.1
	非贵金属	16	85	7.3
	农产品	33	206	17.7
	能源产品	27	737	63.4
	其他	6	28	2.4
期权	贵金属	11	28	9.3
	非贵金属	8	29	9.6
	农产品	19	102	33.9
	能源产品	11	139	46.2
	其他	2	3	1.0
期货及/或期权	贵金属	24	134	9.4
	非贵金属	17	114	7.8
	农产品	34	308	21.1
	能源产品	28	876	59.9
	其他	6	31	2.1

资料来源：美国期货业协会（FIA）

（六）新冠疫情给大宗商品带来新的挑战

2020年，新冠肺炎疫情在全球蔓延，大宗商品作为强周期性商品与世界经济形势密切相关，价格波动明显。2020年第一季度，全球商品需求大幅走弱。同时，OPEC＋减产谈判破裂，俄罗斯、沙特多次表示无重回谈判的意愿，全球金融市场大幅波动，大宗商品的价格明显下跌。3月，中国国家发展和改革委员会价格监测中心编制的跟踪20个品种的中价国际大宗商品价格指数平均为48.11点（2013年12月＝100），比2019年12月下降28.3%；国际大宗商品价格代表的路透/杰佛瑞商品研究局商品期货价格指数（CRB指数）比2019年12月下降23.2%。进入2020年第二季度，随着疫情的控制，各国解封尤其是中国全面复工复产的影响，5月全球大宗商品价格止跌回升。5月，在原油、铁矿石、铜等商品拉动下，国际大宗商品价格大幅上涨，结束年初以来的跌势。中国国家发展和改革委员会价格监测中心编制的跟踪20个品种的中价国际大宗商品价格指数平均为45.89点（2013年12月＝100），比上月上涨10.70%,同比下降34.69%。

在原油方面,受疫情影响,全球原油需求出现大幅度的萎缩,2020年第一季度国际油价下跌明显,甚至在4月下旬上演了雪崩式下跌。3月初,沙特及俄罗斯的OPEC+谈判破裂作为导火索引发市场恐慌情绪,油价下跌。3月23日美联储推出无限量QE举措,使得国际油价出现小幅反弹,但作用并不明显。4月初随着欧美各国疫情的蔓延,尽管出现了所谓的OPEC+重新达成减产协议,却难以扭转油价持续走低的趋势。4月20日,美国5月到期的WTI原油期货暴跌逾300%,当天收报每桶−37美元,为美油历史首次跌入负值。5月份,随着OPEC+正式减产,以及一些国家和地区放松疫情管控,国际油价大幅上涨。供应方面,OPEC+减产计划正顺利进行,美国、加拿大等其他产油国产量也纷纷下降;需求方面,欧美部分国家和地区放松疫情封锁管控,复工复产带来原油需求快速恢复,5月美国原油库存连续两周下降至5.26亿桶,结束了此前持续4个月的大幅增加趋势,市场对2020年下半年石油需求将超过供应的预期正持续升温。

在铁矿石方面,2020年前两个月铁矿石价格震荡偏弱。随着海外疫情加重,欧美主要钢铁生产企业相继传出减产消息,铁矿石全球消费预期开始受到实质性影响,价格持续下行。3月底,中国进口铁矿石现货价格(62%品位,CFR)为83.7美元/吨,较年初下降10.2%。随着中国全面复工复产的推进,钢铁生产及需求明显增长,同时港口库存持续处于低位,铁矿石价格大幅上涨。

有色金属方面,2020年第一季度有色金属价格均大幅下降,主要是受疫情影响,下游需求大幅下滑以及中国冶炼厂有色金属库存大幅增加。进入第二季度后,南美疫情持续蔓延,铜生产和运输均受到较大影响,给供应带来不确定性。而欧美等多国解封后,复工复产提升需求增长预期。因此,铜价呈上行走势。

采矿行业也受到沉重的打击,煤炭贸易、运输和经营等均受到不同程度的影响。由于澳大利亚煤炭主要流向中日韩等亚太区域,这些区域的疫情基本控制或者相对平稳后,导致澳大利亚煤炭出口价格先跌后升。

在疫情暴发前,国际农产品价格总体在近年来低位徘徊运行,疫情在全球暴发后,各国政府实施的居家隔离等措施引起部分民众和政府恐慌性囤积食品,对主食尤其是面包、面粉的需求上升。越南、哈萨克斯坦、塞尔维亚、俄罗斯等出口国对粮食实行了出口管制措施。而棕榈油、橡胶等商品由于封闭管理以及物流运输等问题也受到一定影响。2020年度全球农作物产量基本已成定局,基于疫情影响,以及生物能源因油价处于低位而不具备比较优势,美国农业部供需报告相应调低全球棉花、大豆、玉米、小麦消费量,其中棉花消费量下调至2 289万吨,较上年减少12.7%,这将是自19世纪以来全球消费量最大降幅。

2020年第一季度,全球金融市场波动加大,全球期货和期权交易量增长明显。根据国际期货业协会(FIA)发布的2020年一季度全球期货和期权交易数据显示,全球场内衍生品交易量同比增长43.2%至111.1亿手,创下历史新高。大宗商品领域,贵金属、农产品和能源类品种一季度交易量均显著增长,增幅分别为83.4%、68.9%和52.8%。其中,能源类品种和农产品一季度交易量分别为8.93亿手和5.63亿手。黄金、白银及其他贵金属的期货和期权产品比较受市场欢迎,一季度交易量为1.95亿手。基础金属期货和期权交易量为3.2亿手,同比下降1.3%。从一季度全球交易所衍生品交易量排名看,前3名与2019年保持一致。印度国家证券交易所(NSE)一季度交易量为18.4亿手,同比增长37.82%,依然居于首位。CME集团和B3交易所,一季度交易量分别为16.7亿手和13.5亿手,同比分别增长47.35%和58%,紧随其后。

2020年4月23日,世界银行发布的《大宗商品市场展望》报告指出,新冠疫情大流行对全球经济造成的冲击已导致大多数大宗商品价格下跌,预计2020年大宗商品价格,尤其是能源和金属价格将大幅下降。报告预测,包括原油、天然气和煤炭在内的能源平均价格2020年将比2019年下跌约40%。其中,2020年原油平均价格预计为每桶35美元,比2019年下跌约43%。由于经济停摆、需求放缓,报告预计2020年金属平均价格将下降约13%。报告预计全年食品价格整体上保持稳定,并提醒供应链中断以及政府限制出口或囤积商品的措施,可能让一些地方的粮食安全面临风险。

二、主要大宗商品交易品种情况

(一)农产品板块

2019年,农产品板块的大宗商品交易量排名前20位的期货和期权产品中,中国的农产品期货占据13席,前10位的合约中,除了第5位和第10位为芝加哥商业交易所(CME)集团的玉米期货和大豆期货,其他8席均出自中国的交易所,与2018年持平。大连商品交易所的豆粕期货连续8年位列全球农产品交易量排名的首位。郑州商品交易所的菜籽粕期货、大连商品交易所的棕榈油期货分别位列第2和第3位。

大连商品交易所的豆粕期货、棕榈油期货、玉米期货、豆油期货分别位列第1、3、6、7位,郑州商品交易所的菜籽粕期货、白糖期货、棉花期货分别位列第2、4、8位,上海期货交易所的橡胶期货位列第9位。芝加哥商业交易所(CME)集团芝加哥期货交易所(CBOT)依然在农产品期货期权交易中占据重要位置,除玉米期货和大豆期货外,还有4个合约品种挤进前20位,包括豆油期货、玉米期权、芝加哥软红冬麦期货、豆粕期货;洲际交易所(ICE)占得一席,为糖11号期货。

此外,郑州商品交易所的菜籽油期货、苹果期货、红枣期货,大连商品交易所的鸡蛋期货,上海期货交易所的纸浆期货也均位列全球农产品衍生品成交量排名前20位(表6.7)。

从增长幅度来看,上海期货交易所的纸浆期货成交激增,从2018年的897.5万手猛增至3 634.5万手,增幅高达304.9%,位居增幅榜榜首。大连商品交易所的棕榈油期货增长了205.6%至1.36亿手,增幅列增幅榜第2位。郑州商品交易所的苹果期货则出现超过50%以上的大幅下跌,由2018年的9 995.6万手降至3 746.2万手,降幅达62.5%。

2019年,俄罗斯、乌克兰及美国中西部等几个粮食主产区先后出现气候异常,国际粮价大幅波动,但由于全球粮食库存高企,供应依然充裕,国际粮价总体略有下降。全年反映国际粮食价格水平的路透/杰佛瑞商品研究局商品期货价格指数(CRB指数)粮食期货价格指数比上年略降0.98%。其中,小麦价格略降,玉米价格上涨,大米价格下跌。全年平均,芝加哥软红冬麦期货、玉米期货价格分别为每吨181美元、146美元,比上年分别略降0.27%和上涨4.06%;泰国、越南破碎率5%大米价格分别为每吨402美元、347美元,比上年分别下降1.77%、17.42%。

主要受中美贸易摩擦等因素影响,2019年国际大豆、豆油价格持续低位徘徊,总体水平低于上年。全年芝加哥大豆、豆油期货价格分别为326美元/吨、29.1美分/磅,分别下降4.95%、2.79%;巴西市场大豆价格为355美元/吨,下降10.13%。马来西亚棕榈油价格先降后升,全年平均为522美元/吨,下降7.5%。

受供需关系宽松影响,纽约洲际交易所棉花期货价格为67.2美分/磅,大幅下跌18.6%。2019年国际糖业组织原糖综合报价平均为12.6美分/磅,与上年持平。

其中,2019年,棕榈油的商品交易受到广泛的关注,年度涨幅高达44%。2019年前3个季度棕榈油整体走势比较颓废,进入第四季度后,随着马来半岛产地不断传来的棕榈油减产消息和生物柴油政策的利好,大量资金涌入棕榈油板块。近十年来,马来西亚和印度尼西亚棕榈油产量持续稳定增长,生产的棕榈油占世界棕榈油产量的85%以上。两国的出口地主要为印度、中国、巴基斯坦、欧盟、中东等国家和地区,其中印度、欧盟和中国是重要的出口目的地,因此这3个国家的相关进出口政策、国内外对油脂行业要求标准政策的改变都会对棕榈油的交易形势造成直接影响。自2013年以来,中国政府逐步收紧棕榈油进口许可证融资政策,导致中国国内棕榈油库存从高峰期的158万吨降至70~80万吨,截至2019年底,中国政府都没有松动棕榈油进

表6.7　2019年全球农产品期货期权交易合约数排名前20位的品种

排名	合约	交易所	2019年成交量/手	2018年成交量/手	变化率/%
1	豆粕期货	大连商品交易所	272 869 691	238 162 413	14.6
2	菜籽粕期货	郑州商品交易所	138 085 360	104 361 264	32.3
3	棕榈油期货	大连商品交易所	135 504 196	44 344 644	205.6
4	白糖期货	郑州商品交易所	112 515 650	64 004 805	75.8
5	玉米期货	芝加哥期货交易所	103 189 062	97 387 154	6.0
6	玉米期货	大连商品交易所	99 119 054	66 812 732	48.4
7	豆油期货	大连商品交易所	87 543 178	54 135 551	61.7
8	棉花期货	郑州商品交易所	63 971 129	58 533 251	9.3
9	橡胶期货	上海期货交易所	53 850 389	61 845 475	−12.9
10	大豆期货	芝加哥期货交易所	53 333 211	58 538 591	−8.9
11	菜籽油期货	郑州商品交易所	37 786 701	35 083 678	7.7
12	11号白糖期货	洲际交易所	37 687 885	37 011 007	1.8
13	苹果期货	郑州商品交易所	37 461 668	99 956 445	−62.5
14	鸡蛋期货	大连商品交易所	37 130 045	19 918 457	86.4
15	纸浆期货	上海期货交易所	36 345 367	8 975 314	304.9
16	豆油期货	芝加哥期货交易所	31 694 867	31 265 884	1.4
17	玉米期权	芝加哥期货交易所	31 319 520	25 542 064	22.6
18	芝加哥软红冬麦期货	芝加哥期货交易所	30 407 143	36 805 171	−17.4
19	豆粕期货	芝加哥期货交易所	29 403 484	31 838 908	−7.6
20	红枣期货	郑州商品交易所	27 734 015	n/a	n/a

资料来源：美国期货行业协会(FIA)

口许可证融资的政策意向。近几年,欧盟认为生产棕榈油会对热带雨林造成损坏,因此对来自印度尼西亚和马来西亚的毛棕榈油和生物柴油进行了限制。2019年,印度政府放宽了对马来西亚棕榈油进口关税,精炼棕榈油和毛棕榈油进口关税分别从原来的64%和44%下调至46%和40%,带动了马来西亚棕榈油对印度出口的回升。但是在2020年初,印度政府中断了马来西亚的棕榈油进口。这一系列问题导致了马来西亚和印度尼西亚国内棕榈油库存不断升高,压制了国际棕榈油价格,造成了国际棕榈油期价持续低迷。

（二）能源板块

2019年，全球能源期货期权交易仍然集中在美国与欧洲，俄罗斯、中国、印度等新兴市场也表现突出。排名前20位的品种中，芝加哥商品交易所（CME）集团旗下的纽约商业交易所的品种占6席，WTI轻质低硫原油期货、亨利港天然气期货、RBOB汽油实物（RBOB）期货、纽约港ULSD期货、原油期权、布伦特原油最后交易日（BZ）金融期货分别位列第2、6、12、13、15、17位，数量与2018年持平。洲际交易所（ICE）的布伦特原油期货、柴油期货、WTI轻质低硫原油期货、布伦特原油期权分别位列第3、8、11、18位。新兴市场中，莫斯科交易所的布伦特原油期货以6.17亿手的好成绩位居排名第1位，连续4年排名能源板块榜首；中国3个交易所共有6个品种进入前20位，分别是上海期货交易所的燃料油期货、石油沥青期货、中质含硫原油期货，大连商品交易所的焦炭期货和焦煤期货，郑州商品交易所的动力煤期货。印度多种商品交易所也有2个品种合约进入前20位，分别为迷你原油期货和原油期货。

在2019年全球排名前20位的能源期货期权交易合约中，有9个呈现上涨，11个回落。其中上海期货交易所重新挂牌的燃料油期货以350.0%涨幅至1.77亿手，位列增幅首位。其次，印度多种商品交易所的迷你原油期货同比上涨了93.8%至1.36亿手，位列增幅榜第2位。随着中国市场向非本地贸易商和投资者开放某些合同，并允许外国经纪人在大陆期货市场中发挥更加积极的作用，2019年上海国际能源中心的中质含硫原油期货总交易量为3 464.43万份合同，比上年增长30.7%。该合约的交易活动虽然仍只是两个领先的国际基准布伦特和WTI合约交易量的一小部分，但它已成为苏伊士以东最活跃的石油合约（表6.8）。

原油方面，在原油生产国中，具有1 000万桶/日以上生产能力的国家有沙特、美国与俄罗斯，三国产量之和目前占全球产量的30%以上，形成"三足鼎立"的格局。2019年前4个月，受OPEC超额减产、委内瑞拉原油产量下降以及美国计划取消对伊朗石油制裁豁免引发市场担忧等因素影响，国际油价持续上扬。从2019年初55美元下方起步，作为全球基准的布伦特原油价格于4月第三周到达75美元附近，西德克萨斯中质原油（WTI）的情况也是如此。此后，由于美国原油库存上升、OPEC延长减产未能达成共识，油价快速下跌。2019年下半年，除9月16日沙特石油设施遇袭导致油价短暂冲高外，国际油价振幅收窄。全年纽约WTI、伦敦布伦特原油期货价格分别为每桶56.93美元、64.09美元，比上年分别下降12.26%、10.60%。

表 6.8　2019 年全球能源期货期权交易合约数排名前 20 位的品种

排名	合约	交易所	2019年成交量/手	2018年成交量/手	变化率/%
1	布伦特原油期货	莫斯科交易所	616 575 153	441 379 480	39.7
2	WTI 轻质低硫原油期货	纽约商业交易所	291 465 320	306 613 007	−4.9
3	布伦特原油期货	洲际交易所	221 331 490	235 001 152	−5.8
4	燃料油期货	上海期货交易所	176 719 415	39 268 835	350.0
5	迷你原油期货	印度多种商品交易所	135 579 941	69 941 785	93.8
6	亨利港天然气期货	纽约商业交易所	103 394 504	114 256 078	−9.5
7	石油沥青期货	上海期货交易所	102 908 784	69 802 079	47.4
8	柴油期货	洲际交易所	80 009 445	82 672 960	−3.2
9	原油期货	印度多种商品交易所	60 194 186	36 629 307	64.3
10	焦炭期货	大连商品交易所	55 680 120	69 071 834	−19.4
11	WTI 轻质低硫原油期货	洲际交易所	53 597 867	56 802 221	−5.6
12	RBOB 汽油实物期货	纽约商业交易所	49 851 807	49 613 909	0.5
13	纽约港 ULSD 期货	纽约商业交易所	43 400 809	46 277 883	−6.2
14	中质含硫原油期货	上海国际能源中心	34 644 385	26 509 423	30.7
15	原油期权	纽约商业交易所	31 250 967	44 521 982	−29.8
16	动力煤期货	郑州商品交易所	27 495 364	48 874 599	−43.7
17	布伦特原油最后交易日(BZ)金融期货	纽约商业交易所	25 616 925	21 825 780	17.4
18	布伦特原油期权	洲际交易所	25 590 449	24 943 223	2.6
19	美国石油基金 ETF 期权	—	23 387 963	36 282 586	−35.5
20	焦煤期货	大连商品交易所	22 874 614	46 465 289	−50.8

注：1. 2018 年 7 月上海期货交易所在对期货合约、手续费和质量标准进行了修改后，重新挂牌燃料油期货

2. 2018 年 3 月上海国际能源中心开始交易中质含硫原油期货

3. "—"在美国多个期权交易所交易

资料来源：美国期货行业协会(FIA)

2020 年初，美伊冲突加剧和中美和谈为油价提供了一定的利好支撑，令油价小幅上涨，但此后，新冠肺炎疫情暴发令市场担忧中国的原油需求量将出现下降，油价由涨转跌。3 月 6 日，OPEC＋减产联盟就 OPEC 方面提出的扩大减产方案进行谈

判,因俄罗斯拒绝无果而终。WTI 原油期货暴跌 10%,首行期货合约凌晨 3 点 30 分结算价 41.28 美元/桶;Brent 原油首行期货合约结算价报 45.50 美元/桶。4 月,沙特等产油国大幅降低原油售价,原油供应端利空压力加重。在供需失衡后,原油库存快速增加,加重了市场对原油储存见顶的担忧,油价也受以上利空影响暴跌。4 月 20 日,纽约商品交易所 5 月交货的 WTI 原油期货价格大跌 305.97%,报收 -37.63 美元,史上首次出现"负油价";6 月交货的伦敦 Brent 原油期货价格下跌 2.51 美元,报收每桶 25.57 美元,跌幅为 8.94%。5 月,OPEC 再度召开会议并决定重启原油减产,油价开始逐步回升,WTI 与布伦特油价再度回到 40 美元/吨上方。据 EIA 的预测数据显示,2020 下半年,全球原油市场将重现供应缺口,需求增速超越供应增速是导致缺口形成的主要原因;第三季度原油供应缺口将逐步增大,第四季度则适度收缩,下半年的平均供应缺口约为 313 万桶/日。若以此为依据,下半年国际油价将呈现冲高后适度回落的趋势。

(三)金属板块

2019 年,上海期货交易所、纽约商业交易所和伦敦金属交易所依然在全球金属期货期权交易中占主导地位。全球排名前 20 位的金属期货期权交易合约中,中国大陆商品交易所的品种包揽前 4 位,在前 10 位中占有 6 席。上海期货交易所有 8 个品种入围,与 2018 年持平。上海期货交易所的螺纹钢期货以 4.65 亿手的成交量稳居首位,镍期货、白银期货、锌期货、热轧卷板期货、黄金期货、铜期货、铝期货分别位列第 3、4、7、8、11、13、15 位。CME 集团旗下的纽约商业交易所有 3 个品种入围,伦敦金属交易所有 4 个品种入围。大连商品交易所的铁矿石期货自 2018 年 5 月 4 日开始引入境外交易者,2019 年有 100 多家外国贸易商进行铁矿石期货交易,该合约总交易量增长 25.4%至 2.97 亿张合约,成为全球交易量第二大的金属合约。

此外,印度商品交易所和伊斯坦布尔交易所各有 1 个品种入围前 20 位(表 6.9)。

1. 铁矿石

2019 年前 7 个月钢材产量增加拉动了铁矿石需求。在淡水河谷溃坝事件、巴西北部大雨、澳洲热带气旋影响下,淡水河谷、力拓、必和必拓三大铁矿石巨头纷纷下调产量预期,全球铁矿石供应下降,市场炒作逐步升温,铁矿石价格持续走高,一度升至 5 年来最高水平。8 月,淡水河谷复产,四大矿山产量上升,铁矿石供给缺口逐渐修复,钢材产量减少,铁矿石需求回落,价格呈震荡下行走势。全年普氏、上海钢联铁矿石现货价格(62%,青岛港,CIF)分别为 93.5 美元/吨、93.3 美元/吨,均比上年上涨 34.6%。

表6.9 2019年全球金属期货期权交易合约数排名前20位的品种

排名	合约	交易所	2019年成交量/手	2018年成交量/手	变化率/%
1	螺纹钢期货	上海期货交易所	465 171 782	530 976 610	−12.4
2	铁矿石期货	大连商品交易所	296 538 011	236 491 632	25.4
3	镍期货	上海期货交易所	160 444 120	114 818 738	39.7
4	白银期货	上海期货交易所	142 823 743	42 250 568	238.0
5	黄金期货	纽约商业交易所	86 508 741	80 301 590	7.7
6	1克拉钻石期货	印度商品交易所	86 164 857	23 268 925	270.3
7	锌期货	上海期货交易所	71 066 468	92 348 782	−23.0
8	热轧卷板期货	上海期货交易所	70 411 675	86 816 386	−18.9
9	铝期货	伦敦金属交易所	66 046 920	65 574 126	0.7
10	黄金期货	伊斯坦布尔交易所	50 953 484	19 363 020	163.1
11	黄金期货	上海期货交易所	46 208 567	16 123 891	186.6
12	SPDR黄金份额ETF期权	—	38 791 969	27 899 213	39.0
13	铜期货	上海期货交易所	36 520 132	51 248 700	−28.7
14	优等铜期货	伦敦金属交易所	35 622 832	38 599 069	−7.7
15	铝期货	上海期货交易所	32 757 569	46 618 361	−29.7
16	iShares白银信托ETF期权	—	29 929 129	14 483 473	106.6
17	特级高质锌期货	伦敦金属交易所	29 648 051	33 430 054	−11.3
18	镍期货	伦敦金属交易所	24 468 858	24 011 101	1.9
19	银(5 000盎司)(SI)期货	纽约商业交易所(COMEX)	24 149 148	23 987 051	0.7
20	优等铜期货	纽约商业交易所	24 008 860	32 710 103	−26.6

注:"—"在美国多个期权交易所交易
资料来源:美国期货行业协会(FIA)

2. 贵金属

贵金属期货和期权的交易量在2019年取得蓬勃发展。在全球范围内,前三季度所有金属的交易量同比增长了83%,在中国和土耳其交易所挂牌的白银和黄金期货交易量增长了三位数。黄金交易仍然最为活跃。与2018年的交易水平相比,全球最大的黄金期货市场——芝加哥商品交易所(CME集团)旗下的纽约商品交易所(COMEX)交易的黄金期货是市场批发方面的主要基准,交易量在2019年前3个季度同比增长了约55%。此外在,巴西B3交易所、伊斯坦布尔交易所、迪拜黄金和商品交易所(DGCX)、印度多种商品交易所(MCX)、上海期货交易所和泰国期货交易所的主力黄金期货合约的交易量也都十分可观。白银期货是交易量第二高的贵金属衍生品,2019年的COMEX的交易量相比2018年的水平略有下降。其他全球主要白银期货合约的交易量有所增加。CME集团旗下的纽约商业交易所(NYMEX)是最活跃的钯金和铂金期货市场,其铂金期货的交易量在2019年增长了6%,而钯金的交易量则下降了12%。

3. 有色金属

2019年,全球矿业市场供需双双低迷,有色金属消费量占全球一半以上的中国经济增长压力加大,及美贸易摩擦不断升级对有色金属市场信心造成严重打压,主要大宗矿产品价格震荡回调。

铝价预计上行。受供给侧改革的影响,中国电解铝产量增有限,2019年1至9月,中国电解铝产量2 645.9万吨,全球电解铝总产量4 754.9万吨,同比略有下降。消费方面,同比略有下降。消费方面,同比略有下降。消费方面,同比略有下降。消费方面,随着新能源汽车的广泛应用,铝作为制造商减少车重的首选材料,消费将增长,推动铝价上行。

镍价预计上行。镍是新能源汽车电池关键部件的主要成分,随着各国新能源汽车的推广应用,引发了对镍产业的一系列投资活动,2019年以来价格强势上涨。世界最大镍矿生产国印尼宣布,将在2022年前禁止包括在镍内的未加工矿产出口,预期随着令批准,未来几年镍价将持续走高。

(四) 其他商品类期货期权

2019年,全球其他类商品衍生品交易量排名前10位均被中国大陆的交易所合约品种所占据。郑州商品交易所的PTA(TA)期货和甲醇期货分别以3.12亿手和2.65亿手的交易量位列排行榜的第1位和第2位。大连商品交易所有5个品种入围前10位,较2018年增加了一席。该交易所上市的乙二醇期货以高达3 088.7%的增幅至7 410.2万手,排名第3位。

此外,2019年上市的郑州商品交易所的尿素(UR)期货和纯碱(SA)期货,大连商品交易所的苯乙烯期货也进入前10位(表6.10)。

表 6.10 2019 年全球其他商品类期货期权交易合约数排名前 10 位的品种

排名	合约	交易所	2019年成交量/手	2018年成交量/手	变化率/%
1	PTA(TA)期货	郑州商品交易所	312 483 830	170 871 552	82.9
2	甲醇(MA)期货	郑州商品交易所	265 105 646	163 897 244	61.8
3	聚丙烯期货	大连商品交易所	93 707 685	499 349 161	89.9
4	乙二醇期货	大连商品交易所	74 101 992	2 323 861	3 088.7
5	线性低密度聚乙烯期货	大连商品交易所	63 438 716	36 735 543	72.7
6	聚氯乙烯(PVC)期货	大连商品交易所	33 792 856	366 362 787	−7.1
7	平板玻璃(FG)期货	郑州商品交易所	30 916 599	25 143 634	23.0
8	尿素(UR)期货	郑州商品交易所	4 693 463	n/a	n/a
9	苯乙烯期货	大连商品交易所	3 958 697	n/a	n/a
10	纯碱(SA)期货	郑州商品交易所	1 564 832	n/a	n/a

三、主要国家大宗商品交易市场现状

美国的期货交易市场是全球期货市场的重要组成部分,无论是市场的发展历史,还是上市品种的丰富性,抑或是品种的创新性在全世界范围内都是首屈一指的。美元作为国际上主要的结算、计价货币,也是国际上大宗商品的定价货币。而中国是目前全球最大的大宗商品生产国、消费国和进口国,并逐渐获得了部分大宗商品的国际定价权。中美两国在大宗商品市场中的交易动态影响着全球大宗商品各个方面的走势与发展,值得重点关注。

(一)美国

目前美国期货交易所已成为综合性的期货交易平台,交易品种涵盖传统的以农业和金属为代表的实物期货品种、包括利率期货与指数期货在内的金融期货合约,以及创新品种例如天气以及房地产期货合约。

2019 年,美国衍生品成交量为 101.49 亿手,占全球衍生品总成交量的 29.4%,较 2018 年下降了 5 个百分点;商品衍生品成交量为 14.17 亿手,占全球商品衍生品总成交量的 19.6%,较 2018 年下降了 5.1 个百分点;商品衍生品期货成交量为 12.30 亿手,占全球商品衍生品期货总成交量的 17.8%,较 2018 年下降了 4.4 个百分点;商品衍生品期权的成交量为 1.87 亿手,占全球商品衍生品期权总成交量的 64.0%,较 2018 年下降了 9.0 个百分点。2019 年,美国商品各类合约按照市场份额大小依次为:能源 58%,农产品 34%,贵金属 4%,非贵金属 2%,其他 2%,能源类方面仍占绝对优势。据 FIA 统计,截至 2019 年,在美上市且 2018、2019 年有成交发生的商品期货、期权合约共计 799 个,其中商品期货 597 个,商品期权 202 个。

作为大宗商品的计价货币,美元指数与商品价格之间通常存在反比关系。当美元兑其他主要货币走强时,商品价格趋于下跌,而当美元兑其他主要货币贬值时,商品价格普遍走高。2019 年,在全球经济放缓、贸易摩擦及地缘政治紧张等不确定性上升背景下,美元作为避险资产受到投资者青睐。2019 年前 9 个月,衡量美元对一揽子货币汇率水平的美元指数持续走强,并在 9 月触及两年来高点。但随着贸易摩擦缓解、全球经济不确定性降低,投资者风险偏好走强,美元指数临近年末大幅走低。最终,美元指数在 2019 年底抹去了全年大部分涨幅,全年涨幅仅约 0.4%。

2019 年,美国商品期货交易委员会(CFTC)提起 69 项违法指控,主要涉及操纵、幌骗、欺诈、盗用保密信息,非法提供数字资产等创新产品的违法行为,其中欺诈、操纵、幌骗案件约占 65%。CFTC 执法部门继续对操纵和破坏性交易保持高压态势,起诉此类案件数量仅次于 2018 年。同时 CFTC 认为,只有与其他执法部门及司法机构合作,才能最有效保护市场。刑事司法和监管执法通力合作是威慑违法、惩罚不法、保护市场诚信和市场参与者的关键。CFTC 的最终目标是事前预防违法行为,没有比刑法、特别是监禁处罚更有威慑力的机制。在行政责任之外追究刑事责任,将各类法律责任有机组合,适用于不同的个案,才能实现最大的威慑效果。2019 年,CFTX 与刑事司法机关合作发起了 16 个平行起诉,创历史纪录。2019 年,CFTC 追究的金钱责任总额约 13.2 亿美元,比 2018 年增长了 39%,历史排名第四,具体包括罚金、没收违法所得和民事赔偿。

(二) 中国

2019 年,中国期货市场成交 39.62 亿手和 290.61 万亿元,同比分别增长 30.81% 和 37.85%。商品期货市场成交量增长近 30%,其中能源化工类品种增量贡献了近六成,商品期货期权市场成交量增幅超过 1 倍。中国期货市场产品创新提速,全年共上市 14 个商品期货品种和期权工具,包括红枣、尿素、20 号胶、粳米、不锈钢、苯乙烯、纯碱 7 个商品期货,天然橡胶、玉米、棉花、铁矿石、PTA、甲醇、黄金 7 个商品期权,上市产品数量为历年之最。截至年底,中国期货市场上市的期货品种和期权工具数量达 75 个。

在之前 PTA、动力煤、原油、镍、黄金期货成功引入做市商交易机制(以下简称"做市机制")的基础上,2019 年,豆粕、玉米、铁矿石、黄大豆 2 号、棉花、白糖、白银、燃料油、棉纱、甲醇、20 号胶、锡、不锈钢期货先后引入做市机制,菜粕、线型低密度聚乙烯、聚丙烯、聚氯乙烯、乙二醇、苯乙烯期货正在征集做市商。引入做市机制后,镍、动力煤、棉花、豆粕、黄大豆 2 号等期货品种的活跃合约连续性改善显著。

8 月下旬,中国内地首批三只商品期货 ETF 获批。12 月 5 日和 24 日,华夏饲料豆粕期货 ETF 和大成有色金属期货 ETF 先后在深交所挂牌交易。同时获批的建信易盛郑州商品交易所能源化工期货 ETF 已经成立,即将上市交易。

2019 年,上海期货交易所标准仓单交易平台新增天胶、白银品种交易,并推出定向挂牌、买方挂牌、报价专区等功能;郑州商品交易所综合业务平台为全市场全品种项目提供场外期权线上登记服务;大连商品交易所推出以跨期价差和跨品种价差为标的的商品互换业务新模式,并上线了基差交易平台。期货与现货、场内与场外愈加同频共振,期货定价功能、服务产业手段进一步完善。

2019 年,中国期货市场对外开放深入推进,品种对外开放的路径基本成型,影响力稳步提升,8 月中国第 4 个对外开放品种 20 号胶期货挂牌交易,为国际橡胶产业链企业提供风险管理工具。同时,对现有对外开放品种——原油、铁矿石和 PTA 期货的价格影响力稳步提升。

2019 年,中国期货市场夜盘交易时间持续优化。自 3 月 29 日当晚起,大连商品交易所品种夜盘交易截止时间统一调整为 23:00。自 12 月 11 日当晚起,郑州商品交易所品种夜盘交易截止时间统一调整 23:00。至此,中国内地除黄金(含期权)、白银、原油品种的夜盘交易截止时间为次日 2:30,铜(含期权)、铝、铅、锌、锡、镍、不锈钢的夜盘交易截止时间为次日 1:00 外,其余品种夜盘交易时间均为 21:00—23:00。

在市场监管方面,2019 年,为适应期货市场发展的新形势,引导期货公司专注主业、合规经营、做优做强,证监会先后修订发布了《期货公司分类监管规定》《期货公司监督管理办法》,优化分类评价加、扣分指标,提高期货公司主要股东资格条件,完善期货公司境内分支机构、子公司及境外经营机构管理,并就《期货公司董事、监事和高级管理人员任职资格管理办法》征求意见,拟优化期货公司"董监高"任职管理。

6 月 14 日起,期货市场"穿透式监管"正式实施,该监管通过采集客户交易终端信息,借助数据分析判断交易的本质是市场正常行为还是违法违规行为,以此打击和制止期市违法违规行为。11 月 22 日,证监会发布《关于〈期货交易管理条例〉第七十条第五项"其他操纵期货交易价格行为"的规定》,明确将虚假申报、蛊惑、抢帽子、挤仓等4种操纵期货交易价格的行为列为"其他操纵期货交易价格行为",以打击操纵期货交易价格的行为,维护期货市场秩序。

四、卫星大数据助力大宗商品基本面研究

大宗商品交易对基本面信息的获取有非常迫切的需求。过去,这类数据信息主要来自传统渠道,如交易所、政府统计部门、行业协会、大宗商品生产商或制造商,以及各类交易中介机构或市场调查机构等。对市场参与者而言,通过传统渠道获得数据信息面临时效性低、全面性和准确性低、可获得性低以及对市场影响的间接性高等特性。受信息不足的影响,全球大宗商品供应链的市场透明度始终不高。近年来,随着互联网的发展,移动通信网络、卫星影像、导航定位信息、电子商务等非传统数据爆炸性增长,这些另类数据为提升大宗商品市场透明度提供了新的可能性。

基于卫星影像的数据作为一类另类数据应用于大宗商品市场分析最早始于美国。Orbital Insight 公司创立于 2013 年,该公司将通过 Digital Globe、Planet 等遥感卫星运营商获取的遥感大数据用来监测大型原油存储基地的原油存量,为原油期货交易商提供库存信息。2019 年 2 月,彭博资讯公司(Bloomberg)扩展了旗下的 Enterprise Access Point,使其数据授权用户可以访问来自多家数据提供商的非传统数据,其中就包含了 Orbital Insight 等提供的基于卫星影像的另类数据服务。这是卫星数据进入金融信息主流市场的重要标志。近年来,中国公司在利用卫星数据监测全球原油库存方面也已开始起步。2019 年 3 月,万得金融终端在 EDB 数据库中开始提供中科星睿基于卫星数据获得的原油库存数据产品,取得了良好的市场反响。

用于对大宗商品基本面进行分析的卫星数据主要来自陆地遥感卫星,这类卫星通常装载可见光相机、红外相机以及成像雷达三类不同的观测载荷以实现不同的观测目的。安装可见光相机类卫星可用于对重要目标、设施及周边区域进行精细观测,获得原油库存信息、重要建筑工地施工进度信息,以及基于周边人车流量信息分析重点目标经营情况等。安装红外相机类卫星可用于获得区域能耗等宏观数据,以及炼油厂、发电厂等重要目标的生产状态等信息。安装成像雷达卫星除了在天气条件不好时用作高分辨率光学卫星的补充,还可以通过获得毫米级的地表形变数据,获得并分析矿场产量信息等与大宗商品供给相关的重要数据。

(一)卫星数据特点

在大数据时代,卫星图像数据在大宗商品交易中通常被看作另类数据的一种。

根据另类数据的来源,大致可将其归为以下三类:个人活动产生的数据,如社交网站或电商平台上的数据;商业活动产生的记录数据,如交易、物流、信用卡记录等;通过卫星或航空观测获得的影像数据、导航数据等。尽管卫星数据相对昂贵,但由于它是一种可以公开的、平等的从市场获得的非个人数据,随着各国对个人隐私数据的保护和对内幕信息交易的监管越来越严格,利用卫星信息获得交易优势正在成为一个重要的合法手段。与之对比,个人数据的收集受到隐私保护法规的限制,而无人机等手段又常常由于空域管制无法实施。

除此之外,卫星影像数据还具有以下独特性。

全面性:卫星观测手段具有天然的全球性,可以对传统手段不能有效覆盖的边远地区或境外建立数据认知,在全球化市场具有不可替代的优势。

时效性:卫星观测手段往往可以在信息通过传统渠道发布前数周、数日获知生产或有关活动的变化。利用人工智能手段,还可以大大缩短从数据到信息的延时。

客观性:从卫星图像中提取信息可以有效消除人工采集信息的偏差甚至故意造假,作为独立数据源,验证和修正其他渠道所获得的信息。

(二) 典型案例

1. 原油库存信息及其应用

从卫星数据中获取全球原油库存信息是最早的应用场景之一。投资者可以利用原油库存信息建立对原油市场供求关系和原油期货价格走势的判断。

2019 年 3 月,万得(Wind)经济数据库开始提供另类数据。其中,由中科星睿基于卫星遥感数据加人工智能算法获得的日度频次原油库存数据,发布时间和频率均领先于 EIA 周度库存报告,与 EIA 数据比对精度高达 95%。该公司还可根据客户需求提供全球指定库存地区和油罐的即时库存数据。这些数据可帮助从事原油期货交易的客户强化对原油期货价格走势的判断和不同原油期货品种间(如 Brent/WTI 或 INE/WTI)的跨市价差分析能力;亦可帮助原油贸易融资提供方提升风险管理能力。

2. 矿业生产监测应用

利用卫星图像对主要冶炼厂及其储存设施实施变化监测,可以较好地预测相关商品的价格变化趋势。美国的 RS Metrics 公司基于对美国、中国、智利、俄罗斯、澳大利亚等国家约 500 个类似目标的卫星数据提供了一系列全球铝、铜、锌、钢铁价格预测产品及服务。依据 2013—2018 年的跟踪分析显示,基于 RS Metrics 的数据对 CME 铜期货价格的 1 月、2 月和 3 月方向变化预测精度可达到 78%、76% 和 81%。

利用卫星手段还可以对矿区生产情况及港口运输情况进行持续监测,进而丰富矿业生产信息。通过对矿坑中的采掘设备、装载车辆活动、周边堆场可以测算采掘量；通过火车装载情况、港口堆场、装船情况可以测算外运量。随着技术进步，利用雷达卫星数据干涉处理直接测算采掘量或堆量也正在开发和评估中。

3. 跟踪、分析和评估突发事件

对市场的影响突发事件的发生很容易对市场产生影响。例如自然灾害发生的时间、区域和严重程度很容易影响大宗农产品的市场表现。如果建立利用卫星对突发事件进行跟踪、分析和评估的能力，就能够在交易中获得优势。

2018年11月，BHP的一列火车在西澳大利亚发生脱轨事故，铁矿石远期现货价格立即回升到75美元/吨以上，同时从澳大利亚到中国的铁矿石运价下跌超10%。事故发生后，小卫星公司Planet向RS Metrics按日提供了事故发生及相关区域的卫星持续观测数据，通过对港口区域的铁矿石堆量变化和事故恢复情况的分析，为客户建立对市场影响范围和程度的正确估计。

淡水河谷公司的Brucutu铁矿复产的事件是另一个典型案例。2019年4月16日，淡水河谷公司发布了72小时内恢复铁矿运营的复产消息，铁矿石价格立即做出反应。使用高分辨率卫星可在消息发布前观测到铁矿复产前的准备活动，从而在复产公告前做出预判。

4. 特定行业发展趋势与大宗商品的关系分析

行业的兴衰是影响大宗商品价格的内在驱动要素。以螺纹钢为例，55%以上的螺纹钢都用于房地产行业。在政策稳定的条件下，螺纹钢价格跟随房地产、基建等下游需求同趋势变化。但是选择合适的指标预测这一变化则存在技术上的困难。分析显示，房地产开发投资完成额滞后螺纹钢价格1~2个月，商品房销售面积指标领先螺纹钢需求2~3个月，但与房地产工程施工进度之间的关系仍有弹性，而由于信息时效性不足，房屋新开工面积滞后螺纹钢表观消费。利用卫星图像获得房地产开工信息有独特的价值。除了获得特定开发商和特定楼盘的信息以外，利用卫星进行抽样调查还可生成反映行业整体发展趋势的宏观信息，并应用于螺纹钢需求分析和价格预测。

5. 宏观经济活动的趋势分析

产业链转移对产业转出国和转入国大宗商品市场有显著影响。全球及重点关注区域经济发展的变化可提供与产业链转移相关的关键信息。利用夜光遥感数据和红外遥感数据对区域经济趋势进行分析已经成为一种较为成熟的技术。例如，利用夜光遥感卫星对"一带一路"沿线国家夜晚城市灯光数据进行统计和分析，可以为后续产业投资布局提供指导。相比官方公布的宏观经济统计指标，利用卫星数据生成的指标数据具有几个方面的优势。一是可以提前官方数据获得产业链转移趋势。二是可以为特定区域的官方数据提供第三方佐证和修正。三是可以突破行政区域的限制,按照需要对评估区域进行定义,获得更精细的或更有价值的量化指标。通过多样化宏观经济指标与行业发展及全球产业链转移的综合分析,可以建立特定商品市场供给和需求基本面分析的模型。

在大数据时代,从事大宗商品交易的各类机构为提升基本面分析能力,不断尝试丰富各类数据,以期建立先于市场的交易策略。据统计,全世界有大约80%的基金机构使用了另类数据。在所有另类数据中,卫星遥感数据以其全球性、高时效性和高客观性,逐渐得到了机构投资者的认可,有部分机构投资者开始使用卫星遥感数据指导交易策略。现阶段,卫星遥感数据还是一种比较昂贵的信息源,但对于能够负担其成本且正在综合各类另类数据源并运用复杂交易策略的大型机构投资者而言,卫星数据价值仍获得高度认可。随着卫星成本的降低,卫星数据的价格正在快速下降。卫星遥感数据的广泛使用时代已经到来,卫星数据将为提升市场透明度和正确发现交易价格发挥重要作用。

参考文献

[1] 美国期货协会(FIA). Annual Volume Survey 2018[R], March 2019.
[2] 美国商品期货交易委员会[OL]. http://www.cftc.gov/index.htm.
[3] 中国期货业协会[OL]. http://www.cfachina.org/.
[4] 上海期货协会[OL]. http://www.shfe.com.cn/.
[5] 中华人民共和国国家发展和改革委员会[OL]. https://www.ndrc.gov.cn/.
[6] 香港交易所(HKEX)[OL]. https://www.hkex.com.hk/.
[7] 期货日报[OL]. http://www.qhrb.com.cn/.
[8] 大连商品交易所[OL]. www.dce.com.cn/.
[9] 朱陵峰.2020年一季度国际大宗商品价格形势分析与展望[J],中国物价,2020(5):6-8.
[10] 霍斌,王明志,萧绍林.卫星大数据分析助力大宗商品基本面研究[EB/OL]. (2019-09-20)[2020-08-01]. http://yanjiu.cfachina.org/news/details_308.html.

本章撰写:宋　珉

第七章　世界会展业发展动态

一、世界会展业发展总体趋势

(一) 全球会展业总体增势趋缓

过去 20 年,全球会展业的业务体量和营收一直保持稳定增长。根据市场咨询公司 AMR(AMR International)发布的统计数据显示,展览组织市场收入 2015 年增长 1.7%,2016 年增长 4.5%,2017 年增长 3.5%,2018 年增长 5%,总体增幅处于波动上升的通道。但随着全球经济增长放缓,全球展览协会(The Global Association of the Exhibition Industry,UFI)预计,2019 年上半年的营业额以及 2019 年的利润方面都出现了放缓的预期。2019 年底暴发的新冠病毒肺炎疫情对全球会展业产生了较大影响,根据全球展览协会(UFI)2020 年 3 月 20 日发布的数据,预计到 2020 年第二季度末,全球参展公司将损失的订单总额将达到 1 342 亿欧元(1 449 亿美元),许多小微企业或因缺乏业务而面临破产的风险。市场咨询公司 AMR 认为疫情对展览业的影响是巨大的,其 2020 年 5 月 29 日发布的最新 Globex 预测,2020 年第三季度,预计市场规模将减少 51 亿美元,到 2020 年底,总市场规模将缩减约 116 亿美元,全球展览市场将至少收缩 60%。

(二) 亚太地区发展势头良好,柬、泰市场表现强劲

随着全球可用展览空间总量的不断增长,展览组织者在其目标市场中拥有越来越多的场地选择。全球展览协会(UFI)2018 年发布的《世界展览场馆地图》(*World Map of Venues*)显示,截至 2017 年底,全球室内展览面积 5 000 平方米以上的展馆共有 1 217 个,总展览面积为 3 470 万平方米,在过去 6 年(2011—2017 年)中增长了 7.6%,

超过10万平方米空间的大型场馆数量已增长到62个,在短短6年中惊人地增长了29%。其中,展览面积5 000平方米以上的欧洲场馆数量最多,为499个,场馆总面积为1 570万平方米,占全球展馆总面积的41%;亚太地区的场馆数量为205个,场馆总面积为823万平方米,占比24%;北美场馆数量为394个,场馆总面积为817万平方米,占比为24%(表7.1)。

表7.1 全球展览业场馆数量和总面积

地 区	场馆总面积/万平方米	所占比例/%	场馆数量/个	所占比例/%
欧 洲	1 570	45	499	41
亚太地区	823	24	205	17
北美洲	817	24	394	32
中东地区&非洲	140	4	59	5
中南美洲	120	3	60	5
总 计	3 470	100	1 217	100

资料来源:国际展览联盟(UFI)

尽管欧洲是大多数大型场馆的所在地,但亚太地区场馆平均规模比任何其他地区都大,亚太地区室内展览面积较2011年增长24.6%,这也推动了亚太地区成为唯一一个在全球市场份额中增长的地区,增幅为3.2%。其余地区份额都略有下跌,欧洲跌幅最大为1.8%,北美洲下跌1.1%,中南美洲下跌0.3%,中东地区和非洲下跌0.1%(表7.2)。

表7.2 全球展览业市场份额变化

地 区	2011年市场份额/%	2017年市场份额/%	份额变动/%
欧 洲	47.0	45.2	−1.8
亚太地区	20.5	23.7	3.2
北美洲	24.6	23.5	−1.1
中东地区&非洲	4.1	4.1	−0.1
中南美洲	3.8	3.6	−0.3

资料来源:国际展览联盟(UFI)

全球展览协会(UFI)2019年8月发布的年度报告显示,2018年亚洲地区的总销售面积超过2 300万平方米,年增长4.8%,其中有59%来自中国,约1 373万平方米,是亚洲第二大展览会市场日本(215万平方米)的6倍多,而柬埔寨是亚洲增长最快的展览会市场,其出售的展览面积增幅高达40%,印度再次成为成长最快的大型市场,净销售量增长了10%,从118万平方米增加到130万平方米。东南亚各国表现良好,优于区域平均水平,如马来西亚增长7.7%,越南6.4%,新加坡5.4%。中国内地作为亚洲最大的市场,增幅为5.5%,相较于2017年的8.0%略有下跌。其他地区涨势趋缓,泰国增长3.8%,中国台湾增速低于2.0%,日本增速跌至1.2%,受空间限制的中国香港增长1.1%。

(三)行业区分界线变模糊,业务模式继续演化

展览、大会和会议之间的界限模糊,跨界的趋势将会持续下去甚至会加强。国际性的会议一般以会议为主,其中也会举办一些与会议主题相近的展览;而世界性的展览会虽以展览为名,其间也会开展相关内容的研讨会、专题会,使会议和展览进一步融合。此外,许多由"临时组织者"来管理的商业活动发展较快,在数字社区的需求驱使下,面对面地进行交流,像网络峰会这样的混合形式已经演变成为节日、会议、展览的常态。越来越多的娱乐元素也融入B2B活动中,以适应不断变化的受众。随着混合商业活动的蓬勃发展,新组织者之间将有更多的合作,或成立新协会,并为了盈利,展览组织者来配合这些发展的新常态。

商贸展会已经成为多种形式的混合体,传统展区与可供展商展示的剧院式效果、会议舞台和体验活动正不断融和为一体。在商业模式向前演化的过程中,商贸展与会议之间的界线正在消失。由新的、有着多元化背景的行业领袖和富有经验的操作者组合起来的项目团队正在重新定义展会体验,由此,也引发了对商业模式和定价方式的持续评审。在传统的卖展位面积的方式之外,新的收入来源正在显现。

(四)高新技术渗透融合,展览业数字化进程加速

全球展览协会(UFI)2019年发布的第23次行业调查结果显示,大多数公司正在响应展览业内数字化的加速进程。衡量"全数字化"状态进展的"数字化实施指数"在全球范围内为27。根据UFI的数字化调查报告,约58%的组展商对其展览业务增加了数字服务和产品,如应用程序、数字广告和数字招牌等。从国家数字化程度看,中国、德国、印度、印度尼西亚、意大利、墨西哥、英国和美国被认为是当前在数字化转型过程中最先进的展览市场,其中英国数字化程度最高,达40,墨西哥居第2位,数字化程度为37,美国和印度尼西亚并列第3位,达33。

展览业数字化进程呈现以下趋势:①"数字展会"构建了会展新业态,将线下地理上分散的会展企业和组织连接在一起,打造出了线上展会的大数据平台,开启了会展

个性化定制的时代。②"AI＋跨界＋技术"成为展览会创新亮点,VR技术、室内定位技术、5G技术等科技影响参展方式。③"数字孪生"技术创建智慧会展场馆,助推场馆向智能化方向发展。"数字孪生"技术可运用于以下5个方面:第一,在展馆建设中可以很好地进行智能规划与科学评估,缩短建设周期,降低建设成本。第二,应用于展馆的数字化运维,提升硬件运维工作效率和节能效果。第三,应用于展馆的服务体系。第四,应用于展馆会展项目的协同管控场景。第五,应用于会展的数字化培训体系。

(五)利好政策频出,助力会展业发展

自新冠肺炎疫情在全球暴发以来,以人员流动与集结为主要特征的会展业也成为疫情影响的重灾区,在此形势下,政府率先发力,因地制宜,制定了合理有效的扶持政策,促进会展业发展。

从国际来看,德国政府同意了一项500亿欧元的紧急救援计划,以减少新冠肺炎疫情对自由职业者和小企业的经济影响,这项计划将帮助会展行业的众多参与者。丹麦提出1 200万欧元的国家援助计划,补偿因新冠肺炎疫情而取消大型公共活动所造成的损失。全球展览业协会(UFI)联合国际会议中心协会(AIPC)、国际大会和会议协会(ICCA)发布全球商业活动行动指南,指南基于"用于重启展览业和商业活动的UFI全球框架",指明行业未来发展方向。国际会展物流协会(IELA)发起了"RELOAD重装"计划,鼓励会展物流供应商为行业的"新当下"做好准备。悉尼国际会议中心推出了《悉尼会展活动安全运营框架》,来帮助会展活动安全重启。

从国内来看,商务部发布了《关于创新展会服务模式培育展览业发展新动能有关工作的通知》,为中国在疫情常态化防控下,线上线下融合办展提供了指导纲领。各地也出台了许多相应的政策,促进展览业回暖,如北京、河南、南京、河北、厦门、深圳、四川、山东、浙江、西安、海宁等出台了支持会展企业共渡难关的政策,促进会展业发展。深圳市商务局发布《深圳市加快会展业发展三年行动计划(2020—2022年)》,决定推进产业转型升级,助力国际消费中心城市和国际贸易强市建设,最终实现把深圳打造成"全球知名会展之都"的宏伟蓝图。上海市发布全国首部会展业领域内的地方性法规《上海市会展业条例》,条例对该市会展业优化营商环境、赋能行业发展、加强服务保障、办好进博会等方面进行了全面规划设计,该条例的出台将促进行业发展、规范会展活动,有力地推动上海市国际会展之都建设。

二、会展业重点领域发展动态

(一) 会议业

1. 会议产业现状

国际大会与会议协会(ICCA)公布的数据显示,2019年全球国际会议举办场次达13 254场,为历年来国际会议举办量最高的年份,较2018年增加317场,年增幅为2.45%。2008—2019年全球国际会议举办场次平均增幅为3%,其中,2015年实现最大增幅5%后,其后几年呈稳步爬升态势(图7.1)。

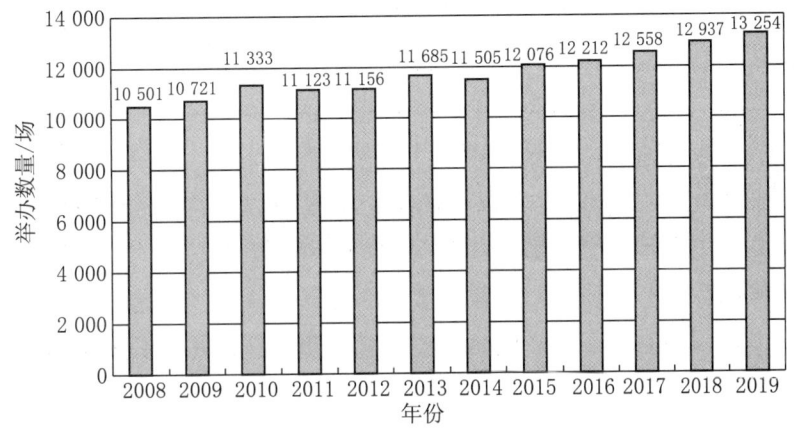

图7.1 2008—2019年全球国际会议举办数量

资料来源:ICCA, A Modern History of International Association Meetings UPDATE 1963—2017, 2018—2019 Country and City Rankings

从区域分布来看,2019年各区域市场份额与2018年基本持平。欧洲继续占据会议市场的最大份额,2019年有52%的国际会议在欧洲举办,亚太地区紧随其后,拥有23%的市场份额。2019年相较于1963年,欧洲和北美地区的市场份额降低了近四分之一,而其他地区的市场份额呈现1%~16%的增长,其中亚洲增幅最大,达16%。

从国家层面看,根据国际大会与会议协会(ICCA)统计,美国在过去20多年里一直稳居榜首,德国排在第2位。英国在2018年由2016—2017年的第3位跌至第5位,2019年仍延续第5位的排名。法国在2017年跌出前5位之后,在2019年跃升至第3位,西班牙与法国位置互换,跌至第4位。中国和日本,排名互换,中国居第7位、日本居第8位。

表 7.3　全球排名前 10 位会议举办国

国家	会议数/场				举办数量排名			
	2019年	2018年	2017年	2016年	2019年	2018年	2017年	2016年
美国	934	947	941	934	1	1	1	1
德国	714	642	682	689	2	2	2	2
法国	595	579	506	545	3	4	6	4
西班牙	578	595	564	533	4	3	4	5
英国	567	574	592	582	5	5	3	3
意大利	550	522	515	468	6	6	5	6
中国	539	449	376	410	7	8	8	7
日本	527	492	414	410	8	7	7	7
荷兰	356	355	307	368	9	9	10	9
葡萄牙	342	306	298	287	10	11	11	10

资料来源：ICCA，2016—2019 Country and City Rankings

从城市来看，巴黎的会议次数以 237 场位居榜首，以 47 场会议的绝对优势超过第 2 位里斯本。里斯本是会议数量增加最多的城市，较 2018 年增加了 38 场，排名提升 4 位。柏林（第 3 位）、巴塞罗那（第 4 位）和马德里（第 5 位）是前 5 位的常客，这 3 个城市再次上榜，但柏林和马德里的排名发生了互换。新加坡以全球第 7 位居亚洲会议城市之冠。

表 7.4　全球排名前 10 位会议举办城市

城市	所在国家	2018年会议数/场				举办数量排名			
		2019年	2018年	2017年	2016年	2019年	2018年	2017年	2016年
巴黎	法国	237	212	190	196	1	1	2	1
里斯本	葡萄牙	190	152	149	138	2	6	9	9
柏林	德国	176	162	185	176	3	5	4	4
巴塞罗那	西班牙	156	163	195	181	4	4	1	3
马德里	西班牙	154	165	153	144	5	3	7	7
维也纳	奥地利	149	172	190	186	6	2	2	2
新加坡	新加坡	148	145	160	151	7	8	6	6
伦敦	英国	143	150	177	153	8	7	5	5
布拉格	捷克	138	136	151	126	9	9	8	11
东京	日本	131	123	101	/	10	13	18	/

资料来源：ICCA，2016—2019 Country and City Rankings

2. 会议产业发展趋势

(1) 会议规模逐渐变小,会议数量增加

国际大会与会议协会(ICCA)的报告显示,国际会议规模呈现出越来越小的趋势:平均参与者人数由2003—2007年的481人下降到2013—2017年的409人,平均参与者人数减少了15%。小型会议(参加人数多于50人,少于150人)的市场份额迅速扩张:相较于2003—2007年,2013—2017年的小型会议(50～150人)的比例由31%上升到40%,与此同时,500人以上的会议份额大幅下降,由30%下跌到16%。尽管会议规模越来越小,参与者数量减少的比例远低于会议数量的增长率,会议数量由2003—2007年的35 511攀升至2013—2017年的65 182,增长达84%。

(2) 院校成为受欢迎的会议场地

从举办会议的场地类型来看,过去的20年呈现出酒店会议设施的使用率提升、会议/展览中心的使用率降低的趋势,而在2013—2017年,在酒店会议设施和会议/展览中心的使用率均出现了降低,分别较前5年相比下跌了1.4%和4%,而院校作为会议场地的受欢迎程度上升,提升了3.6%,成为第二大最受欢迎的会议场地。会议/展览中心的使用率降低的趋势也与会议参与者人数的减少、会期的缩短等因素有关。此外,其他场地(包括城堡、船只、剧院等)的使用有小幅增长。

(3) STEM主题仍然是最受欢迎的会议主题

会议主题方面,科学(Science)、科技(Technology)、医疗科学(Medical Sciences)是三个最受欢迎的会议主题,符合全世界都在拥抱科技的趋势。其中,科技(Technology)会议发展势头最好,份额由1963—1967年的6.1%跃升至2013—2017年的14.4%,2019年升至15%。医疗科学(Medical Sciences)一直是最受欢迎的主题,虽然此类主题的会议量在过去55年间持续增加,但其相对受欢迎程度在近十年间略有降低,2018、2019年再次增加。科学(Science)的受欢迎程度也逐步降低,2019年为13%。此外,生态环境类会议数量增加明显,但农业和社会科学类会议的数量呈下降趋势。

(二) 展览业

1. 展览业现状

全球展览协会(UFI)2020年1月发布的第24次行业调查结果显示,会展行业运营利润前景乐观,与2018年相比,美洲、欧洲、中非、亚太4个地区中的每个地区至少有70%的公司在2019年保持了良好的业绩水平,就总营业额而言,来自所有地区的大多数公司预期也会增加,亚太地区和美洲的许多国家还存在着高度不确定性。但在新冠病毒肺炎疫情成为全球"大流行"后,业内人士对于行业发展的乐观预期减弱。

根据德国展览业协会（AUMA）统计，2019年全球展馆室内面积10万平方米以上（含）的展览中心有61家，其中36家位于欧洲地区（30家位于西欧、6家位于中欧和东欧），13家位于中国。展能前10位排名中欧洲占7家，欧洲国家展能优势明显（表7.5）。

表7.5 2019年世界各展览中心室内展能规模10强

展馆名称	区域分布	室内面积/平方米
上海国家会展中心［National Exhib. and Convention Center（NECC）Shanghai］	亚洲	400 000
法兰克福展览中心（Frankfurt/Main Exhibition Center）	欧洲	393 838
汉诺威展览中心（Hannover Exhibition Center）	欧洲	392 453
米兰展览中心（Fiera Milano）	欧洲	345 000
广州琶洲中国进出口商品交易会展馆（China Import & Export Fair Complex Guangzhou）	亚洲	338 000
昆明滇池国际会展中心（Kunming Dianchi International Conv. & Exh. Center）	亚洲	300 000
科隆展览中心（Cologne Exhibition Center）	欧洲	284 000
俄罗斯莫斯科克洛库斯国际会展中心（Crocus-Expo IEC Moskau）	欧洲	254 960
杜塞尔多夫展览中心（Düsseldorf Exhibition Center）	欧洲	248 580
巴黎北维勒班展览中心（Paris-Nord Villepinte）	欧洲	242 082

资料来源：AUMA, *German Trade Fair Industry Review 2018*，上海科学技术情报研究所（ISTIS）分析整理

德国的场馆数量和规模位居前列。德国的25个展览场馆中，近280万平方米的室内空间可用于国际或国内贸易展览会，10个场馆的室内面积超过10万平方米，5个场馆的室内面积超过5万平方米。在未来的几年中，展厅容量将继续增加（表7.6）。

根据德国展览业协会（AUMA）统计，2018年英国公司继续占据全球组展商前两位，励展博览集团（Reed Exhibitions）和英富曼会展集团（Informa）年营收分别达到13.519亿欧元和13.189亿欧元，大幅领先第3位的法兰克福展览有限公司（Messe Frankfurt）。其中，英国的英富曼会展集团于2018年收购了博闻公司（UBM plc）后，排名由2017年的第4位升至第2位。德国组展商的收入水平以稳定的速度增长（除了不同年份贸易展览会安排造成的波动），这些组展商在国际上也有举足轻重的地位，就收入而言，全球15大展览公司中有7家（近一半）位于德国（表7.7）。

表 7.6　2019 年德国展馆展能规模排名

展馆名称	室内面积/平方米	室外空间/平方米
法兰克福展览中心(Frankfurt/Main Exhibition Center)	393 838	59 506
汉诺威展览中心(Hannover Exhibition Center)	392 453	58 000
科隆展览中心(Cologne Exhibition Center)	284 000	100 000
杜塞尔多夫展览中心(Düsseldorf Exhibition Center)	248 580	43 000
慕尼黑贸易展览中心(Munich Exh. Center)	200 000	414 000
纽伦堡展览中心(Nuremberg Exhibition Center)	179 600	50 000
柏林展览中心(Berlin ExpoCenter City)	170 000	157 000
斯图加特展览中心(Messe Stuttgart)	119 800	40 000
莱比锡展览中心(Leipzig Exhibition Centre)	111 300	70 000
埃森展览中心(Essen Exhibition Centre)	110 000	20 000

资料来源：AUMA，*German Trade Fair Industry Review 2018*，上海科学技术情报研究所(ISTIS)分析整理

2. 展览业发展趋势

(1) 会展中心转向发展中国家，呈多极化发展

欧美国家借助雄厚的经济实力以及丰富的会展经验、高质量的服务、便捷的交通基础设施，使世界会展市场多数集中在欧美发达国家。但是伴随着世界经济的发展，经济多极化趋势明显，亚洲部分国家经济逐渐崛起，带来了会展经济的重心也逐渐东移，亚太以及拉丁美洲部分地区的各大会展城市迎来了发展的机遇期。据国际展览联盟(UFI)组展商趋势来看，亚太地区已经成为当前国际会展业格局中最为活跃的市场，在国际会展业中发挥着越来越重要的作用。基于此，未来国际会展将逐渐形成欧洲、北美洲和亚太三大地区共同支撑的局面，已经处于领先地位的欧洲和北美洲地区将逐渐进入会展后发展阶段，展会数量、展览场馆将稳定在较低水平；而以亚太为代表的新兴市场，会展基础设施投入将明显提升，会展数量和规模也将保持较高水平。

(2) 组展商国际化进程加快

由于市场对会展的要求越来越高，单纯依靠某一家展商或某个国家已经难以适应世界会展业的发展趋势，通过在经济发展迅速、会展业存在巨大发展潜力的国家或地区设立分公司、办事处或代办机构，或组展商通过兼并合作，品牌展会建构起功能强大、范围广泛的国际分支机构与网络，实现优势互补，达到资源的优化配置，扩大品牌影响力、占领新兴市场。例如，德国众多会展中心城市充分利用自己独特的区位与

表 7.7 全球组展商排名(年营收超过 2 亿欧元)

展览公司	国家	2018 年营收/100 万欧元	2017 年营收/100 万欧元	2016 年营收/100 万欧元
励展博览集团(Reed Exhibitions)	英国	1 351.9	1 264	1 277.4
英富曼会展集团(Informa)*	英国	1 318.9	631.1	358.3
法兰克福展览有限公司(Messe Frankfurt)	德国	718.1	669.1	647
智奥集团(GL events)	法国	477	481.9	452.6
MCH 集团(MCH Group)	瑞士	463.9	421.8	410
慕尼黑国际博览集团(Messe München)	德国	417.9	332.6	428.1
博闻公司(UBM plc)**	英国	415.8	979	830.6
高美艾博展览集团(Compexposium)***	法国	366	264	277
柏林展览公司(Messe Berlin)	德国	352.1	284	309.4
科隆国际展览有限公司(Koelnmesse)	德国	337.4	357.9	274
翡翠博览集团(Emerald Expositions)	美国	332.6	285.2	305.9
纽伦堡展览公司(Nürnberg Messe)	德国	315.1	205.5	288
汉诺威展览公司(Deutsche Messe)	德国	309.7	356.4	302.3
杜塞尔多夫展览有限公司(Messe Düsseldorf)	德国	294	367	442.8
米兰国际博览集团(Fiera Milano)	意大利	247.2	271.3	221
PSPA TOPCO Limited	英国	242.3	171.1	182.8
香港贸发局(HKTDC)	中国	240	254.1	237.6
巴塞罗那会展中心公司(Fira Barcelona)	西班牙	210	187.6	165

注:* 包含收购后的博闻公司(UBM plc)的营收;** 博闻公司(UBM plc)被收购前的营收;*** 2020 年 1 月,法国葡萄酒展公司 Vinexpo 与高美艾博展览集团(Compexposium)合并

资料来源:AUMA, *German Trade Fair Industry Review 2018*,上海科学技术情报研究所(ISTIS)分析整理

会展产业优势,在不断深化开拓欧洲市场的同时,亚洲又成为其开辟国际市场的重要地区,据德国展览业协会(AUMA)统计,2018 年德国组织者将 52.7%的国外展会举办地点选在东南亚中部,其次是欧洲非欧盟国家(16.5%)。以组展商为例,法兰克福展览有限公司在中国香港、中国台北、上海、北京、深圳和广州均设有办事处,2018年,与北京通联新里程国际展览有限公司达成合作,成立全新合资公司,加速了法兰克福展览交通运输品牌展在亚洲地区的发展。对于企业而言,国际化的进程促使其不断提高自身影响,把目标更多地投向国际市场,扩大集团范围,不断提升国际参与

程度,使会展规模越来越国际化、越来越大型化。

(3) 对展览人才和技能的需求增加

随着展览业数字化的进程,组织者和场地方反思他们需要聘用哪些人才,以及他们需要添加哪些技能。展览业务的发展将越来越多地由更年轻的新领导者来推动。在人才储备上,世界各地的人才计划为未来的展览业领导者提供额外的机会,使他们脱颖而出,并受到关注。在能力发展上,还配套开发教育方案,为日常需求提供足够的合格人才。与此同时,展览行业将更加注重引进其他行业的领导力和技能,并将着眼于为顶级管理层增添更多的多样性。为了促进这一切,展览公司人力资源部门的重点正在转向对员工的更多投资。

三、全球实力卓越的组展商

全球组展商格局大体稳定,欧洲实力强劲,亚洲潜力巨大,美洲稳扎稳打。根据根德国展览业协会(AUMA)统计,2018年世界有34家顶级展商综合收入超过1亿欧元,励展博览集团、英富曼会展集团、法兰克福展览占据前3位,其中,英富曼会展集团在2018年6月收购了与亚洲博闻有限公司,收入超10亿欧元,排名由第4位升至第2位。

(一) 励展博览集团:全球组展商巨头

1. 励展博览集团的现状

励展博览集团(Reed Exhibitions,以下简称"励展")是世界领先的展会主办方,总部设在英国伦敦,是信息解决方案提供商励讯集团(RELX Group)旗下专注于展览及会议的机构,为跨美洲、欧洲、中东、亚太和非洲地区43个行业部门提供服务,在世界各地拥有4 200多位员工,在30多个国家举办500多个展会项目。2018年,励展集团的营业收入共计13.51亿欧元,占据全球组展商首位,其中18%来自北美,44%来自欧洲,38%来自剩余的其他地区。励展博览集团对于新兴经济体市场的开拓表现活跃,在中国、印度、土耳其等国的业务增长迅速,成为励展收入的重要组成部分。

2. 励展博览集团的运营特点

扩大业务区域与范围,开拓新兴经济体市场。20世纪90年代,励展的并购主战场集中在美、欧、亚的一些发达国家。近年来,励展将重心逐渐向新兴市场转移,通过在新兴经济体市场中自办新展、收购现有展会、与当地展览公司建立合作伙伴关系等方式,拓展海外市场、开拓新兴行业领域。励展在中国市场的表现强劲,自1983年进入中国市场,已在国内拥有北京励德、国药励展、励展华博等 8 家成员公司,其中,励进展览是由励展集团与上海恒进展览有限公司于 2018 年 12 月成立的合资公司,主办上海国际汽车制造技术与装备及材料展览会(AMTS)、上海国际工业装配与传输技术展览会(AHTE),以及一系列关于汽车制造领域及工业装配领域相关主题的专业会议及论坛,开拓汽车制造市场。2018 年,AMTS 和 AHTE 展出面积合计约 10 万平方米,接待了超过 7.7 万名专业观众,超过 2017 年访客量的 12%。拓展海外市场和将成熟品牌移植到其他城市举办是励展的战略举措。2019 年,励展收购了市场领先的展会组织者 Mack Brooks Exhibition 和以粉丝为基础的漫展 Florida Supercon、印度家居和礼品展会(Big 7)和印度国际包装展览会(PackPlus)。2020 年,收购了非洲地区的咖啡和巧克力世界博览会,通过实施贸易计划以及参与非洲和国际展览,将该项目扩展到其他相关行业(如酒店业和零售业)。

利用大数据分析,提升客户体验度和留存率。励展 70%左右的展览收入来自参展商,因此励展在投资并购的同时进行数字化改革,推动业务科技化转型。励展通过使用大数据分析来确定参展商的个性化需求,在活动之前、活动期间和活动之后收集数据,以根据与会者的业务目标和实时分析向与会者提供建议,并使用这些信息来增强未来的业务决策,增强客户体验和留住客户。通过 LexisNexis Risk Solutions 开发的数据分析平台 HPCCSystems®和 Logi Analytics 的 LOGI 门户等工具,励展员工可根据大数据分析得出的见解了解客户并提出建议,提高工作效率和客户满意度,超过 70%的客户认为员工的建议能够帮助他们举办更高质量的会议,并且参加比预期更多的会议。2020 年,"励展通 Reed Connect"作为一套由励展自主研发的系统,将能在手机客户端上实现展会销售线索收集和管理、线上线下流量的打通、精准匹配潜在商务客户等功能,以快捷便利的互动方式,实现线上、线下信息的一体化融合,为客户带来更高的经济效益。

(二)英富曼会展集团:信息服务助力组展水平

1. 英富曼会展集团的现状

英富曼会展集团(Informa PLC,以下简称"英富曼")是英国传媒巨擘,全球共有 11 000 名员工,遍布南北美、欧亚、中东及非洲等国家。英富曼专注于提供关键信息、商业分析及深度见解,是国际领先的专业知识供应商之一,主要有学术出版、商业情报、知识与联系网络(会议与培训)、会展等四大业务,其中会展业务已在全球超过 30 个国家和地区,每年举办超过 200 项大型展会,涉及美容、建筑、航运、医疗等领域。2018 年 6 月,为了适应 B2B 市场正在向规模化运营和产业专业化方向发展的趋势,英富曼收购了与自身有相似的商业运作模式和战略计划的亚洲博闻有限公司(UBM Asia,以下简称"博闻")。博闻隶属于英国博闻公司(UBM PLC),成立于1994年,是亚洲领先的展会组织机构。博闻拥有强大的国际网络,总部设于香港,子公司遍布亚洲、跨足美国,于25个主要城市设立29个办事处,共聘用超过1 600名员工。根据德国展览业协会(AUMA)统计,并购后的英富曼2018年营收达13.19亿欧元(包含收购后的博闻的营收),仅次于全球组展商巨头励展。

2. 英富曼会展集团的运营特点

实施围绕专业市场的增长战略,建立展会市场地位。自2014年以来,英富曼建立围绕专业市场的增长战略,包括2014—2017年的"增长加速计划"(Growth Acceleration Plan,GAP)、2018—2019年的"加速整合计划"(Accelerated Integration Plan,AIP)。2014—2017年,英富曼实施了"增长加速计划"(GAP),用于衡量业务的变更、改进和投资,通过拓展现有品牌和增加互补业务,加深在专业市场的联系,并为集团在展会市场建立了地位。在关键垂直领域,英富曼增加了展会品牌,如健康营养领域的天然产品博览会(Natural Products Expo)、生命科学领域的国际医疗设备展览会(FIME)、可持续发展领域的水处理展览会(WWETT),同时将品牌扩展到新的地区,如将混凝土博览会(World of Concrete)引入到中国,将国际营养保健食品展(Vitafoods)引入到亚洲。经过4年的"增长加速计划",英富曼的展会收入占集团收入的32%,且在2017年成为全球第三大展会承办商。2018年6月—2019年6月,英富曼实施"加速整合计划"(AIP),旨在迅速有效地整合博闻,最大限度地减少干扰并保持运营重点,同时创建一个扩大的公司,以充分利用其在行业市场上的国际影响力和深度。通过AIP内的渐进式投资组合管理计划(Progressive Portfolio Management,PPM),英富曼在2019年进行了几次资产剥离,更加专注于对品牌而言具有最强劲增长前景的专业市场。

激发技术社区设计,打造和运营数字世界。2019年1月,英富曼设立该集团第一个完全面向市场的部门——Informa Tech,该部门与高质量的B2B品牌(例如Blackhat,AfricaCom,GDC,AI Summit)建立业务,并在一系列数据、研究、媒体、活动和培训产品中建立深厚的客户关系,服务于科技市场,以启发、指导和联系从事技术工作的企业和专业人员,激发全球技术界设计、构建和运行更好的数字世界。Informa Tech在安全(Black Hat)和人工智能(AI Summit)等方面表现强劲,以人工智能领域为例,全球人工智能社区(AI Business)作为英富曼集团的KNECT635的成员,举办着世界上最重要的人工智能环球巡游系列的大型会展,2019年人工智能峰会活动在伦敦、香港、旧金山、纽约、开普敦和新加坡举办,规模和影响力较往年扩大。另外,

Informa Tech 的研究部门(Ovum、Heavy Reading 和 Tractica)与收购的 IHS Markit 技术研究部门合并成 Omdia,成为一家全球领先的技术研究机构,为客户提供深度的专业研究和专业知识,Omdia 在市场上建立声誉后推出新产品,并专注于广泛地与 Informa Tech 的活动品牌合作和交叉营销。2019 年,Informa Tech 占集团收入的 8.9%,调整后营业利润的 7.5%。Informa Tech 通过 100 多个 B2B 品牌,提供专业的智慧和知识,为客户建立参与、学习和激励的平台,创建一个更好的数字世界。

(三)法兰克福展览有限公司:专业的商贸组展商

1. 法兰克福展览有限公司的现状

法兰克福展览有限公司(Messe Frankfurt GmbH)是世界上名列前茅的从事全球性贸易展览业务的公司,总部位于德国法兰克福市,属于德国国营机构,黑森州(Hessen)政府和法兰克福市政府分别拥有 40% 和 60% 的股权。法兰克福展览有限公司通过两家独立的全资子公司进行场馆运营以及举办展览活动,Messe Frankfurt Venue GmbH & Co. KG 负责管理法兰克福展览中心,Messe Frankfurt Exhibition GmbH 负责筹办展览业务。根据 2018 年年报,法兰克福展览有限公司年收入为 7.18 亿欧元,同比增长 7.32%,全球排名第三,为历史最高。拥有展馆面积共计 59.2 万平方米,其中室内场馆面积占 66.5%,2018 年全年共计 507 个展览及会议,面积总和约 294 万平方米,总参展人数达到 101 406 人,总观众人数超过 400 万人,全球范围内共有 2 519 名雇员。

表7.8 法兰克福展览公司基本情况

项 目	年 份				
	2014 年	2015 年	2016 年	2017 年	2018 年
营业额/100 万欧元	554	648	647	669	718
净收入/100 万欧元	33	38	50	41	50
员工数量/名	2 130	2 244	2 307	2 440	2 519
拥有场馆面积/平方米	592 127	592 127	592 127	592 127	592 127
境内展览数量/个	44	47	50	48	47
境外展览数量/个	77	86	84	98	101
总参展人数/名	84 708	90 772	90 878	94 892	101 406
总展览面积/平方米	2 374 907	2 732 664	2 639 824	2 874 003	2 939 930
总观众人数/名	3 083 953	4 170 819	3 531 875	4 438 821	4 063 280

资料来源:法兰克福展览公司

2. 法兰克福展览有限公司的运营特点

法兰克福展览的场馆运营是其营收基础。法兰克福展览拥有11个展馆,393 838平方米的展览空间,59 506平方米的室外空间和90多个会议室。除此之外,还有4个场地,分别为法兰克福会议中心(the Congress Center)、Kap Europa会议中心、论坛中心(the Forum)和多功能厅(Festhalle),可灵活使用的场地和便捷的地理位置使法兰克福场馆成为举办交易会、大会、展览、音乐会或其他活动的理想场地。法兰克福场馆还在不断地改善基础设施和可访问性。2018年,展览中心12号馆作为展览场地和基础设施未来发展总体规划的一部分正式开通,法兰克福展馆的容积率增加,扩大了对于大型活动的吸引力,参观者可以畅通无阻地通过西区的展览场地。根据2018年年报,法兰克福展览中心共举办了273场展览、会议和表演,场地的入住率很高。法兰克福展馆的总营业收入为3.25亿欧元,占全年营业收入的45%(图7.2)。

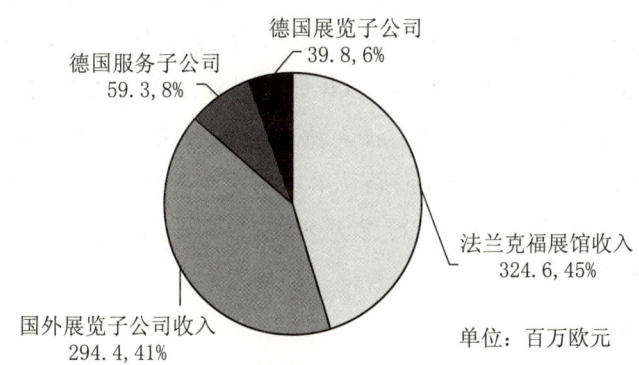

图7.2　法兰克福展览公司业务营业额占比

资料来源:Messe Frankfurt Annual Report 2018

培育多个全球知名品牌展会,通过国际合作进行品牌输出。法兰克福展览有限公司是全球纺织行业、消费品、汽车、图书等行业贸易展览会和活动组织的领导者。其打造的展会品牌如法兰克福国际家用及室内纺织品展览会(Heimtextil)、无纺布及非织造展览会(Techtextil),纺织及柔性材料加工贸易展(Texprocess)和法国巴黎国际面料展览会(Texworld)为世界纺织品价值链提供了刺激。其中,Heimtextil是法兰克福最为成功的展览会品牌之一,同时这一展会也是该领域最大规模、国际化程度最高的展览会活动。在消费品展览方面,法兰克福国际圣诞礼品世界展览会(Christmasworld)、法兰克福国际纸制品及办公用品世界展览会(Paperworld)和法兰克福DIY手工制作及创意文具展览会(Creativeworld)是细分领域中无可争议的市场领导者,也是法兰克福展览有限公司每年十分重要的、给予高度重视的国际性展会。在汽车展览方面,法兰克福国际车展(Automechanika)诞生于1971年,每两年举办一次,是当今世界上最负盛名的五大国际车展之一,也是世界三大汽车配件展之一。在图书展览方面,法兰克福书展是世界上最大规模、最享盛誉的书展,被誉为"世界出版人的奥运会",它为来自世界各国的出版有代理商以及图书相关人员提供了一个洽谈版权交易、出版业务及展书订书贸易的沟通交流平台。

四、会展城市的产业融合

(一)新加坡:旅游业与会展业的融合

1. 会展业与旅游业概述

新加坡的会展业在20世纪70年代开始萌芽,20世纪90年代,新加坡会展迎来了发展的黄金时期,2000年、2008年新加坡被国际协会联盟分别评为世界第五大"会展之都"和"全球最佳会议城市"荣誉称号,2017年被评为亚太地区顶级会展城市和最佳目的地。根据国际大会与会议协会(ICCA)最新发布的数据,2019年新加坡举办国际会议148个,居亚洲会议城市之冠。新加坡会展旅游业发展迅速,根据新加坡旅游局公布的数据,2018年,国际游客人次由2017年的1 740万增至1 850万,增幅达6.3%;商旅会展业累计接待290多万名旅客,同比增长12.1%;旅客累计消费金额46.8亿新元,增长7.2%。

2. 发展条件分析

优越的战略位置、交通以及亲商的环境使新加坡成为亚洲主要的空中、海上和电信枢纽之一。7小时的飞行半径覆盖约40亿人口,100多家国际航空公司连接全球约70个国家和地区的约300个城市。新加坡有广泛的贸易联系网,拥有20个区域双边自由贸易协定网络和31个贸易伙伴,在亚洲拥有最广泛的自由贸易协定网络(FTA)。新加坡还拥有活跃和创新的商业环境,有超过7 000家跨国公司和150个国际组织入驻于新加坡,政府还引入了共同投资和种子资助计划帮助企业将创意转化为利润;制定了强有力的国内监管框架以保护知识产权,2015—2016年世界经济论坛的《全球竞争力报告》中新加坡被评为亚洲最佳的知识产权保护国。

会展业与旅游业结合紧密。新加坡会展业的基础设施规模在亚太地区居于上游地位,既有专业化会展场馆,也有跨界场馆。新加坡主要有5家专业场馆,分别为新加坡博览中心及MAX Atria、樟宜会展中心、新达城国家会议与展览中心、金沙会展中心、莱佛士城会议中心,室内展览总面积为30.2万平方米。除了专业化会展场馆,新加坡还拥有一批集会展与娱乐功能为一体的跨界场馆,如金沙艺术博物馆、圣淘沙名胜世界、圣淘沙湾 W 酒店等。这些场馆多位于商业中心地带,周围遍布丰富的购物娱乐设施,凭借其便利性逐渐成为中小型会议、商业论坛、企业年会等活动的首选之地。

3. 经验总结

政府超前的管理理念和强大的资金支持。1974 年,新加坡贸易与工业部所属旅游局成立了展览会议署(SECB),1999 年,新加坡专门成立了国际旅游咨询理事会。之后,新加坡还专门设立了商务会展奖励旅游司,统筹 MICE 各项事务的发展。专业且职责明确的管理机构的设立,不仅能有效地引导会展业和旅游业的发展方向,还能高效率地处理两大行业在发展、互动、融合等方面所面临的难题,充分整合两大行业的资源。此外,政府在资金上给予会展业、旅游业强有力的支持。在新加坡,无论是本国的企业去国外开办展会,还是国外的企业来新加坡申办展会,政府都会给予一定的财政支持,如报销展会宣传费用的 30% 等。政府还特别设立了"旅游发展协助计划"(tourism development assistance scheme,TDAS),以支持新加坡新型会展旅游产品的开发、旅游类会展项目和节庆活动的举办等。

丰富多样且切实可行的营销策略。为了吸引更多的会展旅游者前往新加坡参观游览,新加坡对于会展旅游业实施了奖励营销、会展旅游与节庆活动联动营销、利用"名人效应"进行营销、数字营销等策略。SECB 推出了新加坡商业会展活动奖励计划(Business Events in Singapore,BEiS)和会展旅游优势计划(SMAP),旅游局推出"惠聚狮城"奖励政策。其中 BEiS 旨在提供个性化的商业活动支持,例如帮助预订场地、介绍主要政府机构和商业合作伙伴、进行营销和宣传等,符合条件的公司将获得资金补助,抵消一定比例的合理成本费用;"惠聚狮城"奖励政策针对会展团队推出大量定制化行程,以顺应来自全球各地中小型团队的不同需求。

(二)汉诺威:工业制造业与会展业的融合

1. 会展业与工业制造业概述

汉诺威市的展览会主要集中在工业领域,自 1947 年举办工业博览会以来,不断发展壮大,已经形成了享誉国际的汉诺威工业博览会和汉诺威消费电子、信息及通信博览会等展会品牌,推动其跻身全球著名展览中心城市的领先行列。汉诺威是德国的汽车、机械、电子等产业中心,工业、制造业高度发达,工业以机械(机车、汽车、拖拉机、电工器材和精密机械)、化工等制造业为主,有全国最大的轮胎厂,并有钢铁、橡胶、钾肥、染料、纺织等部门。

2. 汉诺威的主要工业博览会

汉诺威拥有数量众多的全球100强商业大展,是汉诺威展览业具有全球影响力的基石。根据《进出口经理人》的2018年世界商展100强排行榜,汉诺威拥有100强世界商业大展中的10席,居全球城市第2位,其中汉诺威工业博览会(Hannover Messe)排名第二,汉诺威国际农业机械展览会排名第3位(表7.9)。

表7.9 2018年汉诺威世界100强商业大展名单

排名	名称	简称	面积/平方米	展览时间
2	汉诺威工业博览会	HANNOVER MESSE	395 800	2019.4.1—4.5
3	汉诺威国际农业机械展览会	AGRITECHNICA	393 600	2019.11.10—10.16
13	欧洲机床展览会	EMO	290 000	2019.9.16—9.21
15	欧洲畜牧业展览会	EuroTier	283 500	2018.11.13—11.16
19	汉诺威商用车博览会	IAA	270 000	2018.9.20—9.27
28	汉诺威消费电子、信息及通信博览会	CEBIT	245 700	2019.6.24—6.28
36	汉诺威国际林业木工展览会	LIGNA	220 600	2019.5.27—5.31
58	汉诺威国际消防装备展览会	INTERSCHUTZ	178 200	2020.6.15—6.20
67	汉诺威地毯及地面铺装材料展览会	DOMOTEX	165 000	2019.1.11—1.14
85	汉诺威国际金属板材加工技术展览会	EuroBLECH	148 000	2018.10.23—10.26

资料来源:《进出口经理人》,2018年世界商展100强排行榜

汉诺威工业博览会作为全球最有影响力的博览会之一,2019年的总展出净面积达22.7万平方米,参展商6 500家,专业观众数打破历史纪录,多达21.5万人,其中40%来自境外。该届汉诺威工业博览会以"融合的工业——工业智能"为主题,通过工业和机器人领域的人工智能、工业应用中新5G移动通信标准、轻量设计以及数字化迅猛发展背景下未来工作等分主题,诠释让数字化转型触手可及的愿景。由于新冠疫情全球大流行形势严峻,原定于2020年4月举办的汉诺威工业博览会停办,是该博览会73年历史上首次停办,主办方将通过数字信息和网络平台展开信息交流。

3. 经验总结

政府、行业协会、公司三者职能相互配合。汉诺威展览公司是德国最大的展览公司之一,拥有完善的设施和服务系统。政府占该公司49.83%的股份,主要负责幕后策划、台前支持和宏观指导,不参与公司利润分成。德国展览业协会(AUMA)作为

国家级的展览机构,负责大型国际博览会的信息传递、推介安排、咨询宣传和有关协调服务事宜,维护会展行业经营中的各方利益,为会展业的发展提供坚强的依靠。会展公司与政府、行业协会协调分工,避免了资源重复浪费,同时充分发挥企业的自主性,不断开拓创新,使得汉诺威会展业一直处于国际领先地位。

整体定位,品牌化运作。在产业定位上,汉诺威把会展业作为城市的主题和特色,以"博览会城"作为汉诺威的城市特色,以"创意、绿色、文化"作为汉诺威的城市精神。汉诺威市政府还确立了"博览会带动城市发展"的城市发展战略,成立了营销公司,专门推销城市文化和城市精神。汉诺威展览业还特别重视品牌化的打造,主要采取四种方式,第一种是注册商标。第二种是进行专业认证,汉诺威展览会一般会进行两种认证,一种是 AUMA 的认证,另一种是 UFI 的认证。第三种是实施子母展战略,依托品牌化展览会细分出新的品牌展览会。第四种是将品牌展览会移植到新兴市场,以拓展品牌价值和影响力。

(三)爱丁堡:节庆业与会展业的融合

1. 会展业与节庆业概述

爱丁堡是苏格兰第二大、英国第七大城市,以举办节庆活动而著称,是全球著名的节庆之都。爱丁堡拥有极为便利的海陆空交通和众多类型多样的节庆场地,包括剧院、广场、公园、体育馆、展览馆、会展中心、社区中心等,每天有超过 800 个场地进行各种演出,户外演出使用场地遍布爱丁堡大街小巷。自 1974 年首届爱丁堡国际艺术节举办以来,爱丁堡艺术节的运作历经演变,目前涵盖 12 个主要独立艺术节,每年接待超过 2.5 万名国际艺术家、吸引超过 1 000 家官方认可的媒体以及超过 400 万观众的参与,观众人数与足球世界杯的人数相当,仅次于奥运会,同时为苏格兰经济创收 2.6 亿英镑(3.05 亿欧元)。

2. 爱丁堡的主要节庆活动

爱丁堡拥有一系列世界级的节庆活动,包括爱丁堡国际艺术节、爱丁堡艺穗节、爱丁堡新年庆祝节、爱丁堡国际科技节、爱丁堡国际儿童艺术节、爱丁堡国际电影、爱丁堡爵士蓝调节、爱丁堡艺术节、皇家爱丁堡军乐节、爱丁堡国际图书节、苏格兰国际故事节等,这些节庆活动以其独有的专业性、前瞻性、影响力和国际公认性成为世界领先的文化品牌。

(1)爱丁堡国际艺术节(Edinburgh International Festival)

爱丁堡国际艺术节创办于 1947 年,是目前世界上历史最悠久、规模最宏大的艺术节,被公认为世界上最具活力和创新精神的艺术节之一。每年 8 月举办,内容包括全球顶尖的古典音乐、歌剧、戏剧、舞蹈等节目,每年平均上演160多场节目,参与的艺术家超过2500人,吸引观众达40多万。2018年爱丁堡国际艺术节共有来自60个国家和地区的2800位艺术家演出了85部作品,演出场次高达180场,吸引来自80多个国家和地区的数十万名观众。

（2）爱丁堡艺穗节（Edinburgh Festival Fringe）

爱丁堡艺穗节创办于1947年,是全球规模最大的艺术节,其与同时段举办的精英主义的爱丁堡国际艺术节被称为"孪生兄弟"。艺穗节的宗旨是为全世界所有意愿以舞台艺术为职业的个人和团体提供一个自由发挥的创意空间和展示平台。艺穗节节目种类纷繁,包括:戏剧、喜剧、舞蹈、肢体表演、音乐剧、歌剧、音乐、歌舞表演、相声、儿童剧、展览和其他活动。每年约有2.2万名表演者在250多处舞台场地为观众奉上2500多出剧目,献演4.2万多场。2018年,爱丁堡艺穗节售出门票高达284万张。

（3）爱丁堡新年庆祝节（Edinburgh Hogmanay and Winter Festival）

爱丁堡新年庆祝节创始于1993年,是全世界最大的新年庆祝活动,为期4天,节庆活动在城市大街、广场、公园、室内场所上演,极具苏格兰风情。2018年,爱丁堡新年庆祝活动吸引了来自全世界的16.6万名观众,其中售票观众约9万名,对爱丁堡贡献了3920万英镑的直接收入,比2010年增长40.5%,对苏格兰贡献了3980万英镑的直接收入,比2010年增长22.8%。

3. 经验总结

政府全力资助,多方运营管理。爱丁堡政府每年为节庆活动投入大量资金,并出台政策文件、提供公众咨询、联合相关部门、开展战略项目等,提升爱丁堡的节庆文化内涵和艺术上升空间。与此同时,各行业协会、企业主体或其他非营利性机构负责节庆活动的运营、管理、监督等工作,"艺术节爱丁堡"组织是分享认识、促进合作的产物,《爱丁堡政府艺术节战略》《爱丁堡主要艺术节经济效益评估》《奔马》等3个文件促成了"爱丁堡艺术节"这一品牌的建立。

整合节庆资源,品牌带动发展。"艺术节爱丁堡"组织（Festivals Edinburgh）与十二大节庆的人员创建营销工作组,以通过联合营销和观众拓展来支持爱丁堡的节庆为目标,通过鼓励节庆间的交叉访问、发展长期战略举措、培育以旅游目的地机构为重点的互利关系等方式,增强爱丁堡节庆的市场影响力。爱丁堡"节日之城"的声誉以及整体性、拳头性和多样性兼具的节庆产品体系,构成了爱丁堡节庆强势的品牌效应和独特的产品体系。

重视营销宣传,活动不断创新。在国际上,"艺术节爱丁堡"组织在世界上的重要城市开展整体推广活动,通过文字、图片、视频等进行全方位宣传,提升艺术节的知名度;在本地,爱丁堡政府制定相关文化政策,将艺术节深深扎根于本土文化,通过艺术节来展现城市文化生态,以文化引领节庆活动,凭借文化的独特魅力吸引游客。此外,爱丁堡自由的艺术氛围和节庆的不断发展为爱丁堡吸引了众多业界精英,为爱丁堡带来了与众不同的节目展演,内容不断更新、形式不断多样是爱丁堡节庆永葆活力的重要原因。

参考文献

[1] 2018年世界商展100大排行榜[J].进出口经理人,2018(07):64-67.
[2] 爱丁堡节庆联盟.爱丁堡的艺术节引领世界[R].爱丁堡:爱丁堡节庆联盟,2018.
[3] 德国展览业协会网站.http://www.auma.de/en/Seiten/Default.aspx.
[4] 法兰克福展览公司.https://www.messefrankfurt.com/frankfurt/en.html.
[5] 付晓.商务休闲的全球枢纽——新加坡会展会议产业[J].中国会展,2018(19):66-69.
[6] 耿松涛.会展业与旅游业互动及整合发展研究——以海南国际旅游岛为例[M].北京:科学出版社,2019.
[7] 国际大会与会议协会网站.http://www.iccaworld.org.
[8] 汉诺威百度百科.[EB/OL].[2020-06-24].https://baike.baidu.com/item/%E6%B1%89%E8%AF%BA%E5%A8%81/1793890?fr=aladdin.
[9] 汉诺威工博览会.http://www.hannovermesse.com.cn/.
[10] 会展旅游新加坡.https://www.visitsingapore.com.cn/.
[11] 励展集团.https://www.reedexhibitions.com/.
[12] 刘大可.数据能力是会展企业的核心竞争力[J].中国会展,2019(17):23.
[13] 刘佳,张敏.新加坡会展业的综合竞争力[J].中国广告,2018(11):119-123.
[14] 刘明广,罗巍.国际会展业经典案例[M].北京:清华大学出版社,2019.
[15] 全球展览业协会网站.http://www.ufi.org.
[16] 世界展览网站.http://www.exhibitionworld.co.uk.
[17] 王春雷,王晶.国际城市会展业发展理论与实践[M].北京:中国旅游出版社,2014.
[18] 王晓菲.法国的工业雄心[J].科技中国,2018(03):88-89.
[19] 新加坡旅游局.https://www.visitsingapore.com.cn/.
[20] 熊继红.武汉与德国汉诺威会展经济对比分析研究[J].经济研究导刊,2019(30):159-161.
[21] 英富曼集团网站.https://www.informa.com/.
[22] 樟宜机场集团.新加坡樟宜机场连续六年蝉联Skytrax"世界最佳机场"大奖[EB/OL].[2018-03-22].https://cn.changiairport.com/news/Skytrax2018.html.
[23] 赵富森."文化创意+"会展业融合发展[M].北京:知识产权出版社,2019:152-159.

[24] 智奥会展公司.https://www.gl-events.com/en.

[25] 中国会展经济研究会.http://www.cces2006.org/.

[26] 周景龙."数字孪生"技术打造智慧会展场馆[J].中国会展,2020(01):111.

[27] AMR International. Globex-The global exhibition organising market:assessment and forecast to 2023[R]. 2020.

[28] Deutsche Messe,Hannover/Germany. Exhibition grounds Germany[EB/OL][2020-06-24] https://www.messe.de/en/company/exhibition-grounds/germany/.

本章撰写:顾　洁

第八章　世界外国直接投资发展动态

一、世界外国直接投资总体发展态势

(一) 世界外国直接投资流量持续下滑

根据 UNCTAD 发布的《2019 世界投资报告》数据显示,2018 年,全球外国直接投资流量仍然呈现下滑态势,减少 13%,降至 1.3 万亿美元。这是全球外国直接投资流量连续第三年出现下降,主要原因是,2017 年底美国实行税制改革后,美国跨国企业在 2018 年前两个季度将累积的国外收益大规模汇回本国。

2018 年上半年税收导致了外国直接投资减少,较 2017 年同期减少了 40%,2018 年下半年交易活动的增加缓解了外国直接投资的减少。由于不再受税收负担影响,美国跨国企业开始利用其外国子公司的流动资产,这推动跨国合并和收购总值增加了 18%。

由于 2018 年宣布的绿地项目与 2017 年的低点相比增加了 41%,加之 2019 年税收改革的影响逐渐减弱,预计流入发达经济体的外国直接投资将出现反弹。绿地项目公告(预示未来支出计划)也期望增长。尽管如此,全球外国直接投资预测仅呈现温和复苏态势,预计将增加 10%,增至 1.5 万亿美元,这一数值低于过去 10 年的平均水平。基础外国直接投资趋势仍然疲软。此外,贸易紧张局势也对 2019 年及以后构成下行风险。

自 2008 年以来,基础外国直接投资趋势持续呈现增长乏力态势。扣除税收改革、巨额交易和不稳定的资金流动等一次性因素,外国直接投资近 10 年来的年均增长率仅为 1%,而 2000—2007 年为 8%,2000 年以前则超过 20%。造成这一现象的原因包括:外国直接投资回报率下降、投资形式日益转向轻资产型以及不太有利的投资政策环境(图 8.1)。

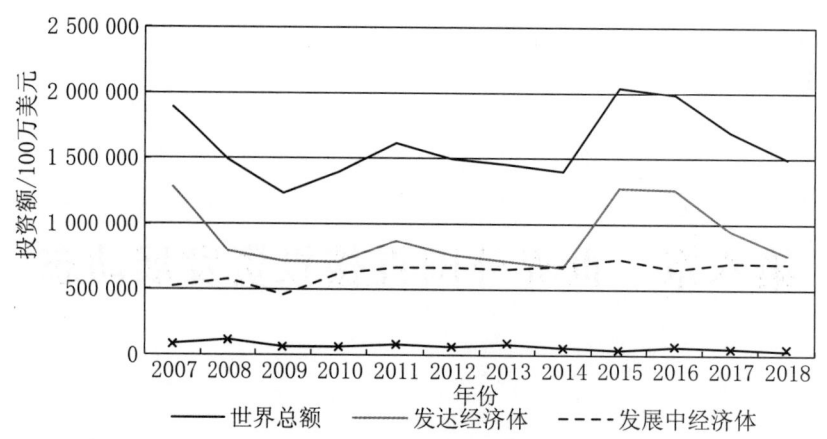

图 8.1　2007—2018 年外国直接投资流入量

资料来源：UNCTAD, World Investment Report 2019

(二)流入发达经济体的外国直接投资额继续降低

流入发达经济体的外国直接投资大幅减少。流入发达经济体的外国直接投资达到 2004 年以来的最低点,减少了 27%,为 5 570 亿美元。流入欧洲的投资减少了一半,不到 2 000 亿美元,为 1 720 亿美元,原因是资金回流导致若干大型东道国出现投资负流入,美国跨国企业汇回资金导致东道国出现投资负流入。流入爱尔兰和瑞士的外国直接投资分别减少至－660 亿美元和－870 亿美元。由于新股权投资减半,流入英国的外国直接投资也出现缩减,减少了 36%,至 640 亿美元。流入美国的外国直接投资也减少了 9%,至 2 520 亿美元——相当于过去 10 年的平均水平。这种下降主要是因为跨境并购交易减少了三分之一。流入澳大利亚的外国直接投资达到创纪录的 600 亿美元,原因是外国子公司将在该国取得的利润进行了再投资,达 250 亿美元。

2018 年,由于美国跨国企业大规模汇回资金,这些资金转化为了外国直接投资的负流出,从而导致美国跌出对外投资前 20 的经济体名单。总体而言,发达国家作为一个整体的对外直接投资额减少了 40%,减少为 5 580 亿美元。这导致发达国家在全球对外直接投资流出量中的份额下降至 55%,达到历史最低水平。但是,欧洲跨国企业的对外投资增长了 11%,增长为 4 180 亿美元。2018 年,法国成为第三大投资者母国,其外国直接投资流出超过 1 000 亿美元。2018 年,发达经济体宣布的绿地投资项目增加了 17%,这显示出外国直接投资有复苏的潜力。发达经济体,特别是欧洲的外国直接投资,有可能从 2018 年的异常低水平反弹。

流入发展中国家的外国直接投资保持稳定,出现小幅度增长,增长了 2%,达到 7 060 亿美元。由于外国直接投资的增幅以及对发达国家的外国直接投资的异常下降,发展中经济体在全球外国直接投资流入量中所占份额上升到 54%,达到历史新高。排名前 20 位的东道国经济体中的发展中经济体保持不变。美国仍然是外国直接投资的最大接受国,其次是中国内地、中国香港和新加坡。发展中经济体跨国企业的对外投资减少了 10%,减少至 4 170 亿美元。亚洲发展中国家的外向投资下降了 3%,减少至 4 010 亿美元;中国跨国企业的投资已经连续第二年出现下降。拉丁美洲和加勒比的外向投资急剧收缩。根据《2019 年世界投资报告》数据显示,发展中国家之间外国直接投资(南南外国直接投资)的很大一部分最终为发达国家的跨国企业所有。在对发展中经济体总投资中,南南外国直接投资的份额根据标准外国直接投资数据衡量为 47%,而根据最终所有权衡量则降至 28%。区域投资中心作为间接投资流动的渠道发挥着重要作用,它们推动了大部分的区域内外国直接投资和南南外国直接投资。

流入转型期经济体的外国直接投资继续呈现下降态势。转型期经济体的外向投资保持不变,仍为 380 亿美元,这使得转型期经济区在 2018 年成为外国直接投资资本净输出方。俄罗斯联邦在外向投资中占了 95%,流出 360 亿美元——几乎是流入该国投资的 3 倍。这一增长主要是对老牌子公司收益的再投资和对它们的贷款推动的。对新的绿地风投和外国收购的股权投资减少了近一半,反映出对海外扩张的谨慎态度。

流入结构薄弱经济体的外国直接投资仍然疲软。流入 47 个最不发达国家整体的外国直接投资增加了 15%,增加至 240 亿美元,占全球外国直接投资总额度的 1.8%。2018 年,非洲最不发达国家的外国直接投资从 2017 年的历史低点回升,增长 27%,增加至 120 亿美元,但该数值仍比 2012—2016 年的年均水平低 40% 以上。相比之下,以孟加拉国为首(增长 68%,达到 36 亿美元),亚洲和大洋洲最不发达国家的外国直接投资流入量创下新高,增长 8%,增加至 120 亿美元(图 8.2)。

已宣布的绿地外国直接投资项目的趋势表明,更大规模的投资将继续以非洲的自然资源和亚洲的发电项目为目标。非洲和亚洲许多较大的投资接受国预计,外国直接投资将在未来几年随着对自然资源和经济特区的投资而增加。与发达经济体的跨国企业相比,发展中经济体的投资者在最不发达国家的高份额可能会继续。

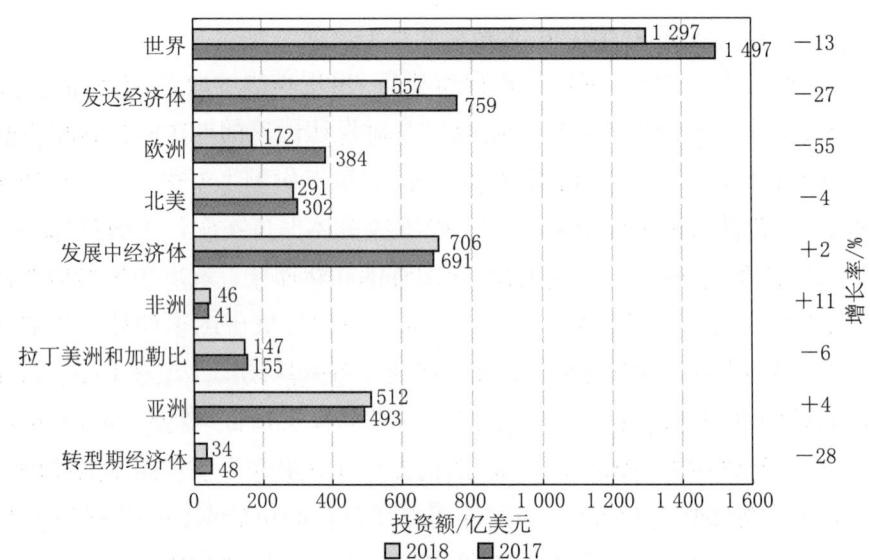

图 8.2　2017—2018 年分区域外国直接投资流入量

资料来源：UNCTAD，World Investment Report 2019

经历了 2017 年的暂时复苏后，流入 32 个内陆发展中国家的外国直接投资在 2018 年再次下降，减少了 2%，减少至 230 亿美元，占全球外国直接投资流入量的 1.7%。在转型期经济体和大多数亚洲内陆发展中国家，外国直接投资的削减幅度不大，而拉丁美洲的内陆发展中国家经历了更明显的下滑。流入内陆发展中国家的投资仍然集中在少数几个经济体，前五大接受国（哈萨克斯坦、埃塞俄比亚、蒙古、土库曼斯坦和阿塞拜疆）占该集团外国直接投资总额的 56%。中国的跨国企业是日益活跃的投资来源，几乎在所有内陆发展中国家都有中国的跨国企业的投资。外国直接投资的前景因内陆发展中国家的发展和工业化水平而异，预计增长最快的是经济多样化潜力更大的国家。

流入小岛屿发展中国家的外国直接投资将保持疲软，并依赖于少数资本密集型项目。已宣布绿地项目的趋势表明，外国直接投资进一步集中在服务部门范围狭窄的一些行业，例如商业活动、酒店和餐馆。非洲和加勒比的几个小岛屿发展中国家预计会收到对新旅游项目的大规模投资。在一些小岛屿发展中国家，正在进行的经济特区建设也可以创造新的投资机会。

流入 28 个小岛屿发展中国家的外国直接投资连续第二年下降，减少为 37 亿美元，其中流入加勒比小岛屿发展中国家的投资减少了 11%。亚洲和大洋洲小岛屿发展中国家的外国直接投资停滞在 10 亿美元。流入非洲小岛屿发展中国家的外国直接投资减少了 22%，减少为 6 亿美元。

(三)未来外国直接投资趋势仍将疲软

2019年及以后数年,随着税收改革的影响逐渐减弱,预计流入发达经济体的外国直接投资将出现反弹。绿地项目公告(预示未来支出计划)也指向增长,因为2018年宣布的绿地项目与2017年的低点相比增加了41%。尽管存在这些积极指标,但对全球外国直接投资的预测仅显示出温和复苏态势,预计将增加10%,增加至约1.5万亿美元,这一数值仍然低于过去10年的平均水平。基础外国直接投资趋势仍然疲软,因此增长潜力有限。贸易紧张局势也对2019年及以后构成下行风险。

自2008年以来,基础外国直接投资趋势呈现增长乏力。扣除税收改革、巨额交易和不稳定的资金流动等一次性因素造成的波动,10年来外国直接投资的年均增长率仅为1%,而2000—2007年为8%,2000年以前则超过20%。外国直接投资长期增长缓慢的关键原因包括外国直接投资回报率不断下降、投资形式日益转向轻资产型和不太有利的投资政策环境(表8.1)。

表 8.1　2010—2018 年 FDI 投资回报率

区　域	回报率/%								
	2010年	2011年	2012年	2013年	2014年	2015年	2016年	2017年	2018年
世　界	8.0	8.5	7.7	7.5	7.6	6.9	6.8	6.8	6.8
发达经济体	6.4	6.7	6.1	5.9	6.4	6.0	5.9	5.9	6.0
发展中经济体	11.0	11.5	10.1	9.9	9.5	8.4	8.2	8.1	7.8
非　洲	11.9	12.0	11.7	11.4	9.6	6.5	5.0	6.0	6.5
拉丁美洲和加勒比	9.7	9.8	8.5	7.0	6.3	4.5	5.4	6.2	6.2
亚　洲	11.4	12.2	10.6	10.8	10.7	10.0	9.6	9.0	8.5
东亚及东南亚	12.5	13.4	11.6	11.9	11.8	11.1	10.4	9.9	9.4
南　亚	8.9	7.6	7.2	6.7	6.1	5.5	6.4	5.6	5.3
西　亚	6.0	6.8	5.6	5.5	5.0	4.7	4.8	3.5	3.4
转型期经济体	12.1	14.8	14.6	13.2	13.2	9.0	10.2	11.6	12.4

资料来源:UNCTAD, World Investment Report 2019

(四)亚非绿地项目初步复苏

2018年,宣布的绿地投资项目价值从2017年的低迷中恢复,增长了41%,增加到9 610亿美元。其中大部分增长来自亚洲,亚洲地区宣布的绿地投资项目翻了一番。

2018年，对于发展中国家工业发展至关重要的制造业绿地投资，在经历了长期下滑后，终于出现了停止。在发展中经济体，宣布的制造业绿地投资项目总值增加了68%，增加至2 710亿美元。增长主要集中在亚洲，但非洲宣布的项目也显著增长（增加60%）；拉丁美洲和加勒比海地区宣布的项目暴跌。

制造业绿地投资项目的增长大部分归因于大规模项目，主要是与自然资源相关的加工业。发展中国家的项目数量增长较为有限，增加了12%。在经常受经济特区吸引的行业类型——典型早期工业化行业，项目数量的增长仍然乏善可陈。

2018年，贸发会议百强企业中的跨国企业在研发方面的投资超过3 500亿美元，占所有企业出资研发的三分之一。技术、制药和汽车业的跨国企业研发支出最多。发展中国家跨国企业百强的研发强度（较销售额而言）要低得多。全球对研发活动的绿地投资额相当可观，而且还呈现出持续增长态势。过去5年中，跨国企业宣布了5 300个本国市场之外的研发项目，占所宣布绿地投资项目总数的6%以上，而之前5年则是4 000个。发展中经济体和转型期经济体获得了其中45%的绿地投资项目。大多数与研发有关的外国直接投资项目都是附加值相对较低的设计、开发和测试活动，而不是基础研究（表8.2）。

表8.2 分行业外国直接投资（项目数量）

行业	投资项目数					自2015年变化百分比/%
	2015年	2016年	2017年	2018年	2019年	
软件和IT服务	290	262	290	347	373	29
商业服务	173	151	144	165	164	−5
通信	67	56	58	59	86	28
工业设备	47	47	56	80	79	68
金融服务	81	83	78	103	78	−4
食品和酒水	33	38	39	55	59	79
房地产	41	43	53	89	59	44
运输和仓储	44	59	40	39	38	−14
药品	14	25	19	21	30	114
汽车	59	39	30	34	28	−53
其他	294	250	277	298	277	−6
总量	1 143	1 053	1 084	1 290	1 271	11

资料来源：fDi Intelligence, The fDi Report 2020

(五)跨国企业扩张趋于平缓

国有跨国企业的数量趋于稳定。国有跨国企业的数量接近1 500家,与2017年的数字相近。欧洲国有跨国企业占国有跨国企业总数的三分之一强,另外45%来自亚洲发展中经济体,其中18%来自中国。在全球跨国企业百强中,国有企业的数量从15家增加至16家,数量上增加了1家。这16家企业中来自中国的企业有5家和来自发达国家的企业有11家。

国有跨国企业的国外并购活动明显放缓。相较2008—2013年平均10%的比例,2018年,国有跨国企业并购活动价值在全球并购总值中所占比例逐步下降,缩减至4%。国有跨国企业最常关注的行业是公用事业、采掘业和金融服务业。

国际生产的持续扩张在很大程度上是由无形资产和非股权模式的海外经营驱动的,如许可费和合同制造。这一趋势从国际生产主要指标的差异中显而易见:从有形指标到无形指标顺序排列,外国直接投资和货物贸易的趋势大体平缓,非股权模式国际生产的增长速度超过了外国直接投资,而服务贸易和无形资产国际支付(特许权使用费和许可费)的增长都快得多。2018年跨国企业百强排名证实了这一点。跨国企业百强的海外销售额增长速度超过了外国资产和外国雇员的增长速度,这表明跨国企业能够以较轻的经营足迹进入海外市场。此外,百强中通常资产较重的工业跨国企业排名下滑,有些公司退出了榜单。

发展中国家间投资(南南外国直接投资)的很大一部分最终还是归发达国家的跨国企业所有。关于直接和间接双边外国直接投资关系全球网络的新数据表明,区域投资中心在区域内的外国直接投资和南南外国直接投资中发挥着重要作用。间接投资也影响到国际投资协定的覆盖面。

(六)疫情对外国直接投资的影响

新冠疫情的暴发和传播将导致全球外国直接投资(FDI)流量急剧下降。根据贸发会议最新数据,最新的经济影响估计值和最大的跨国企业(MNEs)的收益修正显示,在2020—2021年,外国直接投资的下行压力可能在-30%~-40%之间。

跨国企业(MNEs)的收入指南中证实了前景的迅速恶化:自2020年3月的第一周以来,有61%的跨国公司发布了新的声明。除了早先对与中国建立了牢固供应链联系的企业的担忧外,57%的跨国企业还增加了关于由疫情引起的全球需求冲击对销售的影响的警告。

平均而言,在全球外国直接投资中占相当大比重的前5 000家跨国公司,由于疫情关系,现在已经将2020年的盈利预测下调了30%,并且这种趋势可能会持续下去。受打击最大的是能源和基础材料行业(能源占-208%,这是石油价格下跌造成的额外冲击),航空业(-116%)和汽车行业(-47%)。

与2020年3月初相比,目前发达国家现在对收益估算的下调更为严重,发达国家多国企业利润指南已下调了35%,而发展中国家为20%。由于能源行业跨国公司的比重较大,美国的平均下调幅度特别大(预计利润减少了一半)。欧洲的向下修订现在也超过了亚洲。

贸发会议表示,亚洲目前的利润预期降幅约为21%,下行趋势已日渐企稳。令人鼓舞的是,中国跨国企业的利润预期降幅为21%,少于3月初的26%,显示出企业正在逐渐消化疫情所带来的影响。但与此同时,韩国企业的利润降幅预测则从20%升至29%。

新冠病毒的全球大流行,以及各国政府强力执行的防疫和封锁措施,正在影响跨国直接投资的方方面面,实际资本支出、以及建设投资和扩张,均受到生产减慢和实体店关门的影响。跨国并购也被迫推迟,预计2020年第一季度全球新并购将减少70%。

疫情初期对供应链体系承受冲击的担忧,目前已完全被可能出现的全球经济衰退影响所取代,疫情对全球价值链的破坏可能将长期持续。

二、主要国家和地区外国直接投资发展动态

(一)亚洲

2018年,流入亚洲发展中经济体的外国直接投资增加了4%,达到5 120亿美元。增长主要出现在中国内地、中国香港、新加坡、印度尼西亚和其他东盟国家,以及印度和土耳其。亚洲仍然是世界上接受外国直接投资最多的地区,2018年吸收了全球39%的外国直接投资流量,与2017年的33%相比有所增长。

2018年,流入东亚的外国直接投资增长4%,增长至2 800亿美元,但仍远低于2015年3 180亿美元的投资峰值。流入中国的外国直接投资增长4%,增长至1 390亿美元的历史最高水平。流入东南亚的投资增长3%,达到创纪录的1 490亿美元。来自其他亚洲经济体的强劲投资,包括投资分流和制造业活动移出中国,是该地区的外国直接投资增长的原因之一。东盟内部强劲的投资也为增长趋势做出了贡献,尽管新加坡作为区域投资中心,在这方面发挥了重要作用。

流入南亚的外国直接投资增长4%,增至540亿美元,其中对印度的投资增加了

6%，达到420亿美元。由包括零售、电子商务和电信在内的服务业并购活动的增加推动。对西亚的投资在经历了几乎持续10年的下降趋势后，终于出现了增长，增长了3%，达到290亿美元。最大的增幅出现在土耳其和沙特阿拉伯。

从亚洲流出的投资减少了3%，减少为4 010亿美元，占全球对外直接投资流量的40%。主要原因是由于来自中国的投资连续第二年出现下降，原因包括阻止资本外流的政策，以及欧洲和美国对外来投资的审查收紧。相比之下，来自韩国、沙特阿拉伯、阿拉伯联合酋长国和泰国的对外投资增加。

2018年，来自东亚的直接外资流出量连续第二年下降，降至2 710亿美元。这主要是由于中国的投资减少了18%，为1 300亿美元。2018年，随着收紧外汇管制，中国政府继续采取政策限制房地产、娱乐和体育俱乐部等行业的海外投资。投资政策的不确定性和严格的投资审查法规也使中国对美国和欧盟的外国直接投资受到压力。尽管如此，外流投资仍包括制造公司的新战略股权和技术密集型行业的收购。例如，中国汽车制造商吉利分别以90亿美元和40亿美元收购了戴姆勒（德国）和沃尔沃（瑞典）的股份。由中国大药业和医疗保健控股有限公司组成的一个投资集团以14亿美元的价格收购了悉尼医疗设备制造商Sirtex Medical。

流出东南亚的外国直接投资持平，为700亿美元。该次区域在2018年占全球外国直接投资流出量的7%。作为该次区域最大的投资者，新加坡的外国直接投资下降了15%，降至370亿美元，这导致了东盟的投资停滞不前。但是，在东盟，特别是在印度尼西亚和CLMV（柬埔寨、老挝、缅甸和越南）国家，区域内的强劲投资正在帮助建立更紧密的关系。来自区域外的投资主要来自新加坡，包括通过新加坡进行的投资。例如，2018年，新加坡公司在印度尼西亚的外国直接投资超过100亿美元。但是，其他东盟国家（泰国和印度尼西亚）的外国直接投资也在增加。

西亚的外国直接投资达到了490亿美元的历史高位，高于2017年的390亿美元。外国直接投资的增长主要来自沙特阿拉伯，阿联酋和土耳其。越来越多的土耳其公司增加了在非洲的投资，对外直接投资增加了37%，达到36亿美元。来自沙特阿拉伯的外国直接投资几乎增加了两倍，达到210亿美元，主要用于技术，金融和基础设施活动。这是由该国主权财富基金（公共投资基金）以及大型私人投资者（例如，王国控股公司）进行的投资推动的。2018年的重大交易包括公共投资基金对总部位于加利福尼亚的电动汽车初创公司Lucid Motors的10亿美元投资。该基金还向虚拟现实初创公司Magic Leap（美国）投资了4亿美元。

日本的外国直接投资流出量下降了11%，但仍高达1 430亿美元。2018年的并购净购买总额为360亿美元，低于2017年的650亿美元和2016年的730亿美元。相对较弱的并购活动导致日本流向美国的外国直接投资减少了一半。2018年,日本取消了许多建设核电站的海外投资项目。主要原因是2011年福岛核电站发生故障后,由于更严格的安全标准而导致成本增加。2018年11月,东芝宣布将退出英国的核电项目,清算其附属公司NuGen。东芝的美国核电厂建设业务西屋公司(Westinghouse)于2017年申请破产,已于2018年8月出售给私募股权集团Brookfield。三菱重工与法国Framatome合作在土耳其建造核电站的项目于2018年12月被放弃。2019年1月,日立退出了在英国建造核电站的项目。

由于经济预期良好,几个主要经济体正在努力改善投资环境,流入该区域的外国直接投资呈现谨慎乐观的前景。2018年,亚洲宣布的绿地投资项目价值翻了一番,表明外国直接投资持续增长的潜力。全球贸易的紧张局势可能对投资者情绪产生负面影响,但也可能导致投资进一步分流。

(二)北美洲

在美国,由于公司间贷款为负,外国直接投资流入量减少了9%,减少至2520亿美元。但由于经济稳步增长,流入的外国直接投资创造的收入增加到2000亿美元,其中1190亿美元(较2017年增长28%)作为再投资收入留存。

美国的外国直接投资流出量从2017年的3000亿美元下降至640亿美元的净撤资,原因是公司选择根据旨在实现该目标的美国政府税制改革归还资金。美国的外国直接投资不仅在欧洲(减少了1500亿美元)出现了下滑,而且在加勒比海的离岸金融中心(减少了1930亿美元)也出现了下滑。在亚洲,美国对新加坡的流出也下降了380亿美元。在2018年之前,再投资收益几乎占了美国所有FDI的流出量。然而,在2018年,再投资收益从2017年的3070亿美元下降至-1570亿美元,这些负流量大部分发生在前两个季度。

2019年,美国的投资信心指数仍然位居首位。美国虽然连续第七年保持该指数的最高排名,但余裕不及2018年。美国持续的吸引力很可能在很大程度上归因于其近年来持续而强劲的经济扩张。2018年经济增长2.9%,而发达市场平均增长为2.2%。即便如此,国际货币基金组织(IMF)预测美国中期经济增长将放缓,这与投资者对美国近期经济前景的乐观情绪下降相一致(图8.3)。

近年来,美国采取了几项政策,包括《减税和就业法》,以及为削弱对公司监管要求的不懈努力,旨在改善投资环境,这有助于美国对外国投资者的持续吸引力。但是,在过去的一年中,其他政策措施给经济带来了很大的不确定性和动荡。最著名的例子是贸易政策,其中包括仍未完成的USMCA取代北美自由贸易协定(NAFTA),

以及对中国出口的广泛产品征收关税。同样,2018 年美国外国投资委员会(CFIUS)运作的改革(基于国家安全理由批准或拒绝外国对美国的投资)将为外国直接投资(特别是来自中国的外国直接投资)带来更多的额外复杂性。

排名		
2017 年	2018 年	2019 年
1	1	1
5	2	2
2	3	3
4	4	4
3	5	5
6	6	6
7	7	7
9	8	8
12	9	9
13	10	10
8	11	11
10	12	12
14	13	13
15	14	14
11	15	15
23	16	16
17	17	17
18	18	18
20	19	19
—	20	20
22	21	21
—	22	22
—	23	23
24	24	24
16	25	25

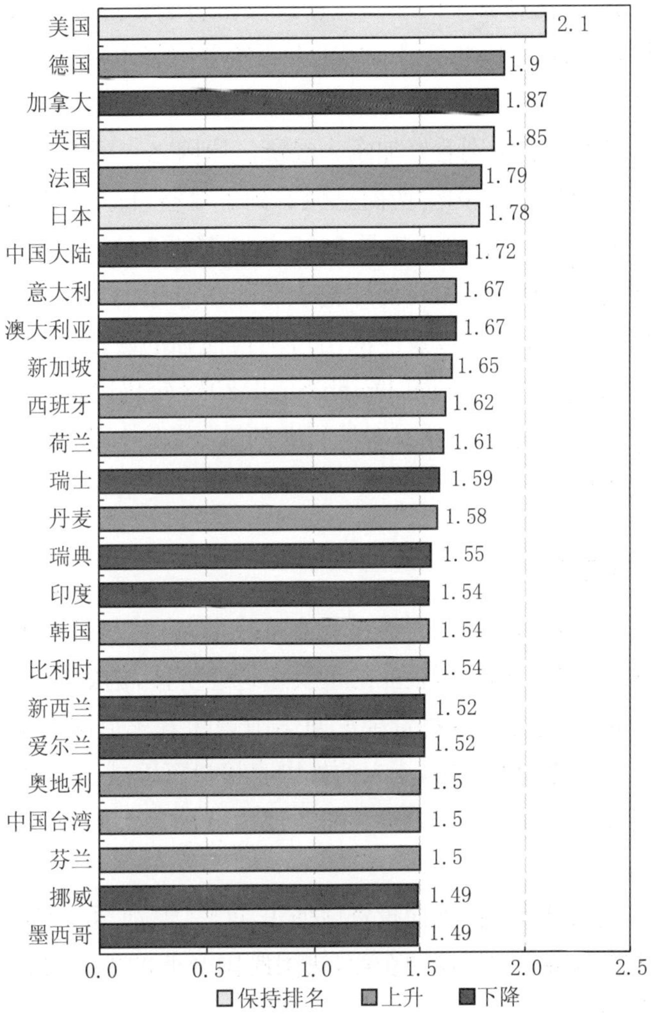

图 8.3　2019 年投资信心指数

资料来源:fDi Intelligence,The fDi Report 2020

流入加拿大的资金恢复至 400 亿美元,比 2017 年增长 60%。2017 年的流入量下降主要是由于价值 250 亿美元的石油和天然气资产撤资所致。2018 年仅记录了一次这样的撤资,价值 7 亿美元。2018 年,流出加拿大的外国直接投资为 500 亿美元,低于2017年的800亿美元。

2019年,加拿大的投资信心指数排名第3位,比2018年下降了一位。尽管加拿大的分数比2018年有所提高,但德国的分数上升幅度更大,排名第2位,这表明在全球最大的发达市场中,外国直接投资环境的竞争日趋激烈。根据加拿大外贸服务局的数据,流向加拿大的外国直接投资扭转了长达数年的入境投资下降趋势。根据以上所述情况,USMCA于2018年底签署减轻了对北美贸易环境压力的协议,但为了长期稳定,有必要在2019年在每个国家批准该协议。

投资者也特别看好加拿大经济。原因之一可能是其被纳入CPTPP的预期推动。事实上,加拿大牛肉生产商已经看到了效益,日本(CPTPP的另一个成员)在2019年1月从加拿大进口的牛肉是2018年同期的3倍。然而经济正在放缓,2018年末的经济数据以及加拿大银行的评论表明经济衰退的风险正在上升。此外,能源行业仍然受到能源价格疲软以及能源出口项目面临的政治和监管挑战的压力。即便如此,荷兰皇家壳牌公司(Royal Dutch Shell)2018年仍决定推进在不列颠哥伦比亚省的加拿大液化天然气项目,这是对该行业的重要信心投票,额外的液化天然气项目也可能即将宣布投资。

(三)欧洲

流入欧洲的外国直接投资流量减半,减少为1720亿美元,达到1997年以来的最低水平。在美国跨国企业的重要东道经济体,例如爱尔兰和瑞士,流入的外国直接投资为负值,这是因为将资金汇回美国意味着东道国的负流入。在同样为大量美国跨国企业东道国的英国,流入的外国直接投资缩减了三分之一以上。但是,宣布的绿地投资项目继续呈上升趋势。荷兰成为欧洲最大的外国直接投资接受国,其次是英国和西班牙。

欧洲经济体的外向投资增加了11%,增加至4180亿美元。欧洲最大的外国直接投资来源是法国跨国企业,法国跨国企业的外向投资增加了一倍以上,达到1020亿美元。

2018年,流入东南欧和独立国家联合体(独联体)转型期经济体的外国直接投资连续第二年下降。对该地区的外国直接投资减少了28%,减少至340亿美元。这种收缩是由流入俄罗斯联邦的外国直接投资减半(从260亿美元减至130亿美元)造成的,目前俄罗斯联邦是这个集团最大的经济体和最大的外国直接投资接受者,而减半的部分原因是国际政治因素和旨在减少返程投资的国内政策。该地区其他一些较大的接受国——阿塞拜疆、哈萨克斯坦和乌克兰——的流入量也在下降。相比之下,东南欧的外国直接投资流动强劲,特别是在塞尔维亚和北马其顿。受新股本激增的推动,流入塞尔维亚的外国直接投资增长 44%,增长至 41 亿美元,使其成为转型期经济体中第二大外国直接投资接受国。

2018 年,流出欧洲经济体的外国直接投资流量为 4 180 亿美元,比 2017 年增长 11%。法国成为外国直接投资的最大来源,流出量增加到 1 020 亿美元。来自德国的流出下降了 16%,至 770 亿美元。由于拜耳以 570 亿美元的价格与孟山都(美国)合并,德国跨国公司的净并购净值翻了一番,达到 730 亿美元。但是,公司内部贷款的大量负流入抵消了股权投资增长的大部分。但是,公司内部贷款的大量负流入抵消了股权投资增长的大部分。爱尔兰和瑞士的流出量转为正值,分别为 130 亿美元(增加 520 亿美元)和 270 亿美元(增加 620 亿美元)。

俄罗斯联邦的外国直接投资流出量增长了 7%,达到 360 亿美元。但是,资金流出的增加主要是由于将收益重新投资于项目以及将公司内部贷款扩展到已建立的分支机构而造成的。新绿地创投和外国并购中的股权投资下降了近一半,这反映了俄罗斯跨国公司对海外扩张的谨慎态度以及俄罗斯政府鼓励离岸外包的政策。俄罗斯投资者在国际市场上的谨慎也与国际制裁相关,这影响了一些俄罗斯大型跨国公司。俄罗斯对外直接投资的很大一部分是由数量有限的大型跨国公司进行的。截至 2017 年底,最大的 15 家跨国公司(不包括 VTB 银行和 Sberbank 银行等大型国有银行)占该国 MNE 的 28% 的外国直接投资存量。

(四)拉丁美洲和加勒比地区

2018 年,流入拉丁美洲和加勒比地区的外国直接投资减少了 6%,降至 1 470 亿美元,2017 年该地区扭转了之前长期下滑的态势,但是 2018 年未能保持增长。由于巴西的对外投资为负值,且来自智利的投资减少,拉丁美洲跨国企业的对外投资在 2018 年骤降至 65 亿美元的创纪录低点。

在南美洲,由于流入巴西和哥伦比亚的外国直接投资减少,外国直接投资流入量估计减少了 6%。在巴西,由于严峻的经济形势以及并购交易较 2017 年的创纪录水平大幅削减,外国直接投资流入量减少了 9%,降至 610 亿美元。在哥伦比亚,外国直接投资流入量减少 20%,降至 110 亿美元。在对页岩气生产投资流入的提振下,流入阿根廷的投资保持弹性,达 120 亿美元。流入智利的投资受铜价上涨和矿业、医疗服务以及电力行业创纪录的并购活动支撑,小幅增加 4%,至 72 亿美元。在秘鲁,尽管经济增长强劲,对采矿业投资巨大,但外国直接投资流入量却减少了 9%,降至 62 亿美元。

在中美洲,外国直接投资流入基本稳定在430亿美元。流入巴拿马的投资受创纪录的并购交易和矿业项目推动,增加21%,增至55亿美元。在哥斯达黎加,对旅游业投资的突然停顿是外国直接投资流入下降到21亿美元的主要原因。

在加勒比地区,不计离岸金融中心的投资流入量减少了32%。收缩是由于对该地区最大接受国多米尼加共和国的外国直接投资减少,减少为25亿美元,尽管2018年其经济增长强劲。流入海地和牙买加的投资也分别降至1.05亿美元和7.75亿美元。

随着初级商品价格和主要经济体的经济状况趋稳,流入和流出该区域的外国直接投资可能会进入稳定阶段。自然资源、基础设施和消费品(特别是与信息和通信技术有关的货物和服务)应该可以继续吸引外国投资者。然而,该地区的增长预测较去年更低,而且容易受到外部因素的影响,例如美国的货币政策以及主要贸易伙伴之间的贸易紧张关系,这给未来外国直接投资的流入带来了下行风险。

拉丁美洲多国企业的对外投资在2018年暴跌至历史新低,达到65亿美元,这主要受巴西负流出和智利投资减少的影响。来自阿根廷,哥伦比亚和墨西哥的外国直接投资增加了。

由于外国子公司继续将财务资源(通常是在海外资本市场筹集的资金)流回其母公司,巴西的流出量降至-130亿美元。除了负的公司内部贷款外,由于Marfrig Global Foods从位于美国的总部进行资产剥离,跨境净购买值也变为负值,为-20亿美元。公司内部负贷款也使智利(该地区最重要的投资者)的资金流入减少了,为30亿美元。

(五)非洲

2018年,流入非洲的外国直接投资抵御了全球下降趋势。流入量上升至460亿美元,在2016年和2017年连续下降后增加了11%。受一些初级商品价格和需求上涨的推动,寻求资源的投资持续流入。肯尼亚、摩洛哥和突尼斯等一些经济体的多元化投资出现令人鼓舞的增长。南非的外国直接投资在经历了若干年的低水平流入后,出现了显著复苏。相比之下,流入其他一些大型接受国(包括尼日利亚,埃及和埃塞俄比亚)的投资在2018年出现下降。

流入北非的外国直接投资增加了7%,达到140亿美元。2018年,埃及仍然是非洲最大的外国直接投资接受国,尽管流入量减少了8%,降至68亿美元。摩洛哥稳定的经济增长吸引了对若干部门的投资,包括汽车和金融业;流入该国的外国直接投资增至36亿美元。流入西非的外国直接投资减少15%,至96亿美元,为2006年以来的最低水平,原因是流入尼日利亚的投资连续第二年大幅减少。流入东非的外国直接投资基本保持不变,为90亿美元,尽管流入埃塞俄比亚的投资减少18%,至33亿美元。流入肯尼亚的投资增加了27%,达到16亿美元,包括对大型基础设施项目的一些投资。商业便利化措施和投资就绪的经济特区促成了这一趋势。

流入中部非洲的外国直接投资停滞在88亿美元。刚果录得43亿美元的投资流入,主要是对石油勘探和生产的投资。而对矿物,特别是钴的持续投资支撑流入刚果民主共和国投资增长了11%,至15亿美元。

流入南部非洲的投资急剧转向(从-9亿美元至42亿美元),主要是流入南非的投资复苏,从20亿美元增加到53亿美元,其中包括对汽车和可再生能源行业的大量投资。流入莫桑比克的外国直接投资也有所增加,增幅为18%,推动外国直接投资达到27亿美元。但这种增幅在很大程度上来自于已经在该国建立的公司的内部转移,主要用于石油和天然气勘探。

2018年,非洲国家的外国直接投资流出量下降了26%,降至近100亿美元。从安哥拉和南非流出的资金大量减少,这占据了很大比例的非洲外国直接投资流出量。在安哥拉,外国直接投资流出几乎停止,而2017年为14亿美元。在南非,外国直接投资资金流出减少了近40%,减少至46亿美元。一些大交易占非洲对外投资的很大一部分。例如,南非的First Rand公司,以14亿美元价格,从AnaCap金融合作伙伴收购了Aldermore Group Plc(英国)。

非洲经济增长的预期加速、非洲大陆自由贸易区的实施进展以及2018年宣布的一些大型绿地投资项目得以落实的可能性,可能会在2019年推动更多外国直接投资流入非洲大陆。

三、 外国直接投资政策发展趋势

(一) 外国直接投资的监管和限制逐渐增加

1. 限制性外国直接投资政策措施比例提高

2018年,约55个国家和经济体出台了至少112项影响外国投资的政策措施。其中三分之二的措施寻求投资自由化、促进和便利新投资。34%的措施引入了对外国直接投资的新限制或条例——这是自2003年以来的最高比例。

自由化措施影响了若干行业,包括农业、媒体、采矿、能源、零售贸易、金融、物流、运输、电信和互联网业务。此类措施的60%为亚洲发展中国家所出台的。一些国家推进了国有公司的私有化。此外,简化或精简外国投资者行政手续的趋势仍在继续,例如取消一些审批要求或开设在线申请门户。许多国家还为特定行业或地区的投资提供了新的财政激励措施。

在新的限制和监管中,发达国家采取的一些措施是为了解决国家安全问题。在发展中国家,措施包括在某些行业设立新的外国所有权上限或对购置住宅的限制。还引入了新的当地含量要求和雇用当地工人的义务,包括在公共采购规则中。

由于政府干预,2018年许多跨境并购交易(超过5 000万美元)宣告失败。至少有22笔交易因监管或政治原因受到阻碍或被取消,这个数字是2017年的两倍。9笔交易出于国家安全考虑被暂停,3笔交易因竞争主管机构的关注而被撤销,还有3笔交易因其他监管原因被中止。另外7笔交易因东道国主管的批准拖延而遭放弃。

2. 对外国直接投资的监管框架逐渐完善

近年来,对外国直接投资的筛查变得更加普遍。至少有24个国家实施了具体的外国投资筛查机制,这些国家合计占全球外国直接投资总量的56%。出于安全和公共利益考虑而收紧对外国收购的控制也正出现在区域层面。

投资政策中的国家安全论点最初是用于控制外国参与国防工业的一种手段。此后,被逐渐扩展用于保护其他战略产业和关键基础设施,现在还被用来保护被视为在新工业革命时代对国家竞争力至关重要的国内核心技术和专门知识。

从2011年至2019年3月,至少对外国直接投资筛查框架进行了41项重大修订,至少有11个国家引入了新框架。大多数修订是通过增加新的部门或活动、降低触发门槛或扩展外国投资的定义等途径,扩大了筛查规则的范围。另有一些新监管条例则是扩展披露义务、延长筛查程序的法定时限,或对不遵守通知义务的行为实施处罚

3. 各国对制定国际投资政策仍然呈现积极态度

2018年,有40项新的国际投资协定签署。新条约包括30项双边投资条约和10项含投资规定的条约。最积极缔结国际投资协定的国家是土耳其,签署了8项双边投资条约,其次是阿拉伯联合酋长国,签署了6项双边投资条约,再次是新加坡,签署了5项条约(2项双边投资条约和3项含投资规定的条约)。

新条约中有一些是大型区域条约,具有新的特点,涉及主要投资国。新条约使国际投资协定的数量达到3 317项(2 932项双边投资条约和385项含投资规定的条约)。截至2018年年底,至少有2 658项国际投资协定在实行中。

许多国家正在制定新的条约范本和指导原则,以引导未来的条约制定。这将对全球国际投资协定体系产生重大影响。这些动态有许多受益于贸发会议在国际投资协定相关技术援助和能力建设方面的工作。

（二）国际投资协定的全面改革初步启动

1. 投资者与国家争端案件仍然居高不下

2018年，投资者根据国际投资协定发起了71起公开的投资者与国家争端解决案件，几乎和前3年每一年的案件数一样多。截至2019年1月1日，公开的投资者与国家争端解决诉讼总数已达942起。迄今为止，几乎所有已知的投资者与国家争端解决案例都是基于老一代投资条约。目前有117个国家是一项或多项投资者与国家争端解决诉讼中的被告方。由于一些仲裁可以保密，2018年和前几年提交的争端实际数量可能还要多一些。

2. 国际投资协定改革开始

2018年签署的国际投资协定出现了5种主要改革方式（单独使用或结合使用）：①没有投资者与国家争端解决机制（4项国际投资协定完全省略了投资者与国家争端解决）；②常设投资者与国家争端解决法庭（一项国际投资协定）；③有限的投资者与国家争端解决机制（19项国际投资协定）；④改进的投资者与国家争端解决程序（15项国际投资协定）；⑤未改革的投资者与国家争端解决机制（6项国际投资协定）。其中一些改革方针与其他相比有更深远的影响。

不同地区和不同发展水平的国家都在推行投资者与国家争端解决机制改革。与此同时，对投资者与国家争端解决机制改革的多边参与日益普遍，联合国贸易法委员会和解决投资争端国际中心等一些机构也参与进来。

（三）证券交易作用逐渐凸显

资本市场在全球投资链中发挥着重要作用。证券投资是发展中国家第三大外部融资形式，资本市场的做法可以影响世界各地参与外国直接投资的跨国企业的可持续发展做法。影响资本市场的主要行为者包括证券市场监管者、证券交易所、证券发行者（上市公司）、资产所有者和资产管理者（投资者）。证券交易所位于这一行为者网络的中心，证券交易所的可持续性做法可以成为监测可持续金融趋势的有用基准。

近年来，全球证券交易所的可持续发展活动表现出了强劲的势头。预计这一上升趋势将继续下去。一些管辖区正在加强促进可持续发展的公共政策。此外，外汇行业和市场监管者日益认识到环境、社会和治理因素在促进对可持续发展和新兴市场的投资方面可发挥重要作用。

四、全球经济特区发展态势

经济特区可以直接或间接地帮助吸引投资、创造就业、促进出口。经济特区还可以支持对全球价值链的参与、产业升级和多样化。集群经济和同地办公经济的优势对投资者有重大吸引力。在许多国家,经济特区的激励措施、基础设施支持和商业便利化可以弥补本国投资环境的弱点。不过,全世界只有约一半的投资促进机构认为,本国的经济特区极大地促进了对外国直接投资的吸引。

(一)全球经济特区高速发展

1. 不同经济体广泛发展经济特区

经济特区在大多数发展中经济体和许多发达经济体得到广泛推行。在这些限定的地理区域内,政府通过财政和监管激励措施以及基础设施支持来促进工业活动。目前,在147个经济体共有近5 400个经济特区,较5年前的4 000个有所增长,还有500多个新经济特区正在筹建中。经济特区的繁荣标志着新一轮的产业政策,也是对国际流动投资日益激烈的竞争的回应。

大多数特区提供财政激励、关税减免;关于土地使用权、许可证和执照或就业规则的有利于工商业的条例;以及行政精简和便利化。基础设施支持是另一个重要特征,特别是在发展中国家,特区以外的工商业基础设施可能很差。

2. 经济特区在不同经济体表现为不同形式

经济特区类型多样。发达国家最为常见的是侧重于促进贸易物流的基本自由区。发展中经济体倾向于采用以工业发展为目标的综合特区,这些特区可以是多行业的、专业化的或侧重于发展创新能力的。其专业化的程度和类型与各国的工业化水平密切相关,遵循经济特区的发展阶梯。

许多新型经济特区和创新区发展方案正在出现。一些专注于高新技术、金融服务或旅游业等新兴产业,超越了传统经济特区的贸易密集型和劳动密集型制造业活动。另一些则关注环保绩效、科学商业化、区域发展或城市再生。

尽管出现了与自然资源相关联的新特区形式,这些特区以国内市场为目标,或者希望成为初创企业和中小型企业的孵化器,但大多数经济特区与其他形式的激励措施一样,基本上仍然是国家竞争性投资促进一揽子计划的一部分。

(二)国际合作呈现增加趋势

与外国伙伴合作建立的经济特区日益普遍。尽管政府间伙伴关系特区引起了关注,但大多数特区都是与国际私营特区开发商合作建立的,并不与外国政府签订正式协议。

尽管如此,在特区建设方面的正式国际合作是一个日益增长的现象。在投资者母国的支持下,发展援助、经济合作和战略考虑正在推动伙伴关系特区的建设。主要捐助国和多边发展机构已将经济特区建设纳入其发展合作方案。

发展中国家与外国伙伴合作建设经济特区的优势包括分担发展成本、利用伙伴国家和外国特区开发商的专业知识和经验,以及优先进入已建立的投资者网络。

区域一体化倡议也促进了沿着区域经济走廊建立经济特区。跨越二三个国家的区域开发特区和跨界特区正在成为区域经济合作的一个特点。

(三)经济特区发展的经验和面临的挑战

1. 经济特区发展的经验

经济特区政策框架和发展方案的战略设计至关重要。特区类型及其专业化内容应建立在现有竞争优势和能力的基础上。一些欠发达国家曾试图吸引高科技投资者进入经济特区,以跳跃进入附加值更高的活动,加快经济增长。然而,在对高科技活动缺乏关键区位优势(包括足够熟练的技术工人、研究机构和吸引外国专业人员的便利设施)的环境中,高新区可能不可行。特区发展规划应该是长期的,并遵循经济特区发展阶梯。

特区发展方案应该采取节俭方式(frugal approach),以助于实现小成本多收益。经济特区可持续发展损益表凸显特区的资金和财政可持续性的必要性,因为其广义的经济增长影响可能是不确定的,需要时间才能实现。

单个经济特区的成功取决于能否把最基础的事情做好。大多数经济特区失败的原因都可以归结为以下这些问题:选址不佳,需要大量资本支出或远离基础设施枢纽或劳动力充足的城市;能源供应不可靠;特区设计不佳,设施或维护不足;或者程序过于繁琐。必须通过监管精简和一站式办理点或单一窗口,为特区的工商企业和投资者简化行政程序。

促进集群和联系的积极支持是最大限度扩大发展影响的关键。在特区内运营的公司可以受益于网络效应和规模经济。特区专业化有助于促进集群化。同行业或相邻行业的公司与非相关行业的公司相比,开展合作、共享资源共享和设施的空间更大。不过，就连多活动特区也能从同地办公中获得一些好处。不同行业的公司可以共享特区的公共服务。积极探寻与区内外的公司的合作机会，相互匹配的努力和培训方案，显著增强了影响。

坚实的监管框架、强大的机构和良好的管理是成功的关键因素。经济特区的法律基础设施应确保经济特区政策得到一致、透明和可预测的执行。需要明确界定经济特区管理机构的责任。理事机构的自主权对于尽量减少利益冲突至关重要，特别是在私营特区越来越多的情况下。

2. 经济特区发展面临的挑战

当代经济特区发展面临三大挑战：可持续发展的需要、新工业革命和数字经济，以及国际生产和全球价值链不断变化的模式。

可持续发展议程日益成为跨国企业战略决策和运营背后的驱动因素，这在经济特区向投资者营销的价值主张中应有所反映。较松弛的社会和环境规则或控制不是吸引对特区投资的长期可行的竞争优势。经济特区已经开始以环境绩效（生态区）为卖点，而执行和积极推广环境、社会和治理高标准将日益成为经济特区的一个特点。

现代经济特区可以对各国工业基地的环境、社会和治理绩效做出积极贡献。在经济特区这样的封闭区域内，可以更便利和更廉价地提供控制、执行和服务（例如检查员、卫生服务、废物管理和可再生能源设施）。不仅以就业、投资或出口绩效为条件，而且以一系列社会和环境指标为条件的财政激励，有可能成为提高经济特区环境、经济和治理绩效和可持续发展影响的关键工具。

根据可持续发展目标，这种影响应该包括性别平等。经济特区传统上是女性的大雇主，平均约有60%的女性雇员。一些现代特区正在实施性别平等条例，如反歧视规则，以及支助服务，如儿童保育和学校设施，为可持续发展目标执行情况制定新标准。

新工业革命和数字经济正在改变制造业——经济特区的主要客户。劳动力成本作为投资区位决定因素的重要性日益下降，这将对经济特区产生根本性影响。经济特区发展方案需要调整其价值主张，在其中增加熟练人力资源、高水平数据连接和相关技术服务提供商（可能通过与平台提供商的伙伴关系）的获取渠道。经济特区运营商提供的数字服务，例如通过行政程序的在线单一窗口，日益成为向潜在投资者发出的重要信号。在战略层面，经济特区可能有新的机会以数字企业为目标，将其在物流便利化方面的战略优势转向数字价值链中的分销活动。经济特区还可以充当孵化器，促进集群化和与特区内外数字初创企业的联系。

国际生产和全球价值链模式的变化是当前具有挑战性的全球贸易和投资政策环

境的一个特征,保护主义不断抬头,贸易优惠不断变化,区域经济合作盛行。经济特区作为全球价值链的中心节点,其竞争力会受到这些变化的显著影响。特区发展方面的国际合作可能变得日益重要。开展更多区域而非多边经济合作的趋势可能会进一步推动区域和跨界特区的发展。

参考文献

[1] UNCTAD. World Investment Report 2019[R],2019.
[2] UNCTAD. Global Investmet Trends Monitor[R],2020-02.
[3] UNCTAD. Global Investmet Trends Monitor[R],2020-03.
[4] fDi Intelligence. The fDi Report 2020[R],2020.
[5] A. T. Kearney. 2019 Foreign Direct Investment Confidence Index:Facing a growing paradox[R],2019.

本章撰写:张敬茂

第九章 新冠肺炎疫情对全球商业环境的影响分析

2020年新冠肺炎疫情来袭,横亘在世界人民面前的两大重要任务分别是抗击疫情和稳定经济。疫情暴发初期,对经济造成的伤害只是限于局部,但是当疫情进入无法控制的全球蔓延阶段,对经济造成的震荡瞬间扩大。现阶段,疫情发展步入常态化,怎样在这一时期一边防疫,一边稳定经济是当前各国正在推进的事情,也由此产生了一系列问题,如疫情是否催生了新的经济发展模式;与经济息息相关的贸易在这一时期又呈现出怎样的发展态势、多边贸易在疫情时期对经济发展起到什么样的作用;商业运行生态中的重要构成,即产业链与供应链遭遇何种冲击以及它们又是如何在危机中觅新机;疫情对人们的消费模式产生哪些突出的移位效应等等,本节将从宏观、中观、微观三大层面依次进行分析。

一、疫情对全球经济与贸易的影响

(一)宏观经济发展局势不明朗,数字经济发展步入新阶段

随着新冠肺炎疫情在全球不断蔓延,已有不少数据指示经济在疫情时期呈现并不乐观的发展现状。除此,贸易流通受阻是疫情对经济发展造成的又一重要阻碍。然而,在宏观经济发展局势并不明朗的态势下,一些新经济发展模式,如以数字经济为代表的新经济模式在此期间发挥了不可代替的社会作用。

1. 疫情时期全球宏观经济整体呈现不确定态势

近年以来,全球经济趋于疲软,各种风险与脆弱性问题持续积累,2020年伊始,新冠肺炎疫情率先在中国全面暴发,继而在全球范围快速蔓延,对已经疲软不堪的

经济再造重创,无疑雪上加霜。国际货币基金组织于2020年4月发布的《世界经济展望报告》预测,2020年全球经济将萎缩3%;世界银行6月发布的半年度《全球经济展望》预测,2020年全球经济将萎缩5.2%。面对以上在疫情时期统计的数据,与其说疫情这一特定时间发生的全球公共卫生事件对全球经济的发展形成严重阻碍,不如说这一公共卫生事件将已经步入严重发展瓶颈的全球宏观经济现状曝光,倒逼全球借此契机改变经济增长方式、重构经济发展格局、重塑经济发展生态。

中国作为最大的发展中经济体,是世界经济网络的重要组成环节。中国的经济发展与全球宏观经济发展问题有类似面。疫情的发生加剧了总供给和总需求的下降,典型的社会表现是人口流动及活动骤减,消费品供给减少,复工复产推迟,原材料等供应无法快速满足,企业暂时无法补给库存,餐饮、住宿、娱乐等以第三产业为主的服务性行业几近停滞,交通运输行业损失惨重,旅游行业直接停滞,疫情对整体宏观经济的冲击巨大。然而,在短暂的停摆中,电子商务、在线办公、线上教育、网络医院等依托数字经济的商业运行模式在此时期发挥作用、创造效益。

2. 疫情促进数字经济的快速发展

早在1962年,美国经济学家马克卢普首次提出了信息经济的概念。随后,自20世纪90年代以来,全球范围内展开了对信息经济概念及理论体系的研究。数字经济是信息经济的延伸,是信息化发展到一定阶段的产物。1996年,美国学者泰普斯科特在《数字经济时代》中正式提出数字经济的概念。2016年9月,G20杭州峰会首次对数字经济这一概念进行明确界定。根据IDC《数字经济,创新引领——2018中国企业数字化发展报告》,数字经济的定义是:以使用数字化的知识和信息作为关键生产要素,以现代信息网络作为重要载体,以信息通信技术的有效使用作为效率提升和经济结构优化的重要推动力的一系列经济活动。数字经济具备以下几个鲜明特征:以新一代信息技术为核心技术引擎,以数据为关键生产要素,以生态为主要商业载体,以开放共赢为主要合作模式。

随着经济发展,数字经济已被认为是继农业经济、工业经济发展之后世界经济发展的主要形态,也是世界经济未来发展的主要趋势。数字经济在国民生产总值中的比重已成为衡量一个国家经济发展的重要指标。咨询公司IDC预测,截至2021年,全球至少50%的GDP将以数字化形式实现。数字技术将在未来渗透至各行各业,并实现跨界融合和倍增创新,驱动世界经济向数字经济加速转变。数字经济的主要特征之一就是以数据为核心生产要素,以网络为主要载体,正是这一典型特征,使得数字经济的优越性在疫情时期极为突出,全球代表性国家和地区也大力推出系列措施发展数字经济。数字经济在此次疫情时期带来的正面效应可以用相关案例及数据进行描述(表9.1)。

表9.1 疫情时期数字经济对全球代表性国家/地区经济发展的正面推动效应

国家/地区	案例/数据	政策/举措
美国	2020年3月,亚马逊宣布增聘10万配送及仓库管理人员;通信软件ZOOM成为欧美多国网络课程及企业远程办公的服务供应商;谷歌苹果合作开发基于用户行动轨迹追踪新冠肺炎感染者的工具软件,软件已在5月份提供给应用开发者,应用开发者利用此软件打造各类"追踪"应用,这些应用将会在各大应用商店上线	巨头行业的增聘举措为线上经济发展增设低成本的线下配套服务团队,缓解因疫情造成的大规模失业现状;疫情打破人们因侵犯隐私拒绝泄露个人医疗、行踪数据的意识阻碍,推动医用数字化等产业的加速发展
欧盟	以法国政府为代表开发防疫申报通行软件,用于收集使用者的行动轨迹数据,以便排查确诊病例的密切接触者,同时对其他可能靠近确诊病例活动区域或疑似病例的用户发出警告	2020年2月,欧盟启动《数字服务法案》的立法程序,希望更新与电子商务和在线市场有关的规则,解决有争议问题,确保数字市场的公平竞争环境;3—4月,欧洲密集发布《欧洲工业战略》《人工智能白皮书》《欧洲数据战略》提及要把握数字化发展机遇,构建数据使用规则与产业发展间的平衡关系;6月发布《数字服务新发展》研究报告,概述未来十年的技术趋势,建议欧盟推动5G、6G基础设施建设,并建立独立、基于数据和创新的欧洲数字生态系统
中国	国家统计局数据显示:2020年1—6月网上零售额达51 501亿元,同比增长7.3%,增速连续4个月提升,6月当月增速达18.6%。各家上市企业财报数据显示,13家网络零售和生活服务电商上市企业2020年一季度总营业收入为5 268.3亿元,同比增长13.2%。其中,拼多多、腾讯控股、阿里巴巴和京东营收增长最快,分别为44%、26%、22%和20.7%	疫情期间利用电商平台通过"直播带货"举措带动数字经济发展;行业间通过"共享员工"等灵活用工模式体现我国企业线上线下强大的整合能力与效率
菲律宾	华侨银行显示:2020年一季度,菲律宾零售电商刷卡消费增加了一倍,外卖配送及订阅在线媒体支出增长了50%,在线游戏服务支出增长25%;花旗银行表示,在线送餐量增长了2.5倍,在线电影、游戏或音乐订阅以及公用事业的支出均有所增加;渣打银行表示,2020年前3个月,近40%的总支出通过在线渠道完成交易	2020年6月,菲律宾贸工部出台《众议院法案6122》(或称《互联网交易法》)用来促该国电子商务的发展。除此,菲律宾国会还在审议其他旨在促进数字经济的相关法案,包括《电子政务法案》(HB 6927)、《国家数字职业法案》(HB 6926)、《国家数字转换政策》(SB 1470)等

资料来源:上海科学技术情报研究所(ISTIS)整理

3. 无接触经济将成为数字经济主要模式

疫情期间的无接触举措，是一种在特殊时期的应对举措，但随着消费习惯的形成，也成为能够促进产业增长的新业态或新经济形式。"无接触"可以理解为在生产过程或消费过程中，最大可能保持人际社交距离的一种方式。这种模式不仅有利于疫情的阻断，还为经济的有序维持赋能。无接触模式并非什么新鲜事物，早在先期，电报、电话、纸媒的出现本质就是充当了一种无接触式的载体，帮助人们完成沟通事项。近现代，随着现代电子通信设备的精进，无接触模式较早出现在军事应用场景中，诸如电子战在相当程度已经以无接触方式取代接触式战争。无人机频繁使用，无人战舰的出现，使现代战争日趋智能化、愈加无接触化。军事上的这种向无接触方式转变的趋势逐步渗透至大众经济、文化和政治行为中。

疫情之前，由第五代移动通信技术（5G）、大数据基础设施支撑，人工智能、机器学习等前沿技术主导的"无接触经济"已经应运而生，但借力新冠肺炎疫情使无接触式举措日常化。疫情期间，无数无接触场景映入眼帘，诸如医院中形态各异、功能不同的智能机器人替代医护人员进行无接触式的医务辅助工作；日常生活中，人们"被迫式"的居家办公、学生的远程教育、线上订餐、依托电子商务平台进行网络购物、数字支付、云问诊以及无接触配送等，使"无接触"由最初作为隔离疫情、预防病毒的举措扩大化为一种自然的生活方式，且这种生活方式已经与人们现有的生活自然嵌合，"无接触经济"有可能成为数字经济渗透下一种主导未来生产生活的主要经济发展模式。

（二）全球贸易整体萎缩，维护多边贸易稳定成为重点

因近年全球经济发展增速放缓，全球贸易发展也始终处于不容乐观的境地，新冠肺炎疫情的冲击使贸易发展态势更加严峻化。以疫情为导火索，经贸结构危机浮出水面，发达经济体借机强化自身利益，传播贸易"逆全球化"信息。但是以世界贸易组织为主体，竭力强调多边贸易体制是经贸稳定发展的有力途径，并表明电子信息化技术将带动贸易发展的新一轮革命。

1. 疫情时期全球贸易整体呈现下行态势

疫情期间，世界贸易组织发布的年度《全球贸易数据与展望》预测，受疫情影响，2020年全球贸易将缩水13%～32%。2020年6月下旬，世界贸易组织发布《全球贸易数据与展望》更新版报告指出，全球货物贸易量2020年第一季度同比下降3%，预计第二季度还将出现大约18.5%的历史性下滑。据中国海关数据统计：2020年第一季度，中国货物贸易进出口总值同比下降6.4%，第二季度降幅已大幅收窄至0.2%，

6月当月进出口增速年内首度"转正"。不过从全球主要贸易国来看,2020年2—5月,美国、日本以及韩国等国月度出口增速逐月下降,且降幅明显。

2. "逆全球化"与维护多边贸易体制同现

"逆全球化"的贸易发展观点并非新冠肺炎疫情时期的产物。然而,疫情的出现迫使防控疫情的任务升级,国际进出口等贸易行为不得不暂停,为了尽可能保全经济行为,全球代表性国家和地区在此时期出台的贸易挽救策略颇具"逆全球化"特色(表9.2)。

表9.2 疫情时期全球代表性国家/地区的相关贸易策略

国家/地区	策 略
美 国	2020年4月,美商务部宣布正式对中国、俄罗斯、委内瑞拉实施新的出口限制政策,防止上述国家以民用供应链为借口获取美国半导体生产设备和其他先进技术,并最终用于武器开发、军用飞机、侦察技术等用途,并且终止"额外允许再出口"条款许可证豁免,即其他国家向上述国家进口美国产品必须获得美国政府许可;此外,特朗普政府紧急启动《国防生产法》力保战略物资生产本土化
欧 盟	2020年5月,欧盟委员会在"欧盟下一代"经济复兴计划中表示,复苏计划将以绿色协议、适应数字时代、倡导公平和包容为基础,并着力提高欧盟的韧性,进一步强化战略自主权,包括维护战略价值链安全和加强外资审查,加强危机应对能力
英 国	2020年6月,英国政府宣布未来科技贸易战略。战略以系列自由贸易协议为基础,允许英国与亚太国家间的数据自由流动。在该战略中,英国希望能与日本等国达成比作为欧盟成员国时期更进一步的数据协议
印 度	2020年2月,因新冠肺炎出台财政政策,限制中国商品进口或进一步推高印度通货膨胀,增大小幅降息或不降息概率,不会大幅降息

资料来源:上海科学技术情报研究所(ISTIS)整理

不管是美国的"长臂管辖"政策还是欧盟的"战略主权"意愿,都试图在传递加强以区域化、分散化等典型发展特征为基调的贸易"逆全球化"信息,旨在为确保自身经济利益的实现,对全球各国努力维系的多边贸易体制形成威胁。同一时期,以世界贸易组织为主体,各成员国表达为积极维护多边贸易体制的意愿(表9.3)。

世界贸易组织先后通过发布解除出口禁令、多国签署"积极维护多边贸易体制"协议及发布《世界贸易组织对2020高端政治论坛的贡献》年度报告明确肯定"多边贸易体制为维护全球经贸发展起到积极推动作用"等事件,从不同程度强调疫情时期多边贸易体制是为维护全球供应链稳定、保护发展中国家及最不发达国家经济利益不可或缺的重要保障。疫情这一特殊背景让更多的国家看到多边贸易体制对自身利益坚定的捍卫与维护。尽管以美国为首的部分发达经济体致力于对现有的多边贸易体系表示不满,并在不同区域之间产生了严重的贸易摩擦。然而,随着疫情的发展,区

表 9.3 疫情时期世界贸易组织架构下维护多边贸易体制动态

组 织	事 件
世界贸易组织	2020年5月,世界贸易组织发布《标准、法规和COVID-19 WTO成员国采取了哪些行动?》的报告,报告指出,疫情早期阶段,世贸组织成员国实施的若干措施限制了贸易自由流动,世界贸易组织成员实施的贸易限制措施继续影响全球贸易,但总体趋势显示成员国的贸易政策已经开始出现破除贸易壁垒、促进进出口转变的倾向
	2020年5月,阿富汗、澳大利亚、巴巴多斯、贝宁等国负责世贸组织事务的部长就COVID-19和多边贸易体制发表声明。重点强调:COVID-19的传播导致了一场毁灭性的人类悲剧,此时成员国应该以命运共同体的姿态共同应对这场全球卫生危机;确保在这场卫生危机期间,重要的医疗用品和其他基本商品和服务继续跨境流动;维护遵守贸易纪律,不得对贸易造成不必要的障碍或破坏全球供应链,坚决支持以世贸组织为基础的多边贸易体制的作用,避免对投资或商品和服务贸易设置新的不合理壁垒,最大力度支持发展中成员、最不发达成员的经济发展
	2020年7月,《世界贸易组织对2020高端政治论坛的贡献》报告首先肯定过往十几年多边贸易体系对经贸发展的积极作用;并继续强调在COVID-19危机下,保持开放的贸易和投资流动对于保护就业、防止供应链崩溃、确保重要产品不会让消费者负担不起起到至关重要的作用;并提及未来将充分利用电子商务和数字经济的优势,提升贸易发展水准

资料来源:上海科学技术情报研究所(ISTIS)整理

域间的合作不可避免,区域经济一体化合作机制仍将可能成为解决多边化和全球化贸易体制潜在问题的机制。但是,不论后疫情时代贸易将呈现怎样的发展趋势,疫情将促使国际多边体系进入重构,在此过程中,势必会伴随数字技术的渗透,共同整合未来全球贸易发展,为新型贸易机制塑型。

3. 数字化将带动贸易发展的新一轮革命

数字经济的强大作用覆盖疫情期间的方方面面,也影响了贸易的数字化转型。数字化国际贸易已经经历了3个发展阶段,分别以贸易信息展示平台、贸易在线交易平台和贸易产业链综合服务平台体现。当前进入数字化贸易商业操作系统阶段。疫情期间,区块链、电子商务、人工智能、大数据等前沿技术快速渗透至全球贸易价值链,数字贸易更多替代传统贸易,数字化贸易的商业操作系统正在发挥功用。数字化贸易商业操作系统是全球贸易多元化基础设施的升级改造,涵盖商家操作系统、超级会员系统、标品库系统、金融支付、智慧物流等多种数字化服务,是全球贸易全产业链数字化的实现。疫情几乎阻断传统贸易行为的进行,但跨境电商却积极活跃,交易者通过网络实现货品与资本的交换与流通,开辟了全球贸易的新通路。面对如此疫情,诸多国家已充分意识到数字化带来的便利,7月份日本经济产业省最新发布的《2020贸易白皮书》,全面解析日本经济贸易受到疫情的冲击、疫情对民众生活的改变及造成的影响,并提倡日本需加强全球多边合作、调整供应链结构并加大数字化投入,以更好适应后疫情时代的发展。

综上,经贸合作方式、传统产业链与供应链结构是此次疫情暴发后凸显的主要挑战与问题,未来加强全球多边合作、加大数字化渗透及重塑产业链供应链是最直接的应对措施,也是后疫情时代各经济体谋求再次发展的主要着力点。

二、疫情对全球产业链与供应链的影响

(一)疫情对全球产业链的影响

产业链可被分为狭义产业链和广义产业链。狭义产业链包含从原材料开始到终端产品制造的各生产部门的完整链条;广义产业链是在狭义基础上进行上下游的延伸与拓展,向上延伸进入基础产业环节与技术研发环节,向下拓展进入市场需求领域。疫情阻断了人与机构之间的直接交流,也就从很大程度割裂了产业链的贯通。疫情对全球产业链形成重创,全球各国,特别是重点发达国家已经从战略角度意识到重构产业链模式的重要性,特别是依赖"世界工厂"进行生产制造的国家,尤其是美国。美国言论中与中国"脱钩"的论调已有时日,但是从其产业链复杂程度、经济成本等角度考量,对产业链进行大幅回迁的可能性不大,最重要的原因可能在于大型企业回迁产业链后不仅要面对重新搭建生产网络的问题,还要面对如何解决以制造业为代表的实体资本与华尔街为代表的金融资本间的矛盾问题。因此,除了回迁产业链这一举措外,主要国家的企业主体结合自身实际运营模式正在积极进行产业链调整,确保疫情时期产业的最大化运行。

1. 从战略角度进行产业链调整

疫情作为危机对全球经济造成影响,在此次疫情冲击下,客观上出现全球产业链断裂的事实。表现为许多企业停工停产,大量订单被取消,新合同难以为继,不同经济体之间的贸易和投资受到不同程度影响,但也为全球各国着手进行产业链调整提供了契机。全球各国,特别是以美德日为代表的发达经济体相继推出调整举措(表9.4),美德日等国家的调整基调为"加强产业链的自主化构建"。同时,我国针对产业调整也有鲜明的战略举措,主要基调为强调"通过供给侧结构性改革,提高国内经济的供给质量,通过挖掘消费潜力,进一步畅通国内经济循环,促进更高水平的对外开放,实现国内国际双循环"。

表 9.4　疫情时期美德日战略性产业链调整举措

国家	举措
美国	2020年4月,美国政府表示愿意支持美国企业迁出中国,搬迁费用计入相关费用抵扣;美国政府推动建立一个由"值得信赖的伙伴"组成的被称为"经济繁荣网络"的联盟(未包括中国在内)。内容主要为公司和公民社会团体都应遵循相同的标准,涉及数字业务、能源和基础设施、研究、贸易、教育和商业等所有领域
德国	4月8日,德国政府宣布修改《对外经济法》,修改的主要目标在于对非欧盟国家投资实施更加严格的审核,执行更加严格有效的审核标准,是针对外资并购德国企业进行审查的进一步升级
日本	4月7日,日本政府从经济刺激方案中拨出22亿美元,帮助制造商转移生产基地。追加预算方案内容包括:20亿美元对企业进行资助,把生产地点迁回日本,剩余2亿美元资助企业将生产转移到其他国家,对不同类型的企业给予不同比例的补贴。对高度依赖进口、跟疫情密切相关、中小型企业给予较高比例的补贴(从1/2到3/4不等)

资料来源:上海科学技术情报研究所(ISTIS)整理

2. 从企业自身进行产业链调整

针对被疫情冲击的产业链,不同国家除了进行顶层战略布局外,一定会落实到能够影响到全球产业链结构的主要企业中。考究这些主要企业针对疫情积极采取的应对举措,可以明确得知最契合企业目前自身前进发展的产业调整模式(表9.5)。

表 9.5　疫情时期全球代表性企业产业应对举措及调整模式

企　业	应对举措	调整模式
美国苹果	2020年3月,对旗下所有产品实施限购举措,以此缓解疫情冲击下的供需不平衡问题	市场调控
加拿大航空	因疫情的全球蔓延使国际航空业暂时陷入停滞状态,加拿大航空通过增加国内飞行线路对抗暂时性的经济危机	国内循环
德国宝马中国石化	通过调整自身生产线,更改原有生产工艺,转产口罩、防护服等防疫物资	灵活转产
日本索尼	以技术支持的方式为多家医院提供新冠诊疗 AI 支持;通过 AR、VR 技术为患者及居家人群提供虚拟外出体验;启动 Sony Startup Acceleration Program,征集创意	数字赋能

资料来源:上海科学技术情报研究所(ISTIS)整理

(二) 疫情对全球供应链的影响

供应链是一个网络系统,涵盖了原材料获取、加工并将生产产品送至用户过程中所涉及的企业和企业部门组成的机构。在过往全球一体化的背景下,以利润及效率驱动的供应链模式在疫情时期显露出无比的脆弱性,直接干扰了全球供应链网络的动态平衡,造成经济贸易的损失。与此同时,全球供应链调整及企业锻造供应链韧性的举措也借由疫情开始启动。

1. 疫情下全球供应链断裂的转移效应

美英德法日等发达经济体在过往的全球经贸一体化进程中,为深刻实现商业利益最大化的目标,不断以专业化式的分工体系打破地理界限、进行全球资源配置。在此过程中,中韩、印度、印度尼西亚等国因人工资本低廉、生产制造能力旺盛,逐步发展成世界制造工厂,以此不断往复形成了现有的全球供应链动态网络。然而,近年动态网络上中国经济体正在发生位置迁移,实现从世界工厂向全球供应链中心的转变。世界银行在《2019年全球价值链发展报告》中分析指出:"全球价值链贸易网络在2000—2017年间发生了显著的结构性变化,无论是从附加值出口的规模,还是从与其他国家紧密联系的数量,中国取代了日本和美国的部分地位,成为全球第二大供给中心。"另有世界银行和联合国贸发会议共同发布的"世界综合贸易解决方案"数据库,观察全球近200个经济体从中国进口的商品,中间品在全部进口中的占比平均达到21.7%(中位数)。因此,中国对全球经济的影响实际上远超自身体量。

疫情的暴发冲击到中国自身供应链网络的稳定,直接造成国内生产秩序受到一定程度破坏,譬如复工延迟、人员隔离、防护设备不足等;紧接着形成连锁反应,疫情影响中国向其他国家出口产品,致使其他国家生产链条中断,特别是对中国产品具有高度路径依赖的国家;全球供应链中断后又通过进口渠道反射影响到中国,因国外企业生产过程中断,或生产成品库存消耗殆尽,最终影响中国中间品、最终品的进口。此时,中国政府以牺牲经济发展为前提,采取"全民隔离"举措将疫情有效遏制后,疫情却在全球其他国家大面积暴发,供应链中断逐步开始向其他没有中国企业直接参与的全球供应链转移。所以,疫情造成了由中国供应链断裂开始继而向全球各国逐步断裂的转移效应。

2. 疫情下全球供应链调整的三大主要方向

疫情造成全球供应链网络的阻滞甚至断裂,全球不同经济体针对国际形势与自身企业发展模式进行不同程度的供应链调整。供应链调整大体有三大主要方向:供应链自主化、供应链区域化以及供应链多样化。

(1) 供应链自主化

针对疫情造成的产业链断裂,经常被提及的挽救方式之一就是回迁。以此类推,调整供应链结构的第一种主要方式就是回迁供应链,也就是实现供应链自主化的问题。2020年9月搜狐网发布标题为《有钱拿也不要？日本斥157亿补助日企回国，90％受访日企不愿离开中国》的报道提及，日本在海外投资的企业总共有7万余家，差不多约有一半数量分布在中国，当遭遇类似此次疫情这样的全球公共危机事件，日本这样的海外生产布局密集程度是非常容易让自身经济瞬间陷入窘境的。事实上，部分日本企业自中美贸易战开始，就已经实施步步为营的战略进行产线迁出中国的计划，特别是制造业。疫情背景下，日本经济产业省更是斥资108万亿日元(折合约7万亿元人民币)用以抗疫经济援助计划，其中明确提到将为不同类型企业搬迁给予不同比例的补贴。2020年3月5日，日本首相安倍晋三在以新冠肺炎疫情对经济影响为议题的"未来投资会议"上呼吁，对"一国生产依存度高的高附加值产品生产基地"要回归国内，而附加值不高的则应向东盟等进行多元化转移。除日本外，美国经济体、以德国为首的欧洲经济体也都在积极为部分制造品供应链的回迁进行战略布局，并出台对应的迁移补贴政策。但是，不同国家供应链模式是多年来形成的成熟复杂的网络体系，立即回迁会引发诸多问题，如本土内部供给网络重构、资本兼容、市场容纳度等。因而，相比回迁举措，供应链区域化与多样化的调整显得务实许多。

(2) 供应链区域化

全球化是发展不可逆转的趋势，但疫情让全球产业链及供应链处在不稳定状态，特别全球供给断供让经济瞬间逆势发展，所以在继续推进全球一体化进程的前提下，缩短供应链距离，实现区域化乃至次区域化发展是供应链调整的务实举措之一。过去很长一段时间的发展中，全球供应链大量布局在中国，使中国成为世界经贸发展的重要节点，也推动中国自身经济高速发展20年。但这样的发展具有不平衡性，最大的问题就是经贸节点过度集中在一个经济体，使得全球供应链的脆弱性增强。这样的发展不能够充分覆盖到其他有需要的经济体，往往会造成经济发展的不平衡。因此，未来全球供应链、价值链将朝向区域化、次区域化方向发展已经成为一种可能的趋势，预计今后的供应链将会越来越收缩，跨国公司的全球供应链将在欧洲、北美、东亚、东盟等区域聚焦。

(3) 供应链多样化

供应链多样化的本质内容就是丰富供应链。疫情蔓延增加了全球经济发展的不确定，造成供应链或主动或被动的断裂，疫情已经引发了全球经济体开始调整供应链结构的行为，其中对供应链进行多样性布局是操作较为方便实际的方法之一。日本部分企业先后将供应链从中国转移至越南、马来西亚等地。美国、欧盟的著名跨国公司也着手在越南、泰国、印度、墨西哥等地建立新的供应中心，在保证生产成本及生产效率的同时，最大程度降低其供应链过度依赖中国所造成的风险问题。

3. 疫情促使各国企业锻造供应链韧性

疫情作为强力催化剂，造成全球产业链和供应链阻滞甚至断裂的同时，也倒逼各国企业着手进行供应链韧性的锻造，战略上需要成本与风险并举、战术上需要增强供应链弹性及技术和生产上需要加快供应链数字化的转型升级是三大根本应对举措。

（1）成本与风险并举

平稳发展时期，多数企业建立自有供应链时优先考虑的因素是成本最优化。然而，当无法规避的公共危机事件降临时，实则为企业未来发展进行战略的重新调整提供了机遇。疫情的发生提醒企业人建立供应链时除了要考究成本因素外，还需要将风险应急机制考虑在企业发展的整体布局框架内，为形成企业有进有退、有攻有防的战略体系提供保障。

（2）增强供应链弹性

在风险应急战略调控下，需要重新构建企业内部供应链。企业的生命力是以产品占领市场为表征，而产品必须拥有多种抵达市场的途径。疫情时期的一个案例也许可以为企业构建弹性化供应链提供几个参考角度。韩国现代汽车因疫情造成中国零部件供应中断，迫使现代汽车暂停所有在韩生产线。供应中断的重点在于因线束库存耗尽而暂停生产。不同的车款安装不同的线束，厂商无法大量囤积；中国复工延后，现有库存耗尽，韩国和东南亚供应商无法临时支持，三项叠加，造成了现代汽车的被迫停产。这并不是疫情期间出现的特例，这样的案例恰好充分暴露现今供应链的主要特征，即全球供应链的严密刚性网状结构。这样的供应链布局使企业可以去除过量库存和闲置产能，但同时也去除了市场需求弹性，未给任何破坏性事件留有空间和余地。未来，弹性供应链的构建势在必行。

（3）加快供应链数字化的转型升级

疫情的发生提醒企业无论从短期还是长期发展考虑，当务之急是先要清晰了解生产过程中的脆弱性，并需要详细定位出全部的直接和间接供应商，加速供应链数字化进程。数字化体系的建立主要是依赖信息流和数据流，通过对信息及数据进行反复分析与研究，最终建立有价值及适合企业的最优化供应网络。数字化的显著优势在于允许跨国公司通过增加或减少网络单元、调整多边平台或修改现有链接和互动来快速改变企业业务模式，降低供应链管理和交易成本。数字化支持的跨国公司将以网络平台的形式联动全球不同商业群体，从技术及传输方式上改变传统的供应链模式。企业的供应链模式实现了底层信息化改造后，生产工艺的数字化能力才能完全彰显，形成智慧"柔性制造"。这类企业在疫情期间通过更改产线实现了不停产、快转型的目标，如兰博基尼、比亚迪等国际知名企业通过改造产线转产口罩和防护服；

欧莱雅改造产线生产洗手液等。实践经验表明,这样的智慧制造提高了抵御重大风险的能力。

三、疫情对人们生活消费的影响

疫情带来的"至暗时刻"严格限制了人类活动的社交距离,一些国家为尽快阻断疫情传染实施强制性"居家隔离"策略,使得这一时期人类的生活消费从线下被迫转移到线上,因此带动消费意识、消费习惯的相继移位。

(一)消费场所的移位

疫情对于人群流动的限制使得消费场所发生了由线下到线上的移位。但是线上消费的出现并非疫情发生后的直接产物。自电子商务兴起后,网络购物便成为与线下消费并存的一种消费模式。产品线上化是电子商务阶段的主要特征。人们消费的选择与场所由实体经营店扩充为电子商店,电子购物已经是人们习以为常的一部分。美国"黑色星期五"、中国"双十一"等购物节日,正在成为一种新的社会文化。

疫情的发生进一步促进了电子商务的渗透,让人们的生活几乎完全进入"云模式"。除掉单纯购物,在线办公、在线教育、在线健身、在线销售等全面展开。疫情迫使诸多人们开启"居家办公"的生活方式,"视频会议""在线讨论"等需要跨国度不得不使用的工作形式,就发生在彼此之间;中小学生面对电子设备进行课程学习,大学及以上学生开始远程学习并通过电子设备举行毕业答辩;不同类型的健康APP可以随时随地下载,帮助人们强健体魄,增强免疫力;疫情期间出现了"VR看房""VR看车"等新的在线推销模式,不仅没有影响消费产品的出售,反而增加顾客对所需产品的虚拟体验;"直播带货"和"网络主播"等新业态兴起。在线消费的优势非常突出,它打破了时间与空间的限制,提高办事效率;能够跨越因地域限制造成的资源分配不平均,达成资源共享化,降低资源获取的门槛,使线上消费与线下消费有机结合,更好地服务人们的生活。

(二)消费意识的移位

疫情暴发后,为尽快阻断疫情大面积扩散,中国率先启动"全民隔离"举措,社会活动出现暂时性停滞。随后,各国也相继采取类似措施。消费基本思路出现暂时性移位效应,即人们由扩张性消费转变为基础性消费。表现出的典型现象是国内外超市中,生活必备品的需求大增,如具有消毒免疫属性的医护性用品(口罩、消毒酒精、洗手液、常备药物)、日常食品(牛奶、豆浆、饮用水、坚果)、生鲜类食品(果蔬、肉类、海产品)、可囤积食品(休闲零食、速冻食品、压缩饼干、方便食品)、提高人体免疫力的健康或功能性食品(乳制品、保健品)等。

除此,这一时期人们的公共卫生意识加强许多,这为消费意识的长期性移位奠定基础。具体表现在三个方面:其一,社会形态方面,各国人民从最初无法与口罩共处到长时间佩带口罩、时刻进行手部清洗、进出公共区域进行体表温度测量等公共卫生意识已成为社会日常现象。其二,公众对公共卫生健康知识的信息需求激增,主动获取相关科普知识。百度发布直播搜索大数据显示:疫情期间,平均每天有超过10亿人次通过百度搜索了解疫情信息,平台中健康信息和知识领域的直播日均用户量增长最快,较疫情之前增长670%。最后,室内体育健身设备成为疫情时期人们的热门选择。京东消费大数据显示,仅春节期间,京东平台拉力器成交额同比增长109%,跳绳成交额同比增长56%,划船机成交额同比增长134%。

(三)消费习惯的移位

疫情将人们的消费习惯由"人际互动"更改为更为彻底的"人机互动"。疫情之前,人们通过电脑端或手机端完成购物下单、在线支付交易后,可在配送环节见到配送人员,数字技术对人们消费习惯的改变落实在交易的前期环节。但是疫情时期,社交距离的受限使"非接触式消费"的理念骤然形成、深入人心,数字化技术帮助配送环节基本能够实现"无接触"操作。当人们通过无论是电脑端还是手机端完成消费交易后,商家会将选购产品进行包装消毒,再由配送人员送至指定地点,通知顾客前往指定地点领取商品,顾客接到信息后前往指定区域进行购买商品的领取,以此来分别保障配送人员与顾客的人身安全。还有部分环节实现了智能机器人或无人机的操作,实现彻底的无接触化。配送环节的"无接触化"是消费模式全链条中的重要改变,也是借由疫情实现数字化技术在配送环节的全力渗透。

后疫情时代,人们需要做好与疫情长期共存的心理准备,抗疫在一定阶段内进入常态化。人们虽然逐步恢复了正常生活,但上述消费习惯相信已经潜移默化,实体企业的经营模式也发生了不可忽视的转型,无人商店越来越多。以服务业的餐饮行业为例,智慧餐厅或将兴起。智慧餐厅是指依据餐厅的基建状况及具体运营情况,将大数据及物联网等信息化技术与传统餐厅进行融合,实现全面智能化管理系统的落地,主要涉及自助点餐系统、服务呼叫系统、后厨互动系统、前台收银系统、预定排号系统以及信息管理系统几大主要内容。餐饮行业是人员密集行业,智能化布局可以最大程度减少人为接触。已有数据显示,同等规模餐厅人员配备上,智慧餐厅相较传统餐厅减少20%。危机即转机,各行各业正在抓住契机逐步开始着手信息化建设与数字化转型,为未来全方位智能化的生活积蓄力量。

参考文献

[1] 丁纯.疫情暴露了全球经济治理体系的结构性赤字[J/OL].国家治理,http://www.rmlt.com.cn/2020/0701/585454.shtml.

[2] IDC-《2018中国企业数字化发展报告——数字经济,创新引领》[R/OL].[2020-07-27]. https://ishare.iask.sina.com.cn/f/7cK5p8ERnv.html.

[3] 储殷.全球疫情常态化给中国经济带来三大新挑战[J/OL].国家治理,http://www.rmlt.com.cn/2020/0701/585461.shtml.

[4] 一图看懂2020年全国上半年网络零售市场发展情况[EB/OL].[2020-09-18]. https://dzswgf.mofcom.gov.cn/news/5/2020/8/1596419301249.html.

[5] "无接触经济",疫情带来的一场时代革新![EB/OL].[2020-07-19]. https://baijiahao.baidu.com/s?id=1666455173851390784&wfr=spider&for=pc.

[6] 世贸组织发布更新版《全球贸易数据与展望》报告,第二季度全球贸易降幅或达18.5%[EB/OL].[2020-08-25]. http://news.cctv.com/2020/06/24/ARTIjrixYmrbGmxclZti8Kve200624.shtml.

[7] 由降转升、稳步复苏!透视上半年十大经济数据[EB/OL].
    [2020-07-26]. https://baijiahao.baidu.com/s?id=1672373171662289072&wfr=spider&for=pc.

[8] 杨舒.45年,中欧携手同行[N].国际商报,2020-05-08(2).

[9] 李宁.疫情之下多边贸易体制更显重要[N].国际商报,2020-05-08(2).

[10] STANDARDS, REGULATIONS AND COVID-19 WHAT ACTIONS TAKEN BY WTO MEMBERS? [EB/OL].[2020-07-26]. https://www.wto.org/english/tratop_e/covid19_e/standards_report_e.pdf.

[11] Statement on COVID-19 and the Multilateral Trading System by Ministers Responsible for the WTO from Afghanistan, Australia, Barbados, Benin, et al. [EB/OL]. [2020-07-30]. file:///C:/Users/istis/AppData/Local/Packages/Microsoft.MicrosoftEdge_8wekyb3d8bbwe/TempState/Downloads/WTO:多国针对新冠肺炎疫情下的多边贸易体制发表联合声明%20(1).pdf.

[12] WTO CONTRIBUTION TO THE 2020 HLPF[EB/OL].[2020-08-03]. https://sustainabledevelopment.un.org/content/documents/26126WTO_HLPF_Input_2020.pdf.

[13] 专家纵论"疫情后时代"的中国与世界[EB/OL].[2020-08-20]. https://baijiahao.baidu.com/s?id=1664473625613359857&wfr=spider&for=pc.

[14] 国际贸易的数字化转型,外贸数字化进入新阶段[EB/OL].[2020-08-04]. http://m.thepaper.cn/baijiahao_8550192.

[15] 周建军. 全球产业链的重组与应对：从防风险到补短板[J]. 学习与探索,2020(7):98-107.
[16] 任晓波. 新冠肺炎疫情会终结我们所熟悉的全球供应链吗？[J]. 竞争情报,2020,16(4):2-10.
[17] 疫情冲击与全球供应链的三大新变化：供应链越来越复杂[EB/OL]. [2020-08-11]. https://baijiahao.baidu.com/s?id=1664887701281288293&wfr=spider&for=pc.
[18] 疫情对国人消费习惯造成的三个深远影响[EB/OL]. [2020-08-12]. https://baijiahao.baidu.com/s?id=1660246543827551122&wfr=spider&for=pc.

本章撰写：邓　桦

第十章　国际经贸发展趋势下国有企业相关规则的新发展

近年来,国际经贸环境发生了较大改变,一方面,世界经贸相关的投资规则呈现区域化、碎片化趋势;另一方面,自由化、便利化与保护主义并行发展。在此形势之下,在相关世界经贸规则中引入和实施竞争中立原则的呼声越来越高,给中国企业,尤其是国有企业的海外业务运营和拓展带来了巨大挑战。本章将以竞争中立原则为切口,研究当前主要国际经贸规则中有关国有企业的相关规定,梳理我国国有企业的改革历程,并分析国际经贸规则重构背景下当前国有企业存在的问题,探讨相应对策和建议。

一、世界经贸规则的竞争中立原则及其发展

近年来,国际经贸规则呈现出区域化、碎片化,以及自由便利化与保护主义并行的发展趋势,逐渐使"竞争中立"规则成为多方博弈的焦点。目前为止,无论是在多边框架下还是区域、双边框架下都未有达成统一的竞争中立制度;各国国内法中建立完整竞争中立制度的国家也是少数。其中,澳大利亚、经济合作与发展组织(以下简称"经合组织",OECD)、美国和欧盟各成一派。国际竞争中立规则的实践仍面临诸多问题。

(一)国际经贸规则发展趋势与"竞争中立"原则

1. 与国企境外发展相关的国际经贸规则发展趋势

近年来,全球正面临百年未遇的大变局,国际经贸规则也随着全球经济秩序的大

调整而变化。其中,有两大趋势与国有企业的境外发展休戚相关①②。

(1) 国际投资规则呈区域化、分散化趋势

一方面,国际投资规则呈现区域化特征。截至目前,全球尚没有形成统一的投资协议,一般都以区域性投资协定的形式出现。区域投资协定的主要目的是促进区域内的投资自由化,协定中的内容通常包括投资准入条件、投资待遇状况、投资保护力度(涉及征收补偿和资金移动)、争端解决、环境保护、竞争政策以及劳工等内容。目前,这些区域性投资协定大致可以分为两类:一类是只针对投资问题或就特定问题所签署的协议,例如经济合作与发展组织(OECD)的《资本流动自动化法典》、中国—东盟自由贸易区(CAFTA)的《投资协议》等;另一类是综合经济贸易协定,投资问题只是其中的一部分,例如《美墨加协定》、《全面且进步的跨太平洋伙伴关系协定》(CPTPP)和由东盟发起的《区域全面经济伙伴关系协定》(RCEP)等。并且,近期,综合经济贸易协定是主流,适用范围也越来越大,就协议内容而言,广泛涉及贸易、投资、政策内容,许多协定对环境保护、公共健康、劳工权益、公司治理、道德维护等公共议题也进行了具体规定③。

另一方面,国际投资规则的复杂化、碎片化成为趋势。随着各国间经贸协定和投资条约的增多,国际投资规则越来越复杂,造成重叠和冲突问题。有研究显示,全球有24%的双边关系受到两项及以上投资协议约束④。受到多份投资协议约束的缔结主体常常遇到协议内容冲突的问题,较为常见的是一国签订的多个双边投资协定在内容上冲突⑤。此外,双边和区域协定也常出现冲突,使得国际投资规则更加复杂。如2012年中日韩投资协议与三国双边投资协议的重叠,中国与东盟投资协定与此前缔结的10项双边投资协定重叠,CETA(2014版)与此前的8项投资协定重叠等⑥。这种多双边和区域协定共存,但分散化、复杂化和碎片化的问题为解决国际争端带来了诸多障碍。

(2) 自由便利化与保护主义并行发展

早期国际经贸规则都向着促进贸易自由化方向努力,为境外投资开拓提供便利

---

① 张茉楠.全球新一轮经贸规则发展呈七大新趋势.华夏时报,2019-10-8.
② 张蕴岭,马天月.国际投资新规则及中国应对策略.国际展望,2019,4:23-38.
③ Barnali Choudhury, "Spinning Straw into Gold: Incporating the Business and Human Rights Agenda into International Investment Agreements," Journal of International Law, Vol.38, No.2, 2017;王彦志、王菲.后危机时代国际投资全球治理的变迁:趋势、影响与成因,170-238.
④ Wolfgang Alschner, "Regionalism and Overlap in Investment Treaty Law: Towards Consolidation or Contradiction?" Journal of International Economic Law, Vol.17, No.2, 2014, pp.271-298.
⑤ 王东.国际投资协定中的冲突及解决探析——以外汇转移条款为例.法学论坛,2015,1:104-113.
⑥ 张蕴岭,马天月.国际投资新规则及中国应对策略.国际展望,2019,4:23-38.

环境。然而,当前形势下,在全球进一步诉求投资和贸易自由化、便利化的同时,以美国为首的部分国家和地区的单边主义和贸易保护主义正显著抬头,给其他国,尤其是中国企业的经贸合作和国际投资业务带来巨大风险和障碍。

贸易自由化、便利化方面,近年来,全球国际组织推出了高标准的经贸规则来推动自由化和经济一体化发展。最为典型的是世界贸易组织(WTO)的《贸易便利化协定》(TFA)。该协议于2017年2月22日正式生效,是世贸组织1995年成立以来达成的首个多边贸易协定,也是多哈回合谈判启动以来取得的"里程碑式"进展。根据研究,如果该协议举措完全落实,将使全球贸易成本降低14.3%,发展中国家和不发达国家可从中更多受益[1]。截至2020年2月,该协定生效3周年,已有91%的WTO成员批准加入了该协定。整个WTO成员内,协定的平均实施率达到65%,其中,发达国家达到100%,发展中国家达到64%,最不发达国家的实施率则从生效一年后的2%提高到了2020年2月的31%[2]。

单边和保护主义方面,近年来,以欧美为首出台的限制性贸易政策数量大增,并向投资领域扩散。WTO组织2019年6月发布的报告显示,2018年10月中旬至2019年5月中旬,G20国家采取了20项新的贸易限制措施(包括加征关税和进口禁令等),为该统计实施以来(2012年5月)的平均数量的3.5倍[3]。美国更是自2018年以来,在实施"反补贴""反倾销""337"等常规性贸易救济调查的基础上,进一步实施了"301"条款、"201"条款、"232"条款、"全球保障措施""实体清单"等非常规性贸易保护措施。欧盟委员会也于2019年3月批准外国投资监管新法规,对涉及敏感技术、基础设施及公共秩序和安全领域的投资加强审查。新法要求对第三国采用透明和非歧视原则,但成员方拥有该国对外投资的最终审批权[4]。

在上述国际经贸规则发展趋势的大背景下,国际上对于在国际经贸规则中加大对国有企业的规制的呼声越来越高,"竞争中立"原则因而逐渐成为焦点。

2. 竞争中立的缘起:溯源《哈瓦那宪章》时代,兴起澳大利亚国内法

竞争中立原则倡导为国有企业和私有企业构建公平竞争的市场环境,其法理依据是公平竞争权。竞争中立原则最早可以追溯到《哈瓦那宪章时代》。早在20世纪20年代,在由国际联盟主持的世界经济论坛上,就有专家提出各国应当合作应对国

---

[1] 资料来源:世贸组织高度评价WTO贸易便利化协议在摩执行效果,2020年3月5日,新华丝路网,https://www.imsilkroad.com/news/p/403968.html.
[2] 资料来源:WTO官网.
[3] 资料来源:WTO,G20国家再增20项新贸易限制措施. 2019年6月,人民日报海外网,https://baijiahao.baidu.com/s?id=1637452028085383569&wfr=spider&for=pc.
[4] 张蕴岭、马天月.国际投资新规则及中国应对策略.国际展望,2019,4:28.

际卡特尔组织,以促进公平竞争。随后,《哈瓦那宪章》、GATT/WTO 谈判中均试图制定一个竞争协定,但都没有取得成功。但《哈瓦那宪章》倡导的市场公平竞争的精神被目前大多数双边投资条约所采用,并作为保护投资的最主要标准——公平公正标准①。竞争中立的思想也由此萌芽,但并不为人们所关注。

而在二战之后,在凯恩斯宏观调控理论的指引下,以美国罗斯福新政为开端,西方进入了国有企业时代。至 20 世纪 80 年代,国有企业经济所带来的效率低下、亏损严重问题逐渐显现和日趋严重,迫使大部分国家开启国企改革之路。澳大利亚也不例外,在 1995 年和 1996 年先后出台《竞争原则协定》(Competition Principles Agreement)和《联邦竞争中立政策声明》(Commonwealth Competitive Neutrality Policy Statement)等文件,开启了竞争中立理念在其国内公平竞争领域的贯彻,并为其他各国所借鉴和研究。

然而,"竞争中立"这一兴起于澳大利亚国内法的理念,在之后推行中,尤其是近些年来美国的大力主张之下,已偏离了其原始初心。"竞争中立"成为美国用以遏制他国国有经济发展的借口,而并非单纯解决本国不公平竞争问题,偏离了"竞争中立"原有之义。

(二)竞争中立原则的域外法律实践和比较

目前,对于竞争中立原则的规定主要分为四大派——澳大利亚、欧盟、美国和经合组织(OECD)。澳大利亚、欧盟等不再把竞争中立原则的适用局限在政策层面,而是把其纳入在法律体系中;OECD 意图将其作为一项法律规则进行推广,以期能对各国的国有企业发展模式产生影响;美国则意图通过区域贸易协定方式推广符合美国国家利益的竞争中立政策。

1. 澳大利亚:主要针对国内,营造企业公平竞争

澳大利亚的竞争中立规则主要针对其本土,是适用于澳大利亚的国内法。20 世纪 80 年代,澳大利亚国内国有企业垄断、凭补贴和税收优惠进行低价倾销等不正当竞争问题突出,促使当局进行制度改革。1991 年,澳大利亚联邦政府提出了"国家竞争政策"(National Competition Policy),"竞争中立"的思想在此文件中已有显露②。1995 年,澳大利亚联邦和各州、地区又共同达成了一份具法律效力的文件——《竞争原则协定》(Competition Principles Agreement),该文件认为政府不得干预国有企业

---

① 许佳佳.竞争中立原则对我国国有企业海外投资的影响及应对[D].硕士学位论文.2017,14.
② 彭雄.竞争中立制度对我国国企改革的影响与应对[D].硕士学位论文.2018.

和私有企业之间的竞争,并为政府不正当的给予国有企业的特殊待遇竞争行为制定控制措施规则①。1996 年,竞争中立概念在《联邦竞争中立政策声明》(Commonwealth Competitive Neutrality Policy Statement)中第一次被确立。该文件认为竞争中立是指国有企业和私有企业都应该在平等的竞争环境下竞争,政府的商业活动不能享有特殊待遇,即不能因为政府的调配社会资源的公共权力而享有私有企业所不能享受的竞争优势②。2004 年,澳大利亚国库部和财政部联合出台《澳大利亚政府对经理人执行竞争中立的指引》,要求政府企业不得因其国有性质而享有高于私营部门竞争者的净竞争优势③。由此可见,澳大利亚的"竞争中立"规则主要适用于其国内范畴,目的是营造本国公平竞争环境,消除公有制主体竞争优势。

澳大利亚推动的双边"竞争中立"延续了其国内"竞争中立"的定义和适用范围。对于泰国、中国等竞争政策实施起步较晚的国家,澳大利亚并未作强制性要求。在澳大利亚与其他国家签订的多个自由贸易协定中,直接出现了"竞争中立"术语,并形成了相对固定的模式,如 2003 年签订生效的《新加坡—澳大利亚自由贸易协定》首次出现了"竞争中立"术语。其第 4 条规定"双方应采取合理措施确保各级政府不得仅以政府拥有所有权为由,向进行商业活动的且政府拥有所有权的企业提供竞争优势"。《澳大利亚——美国自由贸易协定》增加规定,要求"澳大利亚应当确保其竞争中立投诉办公室公平对待美国联邦政府或美国公民,其处理投诉方式应与处理澳大利亚公民或澳大利亚政府机构投诉的方式保持一致"④。

2. OECD:代表欧美诉求,强调公平竞争而不仅针对国有企业

经济合作与发展组织(OECD)是较早进行竞争中立政策研究的国际组织,是欧美发达国家推动全球化进程和法律改革的重要平台,一定程度代表了欧美发达国家的经济诉求和立场。其在"澳版"竞争中立基础上对该原则做了进一步推广和研究。OECD 相继出台了《关于国有企业公司治理的指引》《竞争中立和国有企业——挑战与政策选择》《竞争中立—维持国有企业和私营企业间的公平竞争环境》《竞争中立:经合组织建议、指引与最佳实践纲要》《竞争中立:各国实践》等多份专项工作报告,逐步形成 OECD 竞争中立八大核心事项:简化国有企业运营方式、核算特定职能成本、给予商业化回报、厘清公共服务义务、税收中立、监管中立、债务及补贴中立、公

---

① 韩墨.竞争中立制度研究[D].硕士学位论文.2016.
② 许佳佳.竞争中立原则对我国国有企业海外投资的影响及应对[D].硕士学位论文.2017.
③ 澳大利亚是如何实现竞争中性原则的? 腾讯财经网,2018 年 10 月. https://finance.qq.com/a/20181017/005512.htm.
④ 李宇英."竞争中立"规制水平的国际比较研究.中国政治经济学智库.2019 年. https://www.sohu.com/a/318629059_739032.

共采购中立①。

根据OECD,"竞争中立"被界定为"经济市场中没有任何一个实体享有不正当的竞争优势或劣势"②。在其看来,任何享有不公平竞争优势或劣势的情形(不论是否国有企业),都违背"竞争中立"的理念。按照这个观点,执行"竞争中立"要求的主体,不再限定为国有企业。OECD将"竞争中立"规制范围扩大到公平竞争的范畴③。

3. 美国:主要通过双多边协定体现,针对国有企业、经济问题政治化

美国是竞争中立政策最为积极的推动者之一。因自身国有企业数量稀少,美国国内竞争法体系中没有专门的针对竞争中立的法律,主要通过双多边(区域)经贸协定方式确定竞争中性原则在国家间的适用。2011年5月,时任美国主管经济、能源和农业事务的副国务卿罗伯特·霍尔马茨(Robert. D. Hormats)在美国国务院的官方网站上发表了《竞争中立:确保全球竞争的合理基础》(*Ensuring a Sound Basis for Global Competition*: *Competitive Neutrality*)一文,认为中国的"国家资本主义"模式对美国竞争力和全球体系构成挑战,呼吁更多国家参与到制定"竞争中立框架"的活动,以调整现有经济秩序,在贸易和投资方面更新现行国际经济准则。他认为,"竞争中立"框架必须包括贸易政策、投资政策、竞争政策和公司治理等领域④。这代表了美国当前对于"竞争中立"的主流观点和立场,并且通过美国与他国签订的各项双多边经贸协定进行了贯彻,例如在美国退出之前的TPP(跨太平洋伙伴关系协定)、USMCA(美国—墨西哥—加拿大协定)、USSFTA(美国新加坡自由贸易协定)等。

这些国际经贸协定对于"竞争中立"的规定主要是以"国有企业和指定垄断企业"为形式单独成章,主要集中于对国有企业的范围认定、非歧视待遇和商业考虑、非商业性支持、透明度以及例外规定为内容⑤。与"澳版"相比,"美版"的竞争中立原则体现出规制范围更广、执行标准更严、随意性更大和经济问题政治化等特点⑥:

---

①④ 张久琴.竞争政策与竞争中立规则的演变及中国对策.澎湃网——"一带一路"百人论坛.2020年. https://www.thepaper.cn/newsDetail_forward_6234670.

② 原文为:Competitive neutrality occurs where no entity operating in an economic market is subject to undue competitive advantages or disadvantages. 来自OECD2012年发布的官方文件:competitive neutrality maintaining a level playing field between public and private business.

③ 李宇英."竞争中立"规制水平的国际比较研究.中国政治经济学智库.2019年. https://www.sohu.com/a/318629059_739032.

⑤ 巴曙松.竞争中性原则是解决经贸及国企改革问题的突破口.中国财富网.2019年. https://baijiahao.baidu.com/s?id=1640564054028990142&wfr=spider&for=pc

⑥ 美版竞争中立原则的特点主要引用:许佳佳.竞争中立原则对我国国有企业海外投资的影响及应对[D].硕士学位论文.2017,8-9。

- ✓ 国有企业界定范围广。美国把一国政府所有或受政府直接或间接影响的具有商业运营行为的企业都纳入国有企业的范围；
- ✓ 政策执行标准严。美国不仅提出并要求各国达到 OECD 的"竞争中立框架"下的严格执行标准，还要求各成员方对竞争中立标准的执行问题做出政治性承诺；
- ✓ 执行标准的随意性大。美国认定一国国有企业是否违反竞争政策的标准主要是从本国的自身利益出发并有很大的随意性。例如：美方仅怀疑中方政府对民营企业华为有特殊待遇的支持，就对华为进入美国市场设置准入障碍；
- ✓ 经济问题政治化。美国积极推进竞争中立政策的目的主要是为了遏制新兴经济体的国有企业成长，美国认为以国有企业的方式运作的商业机制隐藏着国家的政治意图。比如美国会把中方对中东、非洲等政治不稳定地区的商业投资推定为中国的政治战略发展而不是正常的商业化投资。这已超出通常的经济范畴，更多的是政治层面的考量。

4. 欧盟：通过《欧共体条约》和《透明度指令》进行规制

欧盟没有独立的竞争中立制度，主要通过竞争法律来处理国有企业和私营企业间的竞争扭曲问题，主要是包含在法律法规之中。其目的是创造一个无歧视的公平竞争环境。这些原则主要在《欧共体条约》第 106 条、第 107 条以及《透明度指令》(Transparency of Directive)中体现。其中[①]：

第 106 条明确指出所有企业都要遵守欧盟条约中竞争规则的规定，也包括国有企业。对于政府给予的资金支持和税收的特殊待遇等政策，都要平等地享受福利和承担相应的责任义务。同时，如果成员国要对某些企业采取帮扶措施，应该先向欧盟委员会报告，获得批准后再实行，如果没有经过审查或者审查后认为是违反竞争中立规则的，则需要求其停止该行为并予以一定的罚款。

第 107 条规定，成员国或通过成员国给到任何企业或部门的援助或支持，均需遵守条约中关于竞争中立的规则，不得突破竞争机制而对成员国之间的贸易投资往来造成不良影响。

《透明度指令》则是为了更好的区分政府与国有企业之间的财务关系，主要内容是公开两者之间的资金流动和分类记账、管理国有企业的商业活动与非商业活动的账目。这项制度主要适用于邮政、能源以及交通运输行业。

---

① 本段欧盟有关竞争中立的规定内容主要引用自：尤敏.浅析竞争中立政策及其对中国的影响[J].法制博览.2019 年 5 月(中)，143.

(三) 当前竞争中立原则所面临的理论和实践问题

虽然"竞争中立"原则已成为国际经贸体系中重要一环。但当前,国际上对于"竞争中立原则"的确定和实践方面,仍未达成一致,面临重点规制对象的确定问题、竞争中立原则与国有企业的相容性问题、竞争中立原则的适用性问题、竞争中立原则实施中的例外问题等[①]。

1. 重点规制对象的确定存在分歧

竞争中立原则的规制对象不仅包括国有企业,也包括非国有企业及政府,究竟哪一个应该作为规制重点,各国及不同组织存在分歧。例如,世贸组织主张规制对象为国家或地区政府。其认为,破坏国际贸易公平秩序的重要因素,是给国有企业获得特权与垄断留下空间的市场结构,而不是国家拥有了企业所有权。在依据竞争中立原则制定的制度中,制度的透明和问责制的具体贯彻,是竞争中立规则的核心部分,而主导制度制定的正是政府[②]。澳大利亚则主张以"商业行为"作为规制对象,而非以所有权来确定规范对象。美国非常明确,其主要的规制对象主要就是针对国有企业。OECD 在其第一版《OECD 国有企业公司治理指引》中,将纳入规制范围的国有企业限定为由国家占有全部、多数股权或重要的少数所有权的企业。而之后经过修改,国有企业的范围被扩大,从传统国有企业扩大到政府开展其他商业活动,如可享受税收优惠的公共部门从事的商业活动[③]。由于这类商业活动实际支配者是政府,因而可见,OECD 的规制对象其实是政府。

2. 竞争中立原则与国有企业的相容性问题

国有企业是否就一定无法实现竞争中立原则?这个问题目前也存在巨大争议。OECD 认为竞争中立原则与国有企业可以相容,实现竞争中立主要可以通过公司治理来实现,与是否是国有企业并不绝对。美国则明确针对国有企业,认为只要有国有企业存在,就难以保证竞争中立原则的落实,其立场认为竞争中立原则不能与国有企业相容。澳大利亚承认国有企业的存在,甚至认为,国企有时候也会处于劣势,比如有些国企需要低于市场价来提供服务从而履行其公共服务职能,或国企被限制进入一些领域等。因此,澳大利亚并不排斥国有企业在竞争中立原则下的发展。

[①] 竞争中立原则面临的理论和实践问题小节主要参考:盛毅、陈东,竞争中立原则及对国有企业规制的研究进展评述.经济体制改革,2019,4:11-18.

[②] 主要参考:(1)张琳,东艳.主要发达经济体推进"竞争中立"原则的实践与比较[J].上海对外经贸大学学报,2015,4:26-36. (2)孙燕芬,王惠茹."竞争中立"规则对中国的影响探究[J].长春理工大学学报(社会科学版),2016,5:45-51.

[③] OECD. Guidelines on Corporate Governance of State-Owned Enterprises[R]. OECD, Paris, 2015. 21-22, 47-52.

3. 竞争中立原则的适用性问题

依据竞争中立制定的各种规则并非都具有法定性,究竟适用哪一个规则,适用范围多广,目前并无定论。当前,OECD推出的各种方案,被认为过于空洞宽泛,适用性不强。澳大利亚的竞争中立规则则适用于其国内,难以照搬。发达国家对于竞争中立原则的适用态度,大多较为积极,而普遍适用于发展中国家的竞争中立规则仍在探索中。这一定程度上表明,竞争中立原则的国际应用目前还具有较大的弹性,但另一方面,随着以美国为首的发达国家对该原则的加速推广,该原则的适用范围将愈加广泛和深入,对中国等新兴经济体来说,挑战巨大。

4. 竞争中立原则实施中的例外问题

竞争中立原则如果要上升到多边贸易规则,需要有更多的例外条例来加以补充,以应对不同国情需要,降低实施难度。目前,普遍认为履行政府职能的公益类国有企业应排除在竞争中立原则的适用范围之外。但是,由于不同国家经济体中国企比重、承担公益性任务的多寡存在巨大差异,履行竞争中立原则所需支付的成本也各不相同,例外条例的制定难度很大。

二、各项法律及规则中国有企业的界定及补贴政策研究

在竞争中立原则下,国际上各项法律及规则对于国有企业的界定及补贴政策都深刻地影响着国有企业境外投资运营和发展。

(一)代表区域或国家对于国有企业的界定比较

对于国有企业界定,以及竞争中立原则适用于哪些国有企业或非国有企业,不同国家组织及不同的双多边经贸规则都有不同的解释。本小节主要讨论和研究与竞争中立原则相关的企业界定[①]。

1. 国内法与区域性规范

(1)澳大利亚——通过联邦企业在"商业行为"中的性质来判断是否适用竞争中立原则

作为一个联邦制国家,澳大利亚的国有企业分为联邦、州、地方三个层次,并且独自管理和经营。根据1997年《联邦机构及联邦公司法》,澳大利亚的联邦企业分为两

---

① "代表区域或国家对于国有企业的界定比较"一小节,主要参考和引用:彭雄.竞争中立制度对我国国企改革的影响与应对[D].硕士学位论文,2018,19-33.

类:一是联邦机构(公共企业);二是联邦公司和联邦独资公司,属于政府投资控股公司。而根据《澳大利亚联邦竞争中立政策声明》,只有当澳大利亚的国有企业在市场上与私有企业一样向社会公众提供商品或服务,并收取一定的商业回报时才会产生竞争中立问题。而根据澳韩FTA第14章规定,"竞争中立不适用于国有企业的非商业、非营利活动,不得妨碍分配给国有企业的特定公共任务的执行"。同时,《澳大利亚联邦竞争中立政策声明》还设立的"重大性"这一判断标准,以将部分市场份额不足以扰乱市场竞争的小型国有企业排除在规则适用之外。

(2)欧盟——企业与政府是否存在特定关系是判断该企业是否受竞争中立条款限制的重要因素

欧盟竞争中立规则适用对象不是单纯的公共企业,而是扩展到了与政府有关的企业的经营活动领域。《欧共体条约》第107条指出,企业因国家援助可能会产生限制竞争问题而违背欧盟市场目标进而需要对其限制,此为欧盟所认为的"竞争中立"内涵。而对于该原则的适用主体,《欧共体条约》第106条中规定"公共企业、成员国政府授予特许权与独占权的企业、受托从事公共经济利益服务的企业、具有产生财政收入之垄断性质的企业均需要受竞争条款规制"。

这其中,"公共企业"的界定,主要根据2000年欧盟发布的《关于成员国与公共企业之间财政关系透明化的指令》(以下简称《透明化指令》)来判断,根据《透明化指令》,政府部门通过所有权、资金参与、章程约定等方式对任何性质的企业拥有直接或间接的支配性影响,此时这些企业将会被认定为公共企业。而对于"支配性影响"的认定,该《透明化指令》又细化了3个判断标准:公共部门持有该企业多数认缴股本;掌握该企业已发行股票相关联的多数投票权;有权委任该企业行政、管理与监督机构过半数成员。

而对于在竞争中立规则下与"公共企业"承担同等义务的其他性质企业的界定,欧盟主要通过判断企业是否获得政府授予"独占经营权"和"特许经营权"来进行判断。《透明化指令》对"独占权"和"特许经营权"进行了详述。其中,独占权类似于我国独占许可,指成员国通过法律或行政法规授予某家企业在一定区域内享有独自提供商品或服务的权力。而特许权与独占权不同的是,特许权的授予对象不唯一。若成员国给予一个或若干个企业特定利益,只有政府的特许行为会为同一市场的其他竞争主体的经营活动带来显著妨碍时才构成特许经营①。

---

① 顾功耘.当代主要国家国有企业法.北京大学出版社,2014,125.

2. 双边与多边经贸规则

在诸多双边经贸规则中,新美自由贸易协定(USSFTA)是美国与东亚签订的首个自由贸易协定,其中对于"政府企业"的规定代表了美方的主张,值得深入研究。而在多边经贸规则方面,目前全面与进步跨太平洋伙伴关系协定(CPTPP)是现行对国企规定最为详细也是最受关注的多边自由贸易协定之一。因此本小节着重从双边经贸规则中选取 USSFTA、在多边经贸规则中选取 CPTPP 进行介绍和分析。

(1) 美新自由贸易协定(USSFTA)——美侧重所有权,新侧重有效影响力

美—新自由贸易协定(USSFTA,又称"美新 FTA")于 2014 年 1 月 1 日正式生效,是美国与东亚国家签订的首个双边自由贸易协定,伴随着东亚区域经济一体化进程推进及"中国威胁论"论调而诞生,是美国深远战略考虑的体现之一。

美新自由贸易协定在"政府企业"界定上呈现了以下两大特点。

一是该协定对美国和新加坡分别采取了不同的界定标准。"政府企业"的界定对于美国侧重于所有权,于新加坡侧重有效影响力。在美国语境下,政府企业指的是国家拥有所有权的企业或是因所有权权益可以被国家控制的企业,协定没有明确规定美国控股比例的具体数值,在概念界定上较为简单和模糊。而新加坡语境下,有关"政府企业"的界定就复杂得多,只要国家对某企业具有"有效影响力",该企业就会被美新自由贸易协定界定为"政府企业",并被纳入规制范围内。

二是该协定对于"有效影响力"的认定给出了详尽的解释。美—新自由贸易协定针对新加坡语境下的"有效影响力"的规定,主要指的是两点:①政府或政府企业单独或合计拥有某一企业超过 50%的投票权;②政府或政府企业有能力决定某一企业董事会等管理机构的组成,并且可能对企业经营方针和财务计划造成实质影响。或是政府或政府企业单独或者合计拥有某一企业 20%~50%投票权,但必须为该公司的最大表决权份额①。并且,协定在第 12 章附录 12A 还用结构图的形式详尽地勾勒出了政府部门不同比例持股情况下"有效影响力"的认定。

(2) CPTPP——根据所有权、控制权、任命权、政府授予垄断权来界定"国有企业"

全面与进步跨太平洋伙伴关系协定(CPTPP, Comprehensive Progressive Trans-Pacific Partnership),前身是 TPP(Trans-Pacific Partnership Agreement),是迄今为止对国企规定最为详细的多边自由贸易协定之一,其精神实质与竞争中立原则一脉相承。CPTPP 前身是 TPP(Trans-Pacific Partnership Agreement)。TPP 是

---

① 协定原文详见 The United States-Singapore Free Trade Agreement,Article 12.8,5.

由文莱、智利、新西兰、新加坡、美国、澳大利亚、秘鲁、越南、日本、墨西哥、加拿大、韩国等12个国家于2016年2月4日在新西兰奥克兰签署成立的贸易协定。2017年1月,美国从TPP中退出。之后日本接棒,继续推进TPP,剩余的11国于2018年将TPP更名为CPTPP。CPTPP中除序言外,共包含30个章节,保留了原TPP协定的大部分内容,仅暂缓了与投资和知识产权有关的20个条款,涉及包括国有企业规制的竞争政策的内容则完全保留。

CPTPP国有企业规则的适用对象从"所有权、控制权及任命权"和"政府授予垄断权"两个角度来界定。有关竞争中立和国有企业规制出现在协定的第17章中。协定明确规定竞争中立规则适用范围为"国有企业"(state-owned enterprises)与"指定垄断"(designated monopolies)在协定区域内对其他缔约国经济主体贸易与投资活动造成影响的行为①。

CPTPP对"国有企业"的界定较为具体,主要从持股份额、表决权份额以及任命权三方面考量,国家持有50%股份资本、拥有50%以上表决权票以及拥有任命大多数董事会或者同等管理机构的权利便会被CPTPP协议界定为"国有企业"。"指定垄断者"包括私营垄断者与政府垄断者,是指政府授予某一实体在一定区域内垄断经营权,在此种情况下该经营实体需承担CPTPP国有企业竞争规则规定的相关义务。此外,政府"授予职权"这一行为也需纳入竞争规则的规制范畴之中。具体指上述两类企业如果履行政府授予的行政或监管职权时,同样也需要受到该协定竞争条款的管辖。

同时,CPTPP协定也规定了国有企业的适用除外。一方面,未从事商业活动的国有企业在TPP框架中将会排除适用。另一方面,只有国有企业的重大商业行为才适用竞争中立规则。重大性的判断标准是在前三个连续财务年度中的任何一年国有企业商业活动收入高于2亿特别提款权②便要受到该协定国有企业相关条款的规制。

3. 国际组织的探索

在国际组织中,OECD是在竞争中立方面研究最多和最具代表性的组织。此外,UNCTAD也曾在2014年发表过有关竞争中立国有企业相关的研究报告,但没有阐述组织本身的立场。

(1) UNCTAD——曾研究过发展中国家"竞争中立"国有企业的界定

联合国贸易与发展会议(UNCTAD)曾于2014年发布过一份关于"竞争中立"的

---

① Trans-Pacific Partnership Agreement, Article 17.2.1.
② Trans-Pacific Partnership Agreement, Annex 17-A.

报告《竞争中立及其在发展中国家的应用》,报告未表明 UNCTAD 本身对于竞争中立的立场,但列举了中国、印度、马来西亚、越南等部分发展中国家有关"竞争中立"原则下国有企业的界定标准。这份研究报告显示,所研究的国家的竞争中立规则主要适用于两类主体——政府企业以及与政府有联系的企业。政府企业的界定方面,较多发展中国家以政府持股 51% 为界定值,例如印度明确政府或州政府持有不少于 51% 的实缴股本的企业为政府企业。与政府有联系的企业方面,各国主要的判断标准是控制权的认定。例如马来西亚规定,如果政府并未持有某一企业股份或者持有股份比较小,但是其拥有制定该企业部分成员并影响高级管理层的决策的能力,该企业行为就应受到规制。但同时也规定了若政府仅仅持有某一上市公司较小比例股权,此种情形就不能被看作是对该企业享有控制力而被认定为与政府有联系的企业[①]。若此种类公司继续对某一公司进行投资控股,那么这个公司也会被认为是规则适用对象范围的一种。此外,一些法定机构为政府所授权进行商业活动时同样也应该受到规制。

(2) OECD——侧重"竞争实体","政府企业"以所有权和控制权为评判标准

OECD 对于竞争中立原则的适用侧重"竞争实体"的判断。在其 2012 年发布的报告《竞争中立:维持公共和私营企业之间的公平竞争》中提出,只要"政府机构"(government-owned bodies)与市场中私营主体存在实际或潜在的竞争,其便属于竞争中立规则适用范围而不论其企业类型如何。

OECD 认定"政府企业"的主要标准也是所有权与控制权,但并未做出明确定义,只是强调除了联邦层级政府企业外,州以及地方拥有所有权的企业都应当被视为"商业实体"而为竞争中立规则所规制。任命董事会成员是判断政府是否对企业享有控制权的一项重要指标。同时,OECD 在其《竞争中立:维持公共和私营企业之间的公平竞争》报告中提到界定国有企业需参照 2008 年联合国国民账户体系(system of national accounts)。该文件较为详细地规定了判断政府对企业控制的八项指标,具体详见图 10.1。政府企业的商业活动只要可能为潜在竞争者带来妨害的行为便要受到竞争中立规则的管辖。

但 OECD 同时也表明,"政府企业"的非"经济活动"与非"商业活动"将不适用竞争中立规则,例如政府出于公共利益考量而从事的不具有营利性的活动是非"商业活动",不适用于该框架下的竞争中立规则。OECD 规定若对某一政府企业的商业活动进行规制的成本高于为组织整体带来的收益时将不适用于竞争中立规则。

---

① UNCTAD:Competitive Neutrality and Its Application in Selected Developing Countries,2014,197.

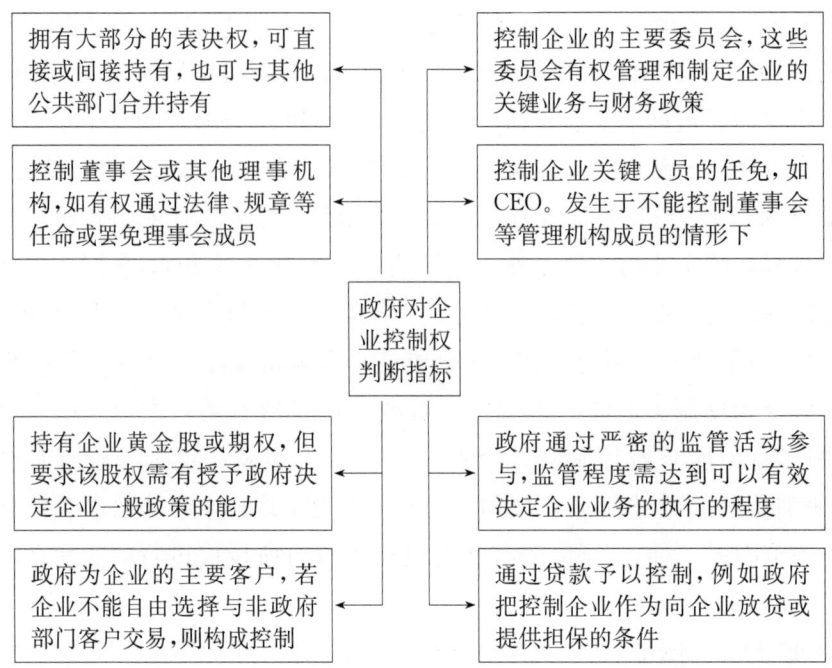

图 10.1　2008 年联合国国民账户体系中界定政府控制权的八大考虑因素[①]

（二）国有企业补贴相关规定的新动向

从对各国及区域的经贸规则研究中可以发现，竞争中立规则的制约对象不完全与国有企业对等，但国有企业无疑是该原则最主要的适用对象。而一直以来，国有企业补贴问题是竞争中立原则和国企规则的重点和难点。政府对国有企业的补贴行为是引起竞争中立问题的根本原因之一。

1. 主要规定——以 WTO 的 SCM 协定为基本规则，以 CPTPP 非商业支持规则为新代表

作为国际贸易规则规制的重点，国有企业补贴问题一直备受关注。但国际上一直欠缺针对国有企业的统一补贴规则，大多采取适用 WTO 的《补贴与反补贴措施协定》（下文简称 SCM 协定）的方式。SCM 协定确定了补贴的基本国际规则，规定了补贴的定义以及构成要件。[②] 其中，红绿灯规则是 SCM 协定在先前补贴规则基础上的最大突破，即根据补贴的性质将其分为禁止性补贴（红灯补贴）、可诉补贴（黄灯补贴）、不可诉补贴（绿灯补贴）。并且根据 SCM 协定对补贴的定义，补贴的提供者必须

---

① 彭雄.竞争中立制度对我国国企改革的影响与应对[D].硕士学位论文,2018,28.
② 毛真真.国有企业补贴国际规则对比研究——从传统补贴规则到非商业支持规则.河北法学,35,5:2017-5,157-163.

是政府或任何公共机构。WTO较为重视协调各方利益,平衡发达国家成员和发展中国家成员利益需求,故WTO规则没有规定成员必须实行任何特定的经济体制,在SCM协定中对国有企业也没有设定专门的义务。这对于中国等新兴经济体而言,较为公平和有利。①

然而,随着国际政经局势的变化,美欧日等发达国家和地区从自身利益出发,为抑制新兴经济体发展,一直在试图扩大补贴规则的规制范围,并尝试在WTO框架之外构建能够约束国有企业补贴的多边贸易规则。TPP(后更名为CPTPP)协定即是其中代表之一,对于未来多边贸易规则的制定起了示范、引领作用。与WTO规则体系下的SCM规则相比,CPTPP新设立了非商业支持条例,从而比SCM协定对于中国等新兴经济体的补贴约束程度更高。非商业支持规则(Non-commercial Assistance)主要是指基于国有企业的国家所有权或控制而授予国有企业的支持,主要分为"基于国家所有权或控制"以及"授予国有企业的支持"两个部分②。CPTPP的非商业支持规则简化了SCM协定补贴规则体系,扩大反补贴规则的适用范围,并且相比SCM协定透明度要求更高。

2. 新动向——美欧日联合声明正影响国际补贴规则发展

虽然CPTPP的非商业支持规则成为其他多边贸易协定的重要参考文本,但欧美等国更希望将对国有企业补贴的规制放入WTO规则体系下,以谋求更广范围的影响力。自2017年12月12日,在世界贸易组织第11次部长级会议期间,美国、欧盟和日本在阿根廷布宜诺斯艾利斯发表了第一个联合声明以来,三方已联合发布了7份与国际经贸规则相关的联合声明,对WTO现行补贴规则提出修改要求。最近的一次是于2020年1月,美国贸易代表罗伯特·莱特希泽(Robert E.Lighthizer)、欧盟贸易委员菲尔·霍根(Phil Hogan)和日本经济贸易和工业大臣梶山弘志(Kajiyama Hiroshi)在美国华盛顿举行三方会谈后发布联合声明。这些声明反映出国际补贴规则发展的新动向③。

(1)补贴规则修订诉求直指国有企业

美欧日联合声明中最主要的诉求,就是在现行WTO多边补贴规则中,纳入国有企业问题。在美国向WTO提出针对中国补贴的70项质疑中,约三分之一与国有企

---

① 何剑波.全球多边贸易格局重塑背景下国有企业补贴规则研究——以"竞争中性"原则为视角.南海法学.第6期(总第12期),2018-12,76.
② 毛真真.国有企业补贴国际规则对比研究——从传统补贴规则到非商业支持规则.河北法学,35,5;2017-5,156.
③ 国际补贴的四大新动向主要参考和引用:姚曦、徐奇渊.中美贸易摩擦向多边扩展.国际补贴新规如何接招? 财经杂志.2019-4-15,https://new.qq.com/omn/20190421/20190421A0AYKQ.html?pc.

业相关。美欧日希望调整现行国际补贴规则的主要原因,主要是对非市场导向政策和国有企业的不满。

奥巴马政府以来,美国就积极推行国有企业竞争中性规则。在2018年特朗普政府签订的《美墨加协定》中,美国也加入了国有企业条款。但是,由于国有企业条款的高标准,很难与中国达成有约束力的贸易投资协定。因此,2018年以来,美国转换发力点,开始在多边机制WTO下,积极推进补贴规则改革,纳入国有企业问题。

(2) 修订公共机构认定标准,扩大国际补贴规制对象

一直以来,WTO规则并不歧视国有企业,基本是所有制中立的,只有被界定为"公共机构"的组织才受到相关国际补贴规则的规制。而美欧日推动补贴规则改革的重要目标,就是重新商定WTO规则下的公共机构认定标准。如果将国有企业、国有商业银行认定为公共机构,则其向下游企业提供货物或服务、向其他企业提供贷款或参股的行为,都将构成补贴。在此基础上,受到补贴的企业(通常是国有企业),将受到制裁。

从以往案例来看,在WTO争端解决实践中,基本确立了对于中国较为有利的认定标准。但是,在目前美日欧的联合推动下,这种局面可能会受到冲击。

(3) 补贴范围界定从财政行为扩大至金融领域

以往WTO规则认定的补贴,主要是财政补贴,例如财政贴息、税收补贴、进出口补贴等。2018年9月的美欧日联合声明,则将补贴范围扩大到了金融领域:①国有银行提供的借贷与公司资信不符,以及可能存在的政府隐性担保问题;②政府主导的基金进行非商业考虑的股权投资;③非商业考虑的债转股。上述三种情况的资金来源涉及银行、产业基金。

在美国向WTO提出针对中国补贴的70项质疑中,也多次提出与政府引导基金相关的问题,比如中国为何不汇报关于国家集成电路产业投资基金的信息?中国还有哪些政府引导基金?中国如何决定哪些产业、哪些企业可以获得政府引导基金的支持?在政府引导基金中,私人投资者与政府类投资者的行动是否完全一致?

(4) 新能源补贴或"从不可诉补贴"转为"禁止性补贴"或"可诉性补贴"

美国一直在寻求将WTO的国际补贴规则中的"禁止性补贴"范围扩大,新能源补贴便是其中一例。2018年9月的美欧日联合声明,新加入了对能源补贴定价的考虑。在对中国补贴的70项质疑中,美方十分关注中国对可再生能源、新能源的补贴定价,以及相关进口产品是否可以享受到同类补贴政策。近年来,涉及新能源补贴的贸易争端越来越多,中国在风能、太阳能光伏产品等领域都遭受过反补贴调查。虽然新能源补贴具有WTO规则中"不可诉补贴"的特征,但在各方施压下,其仍可能构成"禁止性补贴"或者"可诉性补贴"。

三、 我国国有企业在国际经贸规则变化下的改革及问题

我国一直在不断进行国有企业的改革。在加入WTO期间以及2008年金融危机之后,国有企业的优化发展取得了成效,但在错综复杂的国际形势下,仍存在诸多问题,面临诸多挑战。

(一) 我国国有企业在国际经贸规则变化下的改革历程

1. 加入WTO期间:聚焦国内竞争公平性,国有企业管制卓有成效

在加入WTO的法律文件中,中国政府所做的承诺以不同的方式涉及国有企业。这些承诺主要聚焦在中国本国内进行公平竞争,在给予外资更为公平的竞争环境的同时,硬化了国有企业相关规制,促进了国有企业效率提升。主要的承诺包括如下。

第一,在补贴的问题上,中国同意对国有企业提供的补贴将被视为专向性补贴,特别是在国有企业是此类补贴的主要接收者或国有企业接受此类补贴的数量异常之大的情况下。

第二,在税收的问题上,《中国加入工作组报告书》指出,基于非歧视原则,中国承诺给予外国个人、企业和外商投资企业的待遇不得低于给予其他个人和企业的待遇,基于透明度原则,中国承诺只执行已公布的法律、法规及其他措施,并设立或指定官方刊物用于公布这些法律、法规及其他措施。这样,国有企业上缴净收入的数额只能根据统一的、公开的法规和政策来确定。

第三,在信贷的问题上,中国的国有银行将硬化对企业的债务责任约束,陷入困境的企业也难以从国有银行继续获得信贷。

第四,在价格管制的问题上,中国承诺允许每一部门交易的货物和服务的价格由市场力量决定,并且取消对此类货物和服务的多重定价做法。依靠价格控制来保护国有企业的做法将会大大受到限制①。

这一阶段的这些改革,卓有成效,大幅提高了中国国有企业的效率。随着国有企业绩效的改善,国有企业在市场竞争中的赢利能力不断增强,其总资产贡献率从1998年的6.51提高到2007年的13.79,成本费用利润率从1998年的1.61提高到2007年的9.90②。

---

① 田野.国际经贸规则与中国国有企业改革.人民论坛学术前沿,2018-12,http://www.rmlt.com.cn/2019/0314/542009.shtml.
② 中国国家统计局.中国统计年鉴.北京:中国统计出版社,1999,2008.

2. 2008金融危机后：国有企业地位大增，国际投资活动活跃

2008年全球金融危机暴发后，国有企业地位大增。为了实现"扩需求、保增长"的方针，中国中央政府先后发布了十大产业振兴计划，实施了4万亿元投资。2009年新增的近10万亿贷款，以及补贴、税收优惠等大部分都给了国有企业，主要是中央管理的国有企业①。国有经济规模在近十年来迅速扩大，根据行业专家张春霖2018年8月《比较》发表的"国企改革再出发"的文章，2016年末，中国在非金融和金融类国企中投入的国有资本总量至少50万亿元，其规模超过2012年的GDP和2014年的全社会固定资产投资总额②。

同时，国有企业的国际投资活动也日趋活跃。根据《中国对外投资发展报告2019》的统计，2018年中国对外直接投资流量1 430.4亿美元，虽同比下降9.6%，但占比从2017年的全球排名第3位重回全球第2位，占全球比重14.1%，为历史最高值（图10.2）。这其中，国有企业是非常重要的一支力量。商务部统计数据显示，按照截至2018年末对外直接投资存量排序，中国移动通信集团有限公司、中国石油天然气集团有限公司和中国联合网络通信集团有限公司依次排在中国非金融类跨国公司的前3位。其中，中国联合网络通信集团有限公司保持连续上升势头，进入前3位。在中国非金融类跨国公司前10强名单中，中国铝业集团有限公司成为新入榜的企业，中国远洋海运集团有限公司重回10强榜单（表10.1）。这些企业，绝大部分是国有企业。

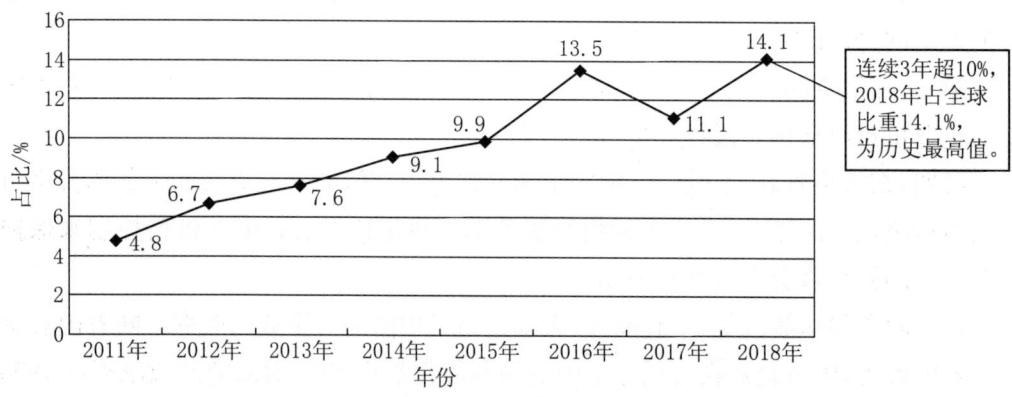

图10.2　2010—2018年中国对外直接投资流量占全球份额

资料来源：中国商务部、国家统计局、国家外汇管理局《2018年度中国对外直接投资统计公报》

---

① 吴敬琏.中国经济改革进程.北京：中国大百科全书出版社，2018，252.
② 张春霖.国企改革再出发.新浪财经，2018-10-16. http://finance.sina.com.cn/china/gncj/2018-10-16/doc-ifxeuww-s4963604.shtml.

表10.1　2017和2018年中国非金融类跨国公司前10家企业（按对外直接投资存量排序）

序号	2017年末排名	2018年末排名
1	中国移动通信集团有限公司	中国移动通信集团有限公司
2	中国石油天然气集团有限公司	中国石油天然气集团有限公司
3	腾讯控股有限公司	中国联和网络通信集团有限公司
4	中国联和网络通信集团有限公司	中国海洋石油集团有限公司
5	中国海洋石油总公司	招商局集团有限公司
6	中国石油化工集团有限公司	中国石油化工集团有限公司
7	招商局集团有限公司	中国化工集团有限公司
8	华润（集团）有限公司	华润（集团）有限公司
9	中国化工集团有限公司	中国远洋海运集团有限公司
10	中国中化集团公司	中国铝业集团有限公司

资料来源：中国商务部、国家统计局、国家外汇管理局《2017、2018年度中国对外直接投资统计公报》

（二）当前我国国有企业改革的困境及对策

1. 国际经贸规则重构背景下国有企业面临的问题

在国际经贸规则重构背景下，国际上对于竞争中立制度的不断深化，给中国国有企业带来了深刻的影响。在国有企业改革和发展进程中面临以下问题①。

（1）国内法对于"国有企业"界定不统一，易引起争议

目前，我国法律体系中，对于国有企业中国有资本比例方面尚无统一规定。虽然"国有企业"的概念规定在多部部门规章和其他规范性法律文件中，有较为明确的界定，但不同规范文本间并未统一，国内各部门对于国有企业的认定仍然存在一定分歧，在实践运用中容易引发争议。同时，国内"国有企业"界定与一些国际规则中的界定也有所冲突。

此外，我国法律法规也没有明确的"竞争中立"概念。目前，我国没有明确的国有企业竞争中立具体规则，虽然新一轮国企改革以分类改革为重点，将国有企业区分为公益类和商业类，但对于商业类的商业回报、透明度等都没有明确要求。对于债务中立、监管中立和税收中立等也尚未在法律中予以明确②。

---

① "国际经贸规则重构背景下的国有企业面临的问题"一节主要参考和应用：彭雄.竞争中立制度对我国国企改革的影响与应对[D].硕士学位论文，2018，38-51.
② 以上两段内容主要参考和引用：牛伟婷.国有企业竞争中立研究[D].云南财经大学，2019-5，34、35.

(2) 控制权认定标准承受国际压力,企业股权结构、公司治理制度有待科学优化

控制权是国际各竞争中立规则适用主题的重要判定标准,主要体现在企业人事任命权与投票权中。

一方面,目前,我国国企内部存在股权结构不合理问题,导致"一股独大"。这使得企业在国际市场中,容易落入国际竞争中立规则有关于政府控制权的认定标准之中,从而受到国际市场的制约和管制。

另一方面,我国国企的公司治理制度还需优化,以实现所有权与经营权分离。目前国有企业的去行政化有所成效,但仍存在国资委超越职权过度管理企业经营等现象。

此外,国际舆论偏见也是重要问题,部分国际舆论和意识形态上的差异也是国有企业海外拓展所面临的挑战。

(3)"公益类"和"商业活动"难界定

各国际竞争中立规则中皆有制度实践的例外规则,其中,判定企业是否属于"公益类"性质是重点。但是在大多数竞争中立规则中,"公益性"的界定标准都较为模糊,增加了诸多不确定性。而我国的国有企业承担着政治与经济的双重责任,相较西方存在更多独特性和复杂性。除了肩负弥补市场缺陷的使命、提供类似国防与军工等纯公共产品、基础设施建设等准公共产品以及诸如医疗教育等正外部性较强的公益类产品之外,我国还存在着大量混合公共性质与商业性质的国有企业。这类企业并非纯粹的一般商业性企业,但也并非纯粹的公共政策性企业,在某些情况下这类企业也肩负国家使命从事上述"公益性"活动。此类企业并非单纯地追求利益最大化,同时还需兼顾社会公益并承担一定的社会义务。这一类企业该如何分类改革以适应国际竞争规则,有待商榷。

此外,是否属于"商业活动"也是国际竞争中立规则中的重要判定依据。我国将企业划分为竞争性企业与非竞争性企业。对于一些非竞争性企业,其存在于事关国家安全和整个国民经济命脉的重要行业和关键领域,但也追求营利性和独立的定价权。此类企业因符合商业活动界定标准而极易被界定为竞争中立框架内从事商业活动的国有企业。

2. 对策及建议

面对诸多问题,部分学者认为我国需在以下三方面进一步改革和完善①、②。

---

① "对策及建议"章节主要参考和引用:张久琴.竞争政策与竞争中立规则的演变及中国对策.国际贸易.2019,10; https://www.thepaper.cn/newsDetail_forward_6234670.

② 巴曙松.竞争中性原则是解决经贸及国企改革问题的突破口.中国财富网,2019-7-31. https://baijiahao.baidu.com/s?id=1640564054028990142&wfr=spider&for=pc.

(1) 建立健全符合国际惯例的竞争体系

当前,中国以《反垄断法》《反不正当竞争法》为核心的竞争法体系已基本形成,初步建立了一个公正平等的竞争环境。未来需要加强执法力度,保障竞争政策的有效实施;加大行政垄断的审查力度,制止政府对市场竞争的不良干扰;提升履行竞争政策和执法活动透明度义务的认识,加大透明度活动;增强竞争执法过程中的程序公正,并为当事人提供合理的机会进行抗辩。

(2) 警惕竞争中立内涵扩大化

目前,国际上对于竞争中立规则应该以何种方式来体现尚无定论,中国对国际协定中的竞争中立内容须谨慎接受。中国不可忽视竞争中立原则适用背景的巨大差异,将澳版或OECD版竞争中立政策照搬至国际贸易领域,这极易造成包括中国在内的许多发展中国家丧失利用产业政策集中资源重点发展高新技术和优势产业、进而改变其在全球价值链条中的被动劣势地位的重要手段。中国应在该议题谈判中,明确限定国有企业范畴,坚持只对政府享有控制权的国有企业进行约束,并积极争取过渡条款或差别对待,同时呼吁更多发展中国家加入识破"竞争中立"形式公平的外表、保护自身发展权利的队伍中来。

(3) 依照竞争中立原则开展中国国有企业的深化改革

北大汇丰金融研究院执行院长、中国银行业协会首席经济学家巴曙松建议,中国须从要素获取、市场准入、经营运营、政府采购与招标等方面构建中国版的竞争中性规则体系,深化中国国有企业改革。

要素获取方面,争取三方面中性原则:一是政府补贴中性,提高国有企业透明度,明确国有企业和公共机构的关系;对公益类国有企业进行明确的界定或列明清单,采取对公益类国有企业进行排除性规定的模式来实现所有企业公平待遇,并兼顾国有公益性企业的实际运作等。二为税收中性,对现行税法的实体性条款和程序性条款做合理的结构安排,提升税收的确定性。三为贷款中性,要求对国有企业提供融资应当保证融资条件与市场利率一致。

市场准入方面,构建内外资企业一视同仁、公平竞争的营商环境。采用市场准入负面清单,列举禁止类清单和限制类清单,规范政府与市场的关系,界定政府与市场的边界,划分政府与市场的权利和责任;进一步明确企业审批条件和流程,对所有市场主体公平公正、一视同仁,打破各种形式的不合理限制和隐性壁垒,营造稳定公平、透明、可预期的营商环境。

经营运行中性方面,借鉴国际条约中的"商业考量因素",在价格、质量等方面构建法律规则。要求国有企业成为真正的市场主体,按照非歧视和商业考量和非国有企业开展公平竞争,并受到竞争法的同等监管。在国企改革中,平等对待所有股东和其他投资者,避免国家作为占有支配地位的股东滥用权利,运用规则避免不当关联交易、偏袒性的业务决策,以及对资本结构做出有利于控股股东的变更等。

政府采购和招标方面中性,应当通过增强国有企业的透明度,健全信息披露制度,体现竞争性、非歧视性,对政府采购的程序进行披露。建议对国有企业的经营、财务等状况进行公示,完善信息披露,进一步增强国有企业透明度。

参考文献

[1] 张蕴岭、马天月.国际投资新规则及中国应对策略[J].国际展望,2019(4):23-38.

[2] 张茉楠.张茉楠专栏|全球新一轮经贸规则发展呈七大新趋势[N].华夏时报,2019-10-08.

[3] 许佳佳.竞争中立原则对我国国有企业海外投资的影响及应对[D].河北:河北经贸大学,2017.

[4] 彭雄.竞争中立制度对我国国企改革的影响与应对——以"国有企业"概念界定为视角[D].湖北:中南民族大学法学院,2018.

[5] 张久琴、张久琴.竞争政策与竞争中立规则的演变及中国对策[N].澎湃新闻,2020-02-29.

[6] 李宇英、李宇英."竞争中立"规制水平的国际比较研究[N].中国政治经济学智库,2019-06-04.

[7] 巴曙松:竞争中性原则是解决经贸及国企改革问题的突破口[N].中国财富网,2019-07-31.

[8] 尤敏.浅析竞争中立政策及其对中国的影响[J].法制博览,2019(5):143-144.

[9] 盛毅、陈东.竞争中立原则及对国有企业规制的研究进展评述[J].经济体制改革,2019(4):11-18.

[10] 张琳、东艳.主要发达经济体推进"竞争中立"原则的实践与比较[J].上海对外经贸大学学报,2015(4):26-36.

[11] 孙燕芬、王惠茹."竞争中立"规则对中国的影响探究[J].长春理工大学学报(社会科学版),2016(5):45-51.

[12] 毛真真.国有企业补贴国际规则对比研究——从传统补贴规则到非商业支持规则[J].河北法学,2017(5):157-163.

[13] 何剑波.全球多边贸易格局重塑背景下国有企业补贴规则研究——以"竞争中性"原则为视角[J].南海法学,2018(6):73-83.

[14] 牛伟婷.国有企业竞争中立研究[D].云南:云南财经大学,2019年.

[15] 国际贸易组织WTO官网.https://www.wto.org/.

本章撰写:汪逸丰

第十一章　消费信用体系的建设与发展趋势研究

一、消费信用体系的基本概念

（一）消费信用是社会信用体系的重要组成因素

现代市场经济从一定意义上来讲是一种信用经济,高度完善的信用体系在防范金融风险、提升政府管理和服务水平、提高市场资源配置效率等方面发挥着越来越重要的作用。目前学界认为,社会信用体系包括的主要要素有:消费信用、企业信用、国家信用,从社会经济系统来看,消费信用产生的影响面广,直接关系到人民的现实生活需要,也牵涉到流通部门、生产企业和金融机构的经济利益,信用关系存在于生产商—经销商—消费者或生产商—消费者这一传导机制之中,如果消费信用出现紊乱,势必会经过逆向传导机制影响生产商和经销商的信用行为,进而影响到其他商业信用、银行信用甚至国家信用等社会信用形式。因此,可以说消费信用是社会信用链的纽带。消费信用制度的健全对强化社会信用有着极为重要的作用。

（二）信用信息的界定还处于探索阶段

信用信息范围的界定是消费信用体系建设过程中的重要一步,如果信用信息范围界定过宽,会很容易侵犯个人隐私权,如果信用信息范围界定过窄,则会影响相关方对一个人信用意识、信用能力的判断。目前,在世界上,信用信息的外延规定尚不存在统一的标准,都靠约定俗成,或者正处于探索过程之中,尤其是处于信用初期建设阶段的国家。这主要是因为法律法规不健全、社会行为/经济行为不规范,导致信用信息范围界定尤为困难。这一问题的根源在于人们对保护隐私和评估信用状况之间关系认识还处于比较模糊的阶段,整体来看,各国在立法上,一般都赋予了当事人享有被告知个人信用信息利用情况的权利,查询自身信用信息的权利,对自身信用信息准确性提出异议的权利,更正或删除不准确的信用信息的权利,以此来避免信用信息范围界定过宽造成的恶性影响。

(三)消费信用体系的基本内涵

消费信用体系是社会信用体系的重要组成因素,和社会信用体系中的诸多组成部分之间有着千丝万缕的联系,而且,消费信用,乃至信用信息的范围界定尚处于实践探索阶段,因此,国内对于消费信用体系的基本内涵尚未形成广泛得到认可的共识,本章中所谈到消费信用体系的内涵指的是:以相对完善的消费信用法律、法规体系为基础,以建立和完善消费信用信息共享机制为核心,以消费信用服务市场的培育和形成为动力,以消费信用服务行业主体竞争力的不断提高为支撑,以政府强有力的监管体系作保的国家消费信用治理机制。

二、消费信用报告机构形成和发展的条件

消费信用报告机构是一种提供信息共享平台的机构,是消费信用体系的重要构成部分,可以有助于缓解信用市场上的逆向选择和道德危机问题。在有些国家,消费信用报告机构在市场作用下自然而然地产生了,但是在不少国家,消费信用报告机构是依靠政府利用行政或者立法手段建立的,由政府强迫相关机构参与信息分享。欧洲和美国的消费信用报告机构分别代表了两种不同类型,对二者的来源进行比较可以很好地阐述这两类代表性消费信用报告机构的异同。

(一)影响消费信用报告机构形成和发展的重要因素分析

1. 个体消费行为与信用的差异性及人口流动性是基本因素

初始推动贷款机构参与信用共享的主要因素包括借款人的消费行为和信用程度的不同,以及人口的流动情况不同。

如果借款人的消费行为差异很大,而贷款机构又无法轻易分辨这些差异,那么贷款机构就不得不在前期的筛选工作上花费很多金钱和时间,从而推动了贷款机构参与信用共享,提高了贷款机构选择优良客户的效率。

随着各国各地区交通的不断发展,社会经济生活的日趋开放,人口的流动大幅增加,这种流动不单单局限在城市与乡村、城市与城市之间,跨国流动也变得更为普遍。为了缓解机构与客户之间的信息不对称,消费信用报告机构应运而生,美国、英国和

日本的消费信用报告机构的发展历史都验证了这一观点。与此相比,在人口流动性较低的地区,比如比利时、意大利和西班牙,消费信用报告机构的成立就要依靠政府的推动了。

2. 科技发展水平和消费信用市场的规模也是重要因素

初始阶段,消费信用报告机构的成立以及运营需要大量的资金,但随着近几十年来计算机以及通信技术的快速发展,消费信用报告机构的成立以及运营边际成本不断下降,与此同时,随着消费信用市场的规模的不断扩大,这些固定成本会被不断摊薄,在美国这一点尤为明显,信息技术的迅猛发展以及巨大的消费信用市场推动了消费信用机构的快速发展。

3. 网络效应也是推动消费信用报告机构形成和发展的重要因素

随着越来越多的贷款机构加入消费信用局,提供关于客户的消费信息,消费信用局的数据库变得越来越全面、越来越完备,从而吸引更多的机构加入消费信用报告机构,这种网络效应能够帮助机构减轻逆向选择问题的影响,减缓机构所面临的道德危机问题,同时均摊消费信用报告机构的固定成本。

(二)美国消费信用局由市场推动发展而来

美国信用局(Credit Bureaus)是独立的、对消费者信用评估和提供个人信用服务的中介机构,作为美国消费信用机构,属于在市场运行过程中,自然而然地产生的消费信用报告机构,这也是美国的市场以及客观情况所决定的。

美国消费信用机构的历史可以追溯至19世纪晚期,在当时,各地区的商家联合组成合作性,甚至是非营利性组织,分享成员客户的信用历史,还有一些信用局是由金融公司、银行、保险公司、地方商会成立的,当时这些信用局/组织之间并不互通消息,不同地区/行业呈现分离状态,主要任务是搜集客户的"负面信息",帮助成员机构提高对潜在客户的信用风险评估能力,加强对现有客户的信用管理。

为了解决早期信用局/组织的严重分散这一问题,在20世纪初期,部分信用局组建成立了联合信用局(ACB)。ACB在1955年的成员达到1 600个,最多的时候近3 000个。ACB的主要功能是设计制定一些标准化的程序、数据模式、基本的定义和报告格式,目的是帮助众多信用局相互分享信息,但受当时科技水平限制,信息的储存和传递主要依靠分类文件柜、邮局信件和电话等方式,整个行业的发展规模和经营效率一直不高。

在20世纪中期,受消费信用市场结构的巨大变化(例如高利贷法的放松、全国性零售百货公司的涌现、信用卡的广泛使用等)所影响,美国信用局开始涌现兼并、收购浪潮,到20世纪90年代末,美国的信用报告机构只剩下1 000家左右,其中95%机构的规模都很小,面向某个专门市场/行业,而规模较大的信用局的销售收入占到整个行业的2/3,到目前为止,美国个人征信市场已经形成益博睿(Experian)、艾可菲(Equifax),以及全联(Trans Union)"三足鼎立"的稳定格局,其余400多家区域性或专业性机构都是依附于这些机构,或者向其提供数据,机构征信包括资本市场信用和普通企业信用,资本市场信用机构有标准普尔、穆迪、惠誉,普通企业信用机构有邓白氏。

私营征信机构为主的征信业运作模式虽有其发展的优势,但其也存在一定的不足,主要体现于:在收集信息以及提供服务时,其更追求效率,并呈现出广泛性等特点,这使得其对法律环境和执法水平的要求较高,否则将有可能大规模地产生滥用信用信息资源和侵害消费者隐私权等问题与矛盾;同时,国家更多地是以法制手段约束私营征信机构的行为,而并非运用实时、全面以及严格的监管手段与措施调控征信市场,因此对私营征信机构自律性、自觉性的要求更高。毋庸置疑,征信活动旨在解决交易过程中的信息不对称问题,而独自作战的各个私营征信机构之间,虽存在一定程度的信息共享,但其相互之间也存在着一定的信息不对称。此种"背靠背"的市场运作模式,使得私营征信机构的个体运作行为久而久之可能会形成小漏洞,随着全行业普遍性行为的扩大,有可能在大范围产生危机,2007年始爆发于美国的次贷危机即是一例。

(三)欧洲公共信用登记机构的发展分析

以德国、法国为代表,在欧洲广泛使用的信用管理模式是以中央银行建立的公共信用登记系统为主体的社会信用管理模式,公共信用登记机构由政府强制设立,并对其进行监督管理,机构直接隶属于中央银行,政府以法律/法规形式强制银行/金融机构报告消费信用信息。欧洲这一以中央银行建立的公共信用登记系统为主体的社会信用体系形成的主要原因包括以下两点:

一是美国银行法限制了美国银行跨州开设分支机构,使得地方贷款机构之间的竞争减少,推动了美国自愿性消费信息共享系统的发展。但是在欧洲的金融历史上,金融市场基本由几个大型银行所控制,在市场自身未能实现自发的信息分享时候,政府采取了主动措施,国家不再只作"守夜人",而是主动承担起维护金融安全的责任。

二是欧洲各国的中央银行凭借此加强对商业银行,以及其他金融机构的管理。公共信用登记系统的不足主要体现在国家财政对数据库建设的投资较大,维护系统运转的成本相对较高,这对一国自身实力要求较高,同时,维护公共信用登记系统是一个长期的过程,要求国家必须长期、持续地投入一定资金、精力等等,同时,其也同一国的民族文化、商业文化息息相关。实施公共信用登记系统的国家过多地注重国家金融安全,监管较严格,使得商业化信用征信机构、信贷机构裹足不前,因此很难全面、大规模地推动征信市场的发展。而征信市场的发达程度,直接关系着信用经济的发展水平,关系着整个国家的经济发展水平,因此,公共信用登记系统的选择与实施更要与一国的经济发展实际情况、阶段性或长期的经济发展任务相吻合。

三、全球企业信用制度建设

(一)企业信用评级三大系统对比分析

信用评级是信用体系中的重要角色,信用评级又被称为资信评级或信誉评级,其基本方法是运用概率理论,针对债务主体的信用(主要指偿债能力)所进行的评价活动,目的是准确判断出一种金融资产或某个经济主体的违约概率,从而向投资者提供有关借款人信用风险程度的信息服务。信用评级是解决信息不对称问题和降低交易成本的有效机制。由于其简明可靠,因此投资者广泛使用信用评级结果,筹资者也请评级机构对其信用状况进行评定。如今在发达国家,良好的信用评级结论已成为各经济组织无形资产的重要组成部分。

企业信用评级就是中介机构基于维护投资人和筹资人双方的合法权益、促进金融市场稳定和健康发展的需要,形成的一整套对企业履约能力及其可信任程度的总和分析与评定,其重点是提供一种风险信息的预测和咨询服务,揭示企业的信用风险,以保障投资行为的可靠性和安全性。可以肯定地说,对企业进行信用评级并不直接为企业带来经济效益,但它间接具有这种功能,这是因为信用评级对于企业间的公平竞争乃至市场秩序的有效运行至关重要。评级者需要通过分析大量的企业要素后,将影响信用各要素的各种属性数量化、具体化,据以分析受信者信用状况,做出信用决策。

目前市场上的企业信用评级可以分为三大类:传统企业信用评级、市场隐含企业评级以及大数据企业评级。

1. 传统企业信用评级

传统信用评级是指基于企业的经济基本面、宏观环境、舆情等评价因素对企业或个人信用风险大小进行评价。穆迪、标普、惠誉是国际权威的三大评级机构,形成了较为完善的信用评级分析体系。这三大评级机构对于企业进行信用评级均是采用定量与定性相结合的方法,总体上从企业经营环境、企业财务风险、定性调整和外部支持三个方面，对企业的信用风险进行衡量。企业经营环境评价主要是通过对宏观经济、行业风险以及企业自身的竞争能力进行分析。企业财务风险是考虑的重点，多数评级机构是从现金流、财务杠杆率、盈利能力等方面进行考察，多是利用比率类的定量指标。经过企业经营环境评价、财务风险评价形成企业的基础信用评级，大致确定企业的信用等级。在基础信用评级的基础上，考虑企业的管理体系是否良好、财务政策是否合理、产品是否多样化等定性因素，加之政府对企业支持力度的考虑，形成最终的主体信用评级。

2. 市场隐含企业评级

由于市场价格中包含了大量的信息，信用风险必然包含其中，所以通过对市场价格的分析，可以揭露受评对象的信用风险。因此，一些市场机构提出了市场隐含评级的概念。市场隐含评级与传统信用评级不同，它不是仅基于主体或债务经济基本面的评级，而是更多地考虑市场价格后的评级。市场隐含评级是一种将市场价格引入信用评级的评级方法，更加充分地考虑到了市场信号，具有许多理想的特征：一是，市场隐含评级可以以排名表示，从信用风险最低的AAA到信用风险最高的C，因此，市场隐含评级有助于比较不同公司的信用风险大小。二是，由于市场隐含评级包含市场信息，它们可能比传统评级更及时地表明信用风险的变化。三是，由于市场隐含评级结合了两种信息来源（传统信用评级和市场价格），它能提供比信息来源更完整的信用风险判断。因此，市场隐含评级具有"良好"信用风险指标的特征，即及时性、准确性、稳定性。

3. 大数据企业评级

大数据评级方法主要是利用企业的大数据信息对信用风险进行评价和检测，与传统信用评级多利用财务报表、募集说明书等的财务数据不同，大数据评级更侧重于对新型指标数据的利用，比如关联方信息、纳税数据、管理层异动、负面消息、财报造假等。另一方面，大数据评级更加注重对财务指标异常波动的检测，根据实时监测企业财务数据的变动对企业进行风险预警。因此，相比传统评级，大数据评级考虑的信用更加全面、及时。目前，大数据评级在市场上仅仅是刚刚起步，还未得到广泛地推广和应用。德勤的"智慧债券"财务风险预警系统较具代表性。

整体来看，国际三大评级机构已经形成较为完善的信用评级方法体系，传统信用评级与市场隐含评级等多类型评级产品互为补充，以传统信用评级为基础，市场隐含评级通过引入市场价格要素来改善传统信用评级及时性不足的问题，大数据评级通过加入新型数据、指标波动监测两个维度增加了评级信息的全面性，提高了准确性和及时性。

（二）以日本为例的中小企业信用担保制度现状

信用担保是为了承担被担保经济主体的风险责任而存在的。信誉良好的信用担保机构由于其资金充足，可以以保证的形式向被担保人提供担保服务，一旦被担保人到期无法偿还债务，则由信用担保机构承担相关责任，进行代偿。同时，信用担保的存在使得经济活动中的风险承担者增加，这在一定程度上减少了贷款风险和管理成本，而债权人也可以为债务人提供更多的融资。换句话说，债权人承担的风险由于信用担保机构的担保行为而得到一定程度的分散和转嫁，可能存在的风险损失进一步降低，这样不但使债权人的收益得到了充分的保证，还提升了其融资信心。这既有利于解决融资难的状况，也有利于改善债务人的融资问题。

在世界各国中，最早开始建立企业信用担保体系的国家是日本，其在1937年就成立了地方性的东京都中小企业信用担保协会，其次是美国、德国和加拿大。亚洲企业信用保证协会，又称亚洲企业信用保证制度实施机构联盟，于1988年10月成立，其是世界上第一个有关企业信用担保方面的区域性国际组织。世界第一个国际性中小企业信用担保区域性组织是1994年成立的欧洲投资基金。美洲已开展企业信用担保的国家于1996年开始交流各国实践经验并研究区域性合作问题。

综合全球情况来看，日本是建立企业信用担保体系最早、发展最完善的国家之一。对日本中小企业信用担保制度进行分析，可以很好地为其他制度的发展提供参考。

从结构上看：日本中小企业信用担保体系是一个由信用保证协会和信用保险公库两个相互关联的子系统构成的两级信用保证体系，共同承担着为中小企业融资提供信用担保的职责。在内部组织机构上，信用保证协会实行"理事会—本部—部（支所）—课"4层组织体系。在日本，全国的52家信用保证协会各自独立完成保证业务，但各协会进行保证的做法都是按《信用保证协会法》及《国家的行政指导》等进行的，基本相同，其基本特点是以政府信用为基础的基金担保制。现在，每两家日本企业中便有一家使用信用保证。

1. 资金来源

日本中小企业信用担保体系的资金来源以政府财政拨款为主，实行多元化投入。信用保险公库的资本金主要来源于中央财政拨款。信用保证协会的资金由两部分组成，一部分来自中小企业金融公库（政府财政拨款建立）、地方政府和公共社团以及金融机构的捐助（金融机构捐助比例较大），另一部分是借入（主要是信用保险公库和地方政府的低息贷款）。信用担保基金预存在银行，银行可据此提升担保机构的信用。并以此确定担保机构担保额度的放大倍数。这种模式由于银行和担保机构间的信息比较对称，担保的杠杆效应较大。

2. 担保费用及限额

日本信用保证协会向委托企业征收信用保证费，保证费基本费率为年均1%。一般一个企业的信用保证限额为2亿日元，根据企业的不同规定做具体规定。承保金额的法定最高限额为基本财产的60倍，最低为35倍。日本信用保证协会对承保项目不是全额担保，一般担保比例为70%。信用保证协会保证额的70%～80%由信用保险公库再保险，一旦出现代位补偿，信用保证协会将承担20%～30%的保证责任。这部分担保金额在发生风险时最终由财政补偿。

3. 运作方式

由协会和基金等专门机构具体运行。政府管理部门加以监控。具体而言，信用保证协会主要负责对担保申请的评估、处理和批准，信用保险公库则负责对信用保证协会承担的保证债务给予保险和贷款（即担保再保险）。信用保证协会与信用保险公库签订一揽子保险合同，并按一定比例向保险公库支付保险费。

4. 资金补偿与风险控制

日本政府不直接操作和干预担保机构的业务，但制定了一套在担保机构、银行和企业之间分散和规避风险的机制。一是通过规定担保比例分散风险，在公司内部实行分级负责制，实行严格的审、保、偿分离制度。二是严格审批担保程序，建立健全内部控制和外部防范双重风险补偿机制。担保公司在内部设立收支差额变动储备金。而当外部风险发生时中小企业担保保险机构将对担保公司损失总额的70%实行赔偿。

5. 担保机构和金融机构的合作关系

日本有一批专门为中小企业提供融资的地区性金融机构，如都市银行、地方银行、长期信用银行、信托银行、互助银行和保险公司等，这些机构积极参与中小企业信用担保计划，并与担保机构建立稳定、长期的合作关系。首先，金融机构为担保协会提供了大部分基本资产。担保协会根据各金融机构接受的担保金额及风险情况，要求有关金融机构捐助担保基金，捐助的资金直接列入银行的成本支出。其次，金融机构参与担保协会的管理。通常是银行申请参与担保计划，担保机构审查批准，担保机构与提供贷款的金融机构签订合同。

四、美国的消费信用制度法律体系建设

（一）《公平信用报告法》是美国消费信用系统的基石

美国的《公平信用报告法》制定于1970年10月，随后又经过四次修订，《公平信

用报告法》及其修正案是确立贷方、信用报告公司和消费者三方之间关系的基本法则,是信用报告行业的基本法律。该法律的主要目的在于要求消费信用报告机构采取合理措施,通过加强与贷款机构和消费者的联络及合作,提高信息的准确性和相关性,保证对信息合理适当的应用,加强信息保密工作,以维护消费者的个人隐私,具体说来,《公平信用报告法》及其修正案主要包括以下4个方面的实质性条款。

1. 对消费者报告机构的要求。其中又可分为两大类:①有关消费者报告内容的条款;②有关适用消费者报告的条款。《公平信用报告法》要求信用报告机构通过正当的程序和方法,公正和准确地提供涉及消费者的相关信息,保证由信用报告机构散发的,涉及消费信贷、人员、保险和有关事宜的信息,"在机密性、准确性、中肯性以及正当利用方面,以公正和公平合理对待消费者的方式发布"。

2. 对消费者报告用户的要求。《公平信用报告法》一般将对消费者报告用户的要求限于在某种情况下通知该消费者的义务。例如,《公平信用报告法》要求订购消费者调查报告的人们,应事先通知该消费者可能要作调查报告;通知他该报告会涉及他的品质、一般名誉、个人特点和生活方式的信息;通知他有权要求从用户那里了解调查的性质和范围。《公平信用报告法》规定消费者报告用户的最后义务是只能作为"消费者报告用户"而不是"消费者报告机构"。否则就必须遵守消费者报告机构的法定义务。

3. 消费者权利。根据《公平信用报告法》,消费者能够从信用局自由取得自己的基本数据,有权充分了解任何一家信用局对自己信用状况的评价及依据,并具有对不实负面信息的申诉权利。法律规定,当事人有权取得自身的资信调查报告和复本,其他合法使用消费者资信调查报告的机构或人必须符合下列条件,否则即使当事人同意也属违法行为:①与信用交易有关;②为雇佣目的;③承做保险;④与合法业务需要有关;⑤奉法院的命令或有联邦大陪审团的传票。

4. 补偿。例如,《公平信用报告法》规定,明知故犯,以欺骗手段取得他人个人资信调查报告是一项E级重罪,将被处以一年以下徒刑,同处5 000美元的罚款。《公平信用报告法》也包括两个民事责任条款:如果是"故意违约",赔偿金包括100美元以上,1 000美元以下的任何实际损失,以及惩罚性赔偿和律师费;如果是"疏忽违约",赔偿金仅为实际损失和律师费。

(二)信息公开与信息保护相关法律建设齐头并进

信用信息是消费信用系统的关键组成部分,该信息是能够判断一个人信用状况的信息,具有私人属性,同时,信用信息又是在与其他业务主体发生各种形式的业务关系时产生的,并要对其他业务的利益不可避免地会产生影响,因此,该信息又具有社会属性，信息具有私人属性和社会属性，既要求对信息进行保护，又要求对信息实施公开，信息的保护主要针对的是消费者个人，公开主要针对的是行政机构，美国针对消费信用制度法律体系建设所做的工作有很大一部分都是围绕着这二者进行的。

1. 美国的信息公开法律体系建设比较完备，在实践中不断加以调整

信息公开又称行政公开，其主要含义是，行政机构有义务公开其在行使行政管理权过程中形成的各种信息，或者说公民个人或团体有权知悉并获取行政机构的文件、档案资料和其他信息。信息公开既是对行政机构的一种约束和监督，也是一种非常重要的信息来源，对消费信用体系的建设起着不可忽视的作用，美国在这方面最重要的法律包括1966年的《信息自由法》、1972年的《联邦咨询委员会法》和1976年的《阳光下的联邦政府法》，前者主要关注政府信息的公开，后两者主要关于政府会议的公开。

在美国，行政公开权实质性发展，即人们体验到自己享有查阅政府档案与文件的强大法律权利，是20世纪60年代才真正开始的，至今为止数十年的法律建设，使得美国的信息公开法律体系建设已经比较完备，但是聚焦实施过程，在刚刚开始那几年，效果并不是很理想。后来，美国政府又根据实践中出现的问题，不断加以修订。即使现在，美国行政公开依然存在一些棘手的问题，一是政务公开中民主和效率的矛盾问题。行政机构需要一定的自由裁量权，需要某种程度的集中体制，需要提高决策效率，需要将其运营成本控制在被规定的范围内。在这方面，美国出现的问题是，政务公开规定可能对政府的行政会议效率产生负面影响。在《阳光下的联邦政府法》实施期间，一些联邦行政机构的委员曾一度以阻碍政府行政效率为名试图回避会议的公开。二是政务公开的成本问题。信息自由是有成本的。这个成本不仅包括请求者需要根据前述相关的规定支付一定的费用，而且也包括实施信息自由和政务公开的部门所投入的人力和物力。三是国家安全和信息公开的平衡问题。这个问题一直存在于美国联邦政务信息公开和会议公开制度中。尽管法律已将涉及国防和外交方面的保密信息列入豁免公开范围，但保密范围的界定自主权在总统。结果，公众、新闻界或其他社会团体的政务公开请求经常会遇到行政部门以国家安全为由的拒绝。由此而产生了信息自由的请求者对联邦政府行政部门的诉讼活动，同时，这也构成了国会与行政部门之间冲突的焦点。

2. 美国的消费信息保护法律制度建设核心是《隐私权法》

美国关于信息保护的法律主要包括《美国国家安全法》《统一商业秘密法》《隐私权法》等，前两部法律主要保护的是国家和商业企业的隐私，消费者隐私的保护主要体现在《隐私权法》中。《隐私权法》与消费信用行业的规范发展之间存在着密切的关系。《隐私权法》颁布于1974年，是美国消费信息保护法律制度的建设核心。随着时

间的推移,美国政府又根据行业特点,专门制定了以下行业隐私法律,为以侵权行为为基础的习惯法提供了补充。

金融领域:《金融隐私权法案》对银行雇员披露金融记录及联邦立法机构获得个人金融记录的方式进行限制;《金融服务现代化法案》要求金融机构尊重客户隐私并保护客户非公共信息的安全与机密。

保险领域:《健康保险隐私及责任法案》规定个人健康信息只能被特定的、法案中明确的主体使用并披露,个人可以控制了解其本人的健康信息,但要遵循一定程序标准。

电视领域:《有线通信隐私权法案》禁止闭路电视经营者在未获得用户事先同意情况下利用有线系统收集用户的个人信息;《电视隐私保护法案》将隐私权保护范围扩展到录像带销售或租赁公司的顾客。

电信领域:《电信法》规定电信经营者有保守客户财产信息秘密的义务。

消费者信用领域:《公平信用报告法》规定了消费者个人对信用调查报告的权利,规范了消费者信用调查/报告机构对于报告的制作、传播、对违约记录的处理等事项,明确了消费者信用调查机构的经营方式。

总体来看,美国的信息保护方案主要遵循"公平信息实践法则",基本安排是"告知与同意"框架,并按照行业领域进行了细分。

参考文献

[1] 邹浩.美国消费信用体系初探[M].中国政法大学出版社,2006.
[2] 黄羽茜.美国信用消费保护法律体系的历史发展及其对我国的借鉴意义[D].中国政法大学.
[3] 张萌.企业信用评估体系与评估方法研究[D].西北大学.
[4] 万鹏飞,饶诗韵.美国联邦政府政务公开制度的实践及启示[J].经济社会体制比较,2006(2):81-89.
[5] 朱晓磊,姚佳.国外征信机构运作模式的比较及借鉴[J].理论月刊,2008(12):122-125.
[6] 李鸿禧.企业信用评级的国际经验与方法研究[J].新金融,2020.
[7] 姜红娜.三种信用模式比较与对中国信用体系建构的启示[J].经济研究导刊,2014(22):96-98.
[8] 蒋序怀.健全消费信用制度 推动社会信用发展[J].南方经济,2001(08):38-39.
[9] 张鹏.论我国个人征信中信息主体的权利[J].江苏社会科学,2012(5):147-154.
[10] 吴钒,杨旸.日本构建中小企业信用担保体系的经验与启示[J].商业经济,2010(1):68-70.

本章撰写:温一村